東洋 天文에의 초대 사람에게서
하늘 향기가 난다

東洋 天文에의 초대　사람에게서
하늘 향기가 난다

황유성 지음

긴소

책을 열며

"소뿔에 고삐 둘러 뒷산 풀밭에 풀어놓고, 너럭바위에 누워 마술처럼 펼쳐지는 구름 쇼와 불타는 저녁노을에 넋이 나간 적이 있니."
"모깃불 매캐한 마당의 대나무 평상 위로 불화살처럼 밤하늘을 가로지르는 별똥별에 기껏 세었던 별 개수를 잊어버린 적은…."

그리 오래지 않은 시절, 시골 아이 찾기가 그다지 어렵지 않던 교실이나 동네에서 우리는 하늘과 별에 대한 얘기들을 공유했다. 하늘에는 참 많은 것들이 기탁寄託되었다. 꿈, 사랑, 추억, 그리고 곁을 떠난 영혼까지…. 동과 서, 고와 금을 떠나 헤아릴 수 없는 사람들이 하늘에 수많은 희원希願을 새겼다. 하늘과 별이 어떻게 그 많은 걸 다 들어줄까 걱정될 정도로.

도회지에 살면서 하늘과 별을 본다는 게 참으로 어렵다. 몇 년 만의 유성우 쇼라느니, 몇 십 년 만에 달-화성-금성-삼수參宿·오리온자리가 일직선에 놓이는 우주 장관이 연출된다느니 언론에서 아무리 떠들어대도 우리와는 무관한 얘기처럼 된 지 오래다.

좀 과하게 말하자면 우리는 언제인가부터 '별의 멸종 지대'에 사는 듯

하다. 눈에 안 보이니 마음에서 멀어진다고…. 이제 하늘과 별에 더 이상 무언가를 기대지 않는 '꿈과 낭만의 실종 시대'에 사는 듯 싶다.

☆ 15세기 말 대항해 시대의 문은 후추가 열었다. 오스만튀르크 제국이 육지의 실크로드를 막아버리자 유럽은 금쪽보다 비싼 후추를 구하기 위해 향신료의 나라인 인도를 찾아 앞다퉈 바다에 배를 띄웠다. 선발 주자인 포르투갈은 동으로, 후발 주자인 스페인은 서로…. 그러다 태평양을 가로막은 긴 대륙이 콜럼버스의 눈에 띄었고 그곳에 살던 사람들은 졸지에 인도인이 되었다. 300년에 걸친 대항해 시대는 자원 약탈과 노예 무역, 가혹한 식민 지배로 얼룩지며 오늘날의 세계 판도로 굳어졌다.

21세기 들어 새로운 대항해 시대의 막이 오르고 있다. 이번 무대는 바다가 아니라 우주다. 우주 대항해의 대열에는 전통적 우주강국은 물론 중동의 아랍 에미리트$_{UAE}$와 아프리카의 에티오피아 등 예상치 못한 나라까지 뛰어들었다. 지금까지 우주 각축전에 나선 나라는 50여 개에 이르고, 인공위성을 쏘아올린 민간 기관도 50곳이 넘는다.

우주 대항해 시대를 견인하는 향신료는 우주 자원이다. 특히 달에 있는 헬륨-3 ^{3}He이 후추 노릇을 하고 있다. 우주 후추는 태양풍을 타고 날아와 대기권이 없는 달에 수백 만 t이 가라앉아 있다고 한다. 태양의 원소답게 1 g의 핵융합 반응으로 석탄 40 t의 열량을 얻을 수 있다는 꿈의 에너지원이다.

에너지 전문가들은 지구 화석연료인 석유는 40년, 천연가스는 60년이면 고갈될 것으로 전망한다. 우라늄조차 65년이면 동날 것이라고 한다. 지구 에너지원이 바닥나면 우주 자원을 확보한 나라가 에너지 제국주의 국가로 거듭나는 제 2의 대항해 판도가 될지 모른다. 나머지 나라들은 당연히 에너지 식민국으로 전락한다.

우주 대항해 시대의 첫 번째 변곡점은 2019년이다. 인류가 아폴로 11호를 타고 처음 달을 밟은 지 50주년이 되는 해다. 옛 소련과의 체제 경쟁에 완승하면서 우주 탐사에 잠시 거리를 뒀던 미국은 2010년대 들어 달과 화성의 동시 개발 계획을 진행 중이다. 특히 유인 달 탐사 반세기가 되는 2019년 화성으로 가는 로켓을 발사한다. 2020년대 헬륨-3 채광을 위한 달 정착지 건설은 물론 2026년 달궤도 우주 정거장을 만들고 이를 중간기지 삼아 2033년 화성에 첫 인간 발자국을 찍는다. 화성 식민지를 발판으로 소행성 지대의 희귀 우주 자원 개발과 심우주深宇宙 진출에까지 나서겠다는 게 미국의 야심찬 계획이다.

우주 굴기崛起를 내세우며 2016년 우주 정거장을 쏘아올리고 우주일航天日 · 4월 24일까지 제정한 중국은 2018년 말 인류 최초의 달 뒷면 착륙에 도전한다. 중국은 달에서의 신대륙 발견은 물론 2030년대 화성 유인 탐사에 성공해 미국과 우주 패권을 다툴 속셈이다. 전통적 우주 강국인 러시아는 물론 유럽 연합EU과 일본, 인도 등도 2020년대 달 탐사 기지 건설을 목표로 총력을 쏟고 있다.

우주 경쟁은 더 이상 국가만의 활동이 아니다. 미국의 우주 개발 업체 스페이스X는 조만간 첫 민간 달 여행에 나선다. 2018년 말로 예정했던 달 여행 계획이 다소 늦춰진 것으로 전해졌지만, 대신 이 해 2월 화성 정착을 위한 팰컨 헤비 로켓에 전기차 '로드스터'를 실어 우주로 날려 보냈다. 우주 후진국인 한국은 2020년대 달 탐사를 목표로 2018년 10월 한국형 발사체KSLV-II 시험 발사를 앞두었지만 석연치 않은 이유로 당초 계획이 흔들리는 듯해 안타깝기 그지없다. 우주 개발이 4차 산업과 맞물리는 신성장 동력은 물론 인류의 미래 생존과 직결되면서 앞으로 우주라는 주제는 전인류적 팬덤fandom으로 다가올 공산이 크다.

☆ 우주에 대한 우리의 일반 인식은 불편하지만 서양 일변도인 것이 사실이다. 별자리 이야기를 비롯해 현대 천체물리 이론이 모두 서양에서 비롯된 탓이다. 인터스텔라, 마션, 더문, 스타트렉 등 최근 만들어진 우주 영화나 드라마들도 부지불식간에 서양의 하늘을 우리 머릿속에 심어놓는다.

하늘에 대한 서양적 편식偏食을 조금이나마 덜어보자는 것이 이 책에 담긴 의도다. 우리가 어릴 때부터 접해 왔던 서양 하늘이 아니라 동양 하늘의 편린이나마 찾아보자는 것이다. 실상 동양 천문은 갈릴레이가 망원경으로 하늘을 보기 전까지 거의 모든 면에서 서양 천문을 압도했었다. 하지만 이런 사실을 아는 사람조차 요즘 도회지 별보기만큼이나 찾기 어렵다.

동양 천문이 주류 학문에서 떨어져 나간 지 오래됐고, 관련 책자도 극소수 전문서 외에 찾아보기 힘든 실정이기 때문이다. 특히 해독하기 어려운 한문 원전과 개념 파악이 쉽지 않은 천문 용어 등은 접근성과 친화성을 현저히 떨어뜨리고 있다. 하지만 우주 대항해 시대의 개막으로 천문에 대한 관심이 고조될 때 동양 천문 관련 소개서나 입문서가 있다면 시대적 흐름에 편승하면서 동양 천문에 대한 인식을 새롭게 할 수 있겠다는 생각이 이 책이 나온 배경이기도 하다.

☆ 책을 쓰는 동안 동양 별자리에 대한 국내 자료가 거의 없어 중국 자료를 집중적으로 뒤졌다. 힘은 들었지만 그동안 국내에서 볼 수 없었던 새로운

내용을 대거 발굴한 점은 의미 있는 소득이라 할 수 있다. 책을 내면서 여러 걱정이 앞서지만 국내에 관련 서적이 많지 않다는 점에서 용기를 냈다. 미흡한 점이 많더라도 독자들의 애정 어린 가르침을 바란다. 책을 꾸밀 때 제목에 대한 조언 등을 해준 김사중 님과 그림 작업을 도와준 강동영, 박이명 님께 감사드린다. 무엇보다 책을 출판해주신 류원식 린쓰·교문사 대표님과 멋진 책으로 꾸며주신 편집진께 깊은 고마움을 표한다.

2018년 11월
너섬에서 만세를 그리며
황유성

일러두기

책은 동양 천문에 대한 개념 소개와 별자리 이야기를 병행하는 형식으로 꾸며졌다. 이론 일변도는 책의 친화성과 거리가 멀고, 이야기 위주로는 동양의 하늘을 파악할 수 있는 자생력이 생기지 않을 것이라는 판단 때문이었다.

내용은 3부로 이뤄졌다. 1부는 동양의 우주 기원 신화와 우주 구조론을 담았다. 또 교실에서 배우는 지구과학 개념을 동양의 우주 작동 원리로 표현하는 방법을 알아봤다. 마지막 3부는 역법曆法에 대한 기본 이론을 다뤘다. 태음태양력으로 불리는 동양 달력에 대한 기본 개념과 제작 방법, 동양의 태양력인 24절기력, 윤달을 두는 법칙 등을 설명했다.

2부는 책의 메인이다. 동양의 별자리 체계인 3원三垣 28수二十八宿의 천문적 의미와 각 별자리에 얽힌 다양한 이야기를 풀었다. 또 서양 별자리와의 비교를 통해 동양 별자리에 대한 친숙성을 높이려 했다. 동양 별자리가 복잡하고 얽힌 이야기도 많기 때문에 불가피한 일이었다. 사실 서양 별자리 체계는 무척 단순하다. 그리스·로마 신화를 읽어봤다면 서양 별자리 이야기는 다 안 것이나 마찬가지다.

1930년 국제천문연맹IAU이 서양 별자리를 바탕으로 만든 현대 별자리 목록은 88개다. 이 중 북반구 별자리는 황도 12궁을 포함해 40개에 불과하다. 나머지 48개는 대항해 시대 이후 추가된 남반구 별자리다. 서양 별자리는 2세기 천동설을 주장한 그리스 천문학자 프톨레마이오스가 48개의 별자리를 정리한 뒤 1,800년이 넘도록 거의 변함이 없다.

반면 동양 별자리는 조선 태조 때 만들어진 석각천문도인 천상열차분야지도에 새겨진 별자리만 293개다. 별 숫자는 1,467개에 이른다. 신화 위주의 서양 별자리와 달리 동양 별자리는 인간 사회의 복잡다단한 모습을 하늘에 그대로 투영했기 때문이다. '하늘의 대동여지도'로 불리는 천상열차분야지도는 2018년 우리나라에서 처음 열린 동계올림픽 개막식에서 증강 현실을 통해 강원도 평창의 밤하늘을 빛의 입자로 화려하게 수놓았다.

한편 이 책에서는 중국 인명과 지명 등 고유 명사를 중국어 발음으로 표기하지 않고 우리의 한자음대로 썼다. 별자리 그림은 조선 세종 대 천문학자 이순지李純之가 편찬한 천문류초를 기본으로 하되 필요한 경우 천상열차분야지도 등을 참조해 별 이름을 추가했다. 28수宿의 명칭 별자리인 녀女수, 루婁수, 류柳수 등은 관습을 고려해 두음 법칙을 적용하지 않았고, 나머지 부속 별자리들은 두음 법칙에 따랐다.

|차례|

들어가는 글

관상수시 觀象授時
하늘을 읽어 때를 알리다

'이에 희씨와 화씨에게 명하기를 넓고 큰 하늘을 우러러 받들고,
일월성신의 움직임을 살펴 삼가 백성에게 때를 알도록 하였다'[1]

서경書經 요전堯典의 도입부다. 서경은 중국 상고上古로부터 춘추春秋
때까지 역대 제왕의 치적과 현인賢人과의 문답을 실어 올바른 정치의 규
범을 제시한 책이다. 중국 최초의 역사서라 할 수 있는 서경의 첫머리를
장식하는 임금이 요堯다. 요와 순舜은 흔히 이상理想 정치의 원형이자
태평성대의 대명사로 일컬어진다. 중국 기록 역사의 첫 임금이라 할 수
있는 요의 치적에 대해 서경은 어떻게 적고 있을까?

서경이 기록하는 요 임금의 업적은 두 가지다. 하나는 요전의 말미에
나온다. 임금 자리를 아들인 단주丹朱에게 세습世襲하지 않고 효심이 지
극한 순에게 선양禪讓했다는 것이다. 선양은 요가 임금 자리를 물러나면

---

1 "乃命羲和 欽若昊天 曆象日月星辰 敬授人時", 『書經』, 大衆文化社, 1976, 「堯典」, 40~
42쪽

서 한 일이다. 그렇다면 재임 중 요가 이룩한 업적은 무엇일까? 요전의 사실상 전부라 할 수 있는 이 업적은 천문天文과 관련된 것이다. 천문 담당 관리인 희씨 형제와 화씨 형제 등 4명을 동서남북으로 각각 파견해 해·달·별 등 하늘의 운행을 살피게 했다.[2] 이를 통해 봄·여름·가을 겨울의 사시四時를 정하고 윤달을 넣어 1년을 366일朞三百有六旬有六日로 하는 역법曆法을 제정했다는 내용이다.

기록의 요지는 천체 운행을 살펴서 처음 달력을 만들었고 이를 백성에게 반포한 것이 요 임금의 치적이라는 것이다. 이를 관상수시觀象授時라고 한다. 하늘을 살펴 백성에게 때를 알렸다는 뜻으로 요전의 글귀에서 따왔다. 관상은 천문이고, 수시는 역법이다. 요전에는 관상수시 외에 다른 치적에 대한 언급은 전혀 없다. 요전은 무엇을 말하려는 것일까? 역사상 처음으로 임금이 된 자가 마땅히 지녀야 할 덕목과 역할을 제시한 것이라는 해석이다. 상고 시대 인간의 생존에는 외부 환경에 대한 이해가 필수적이었다. 사람의 힘이 미치지 못하는 자연 현상으로 인한 재해는 가장 두려운 요소였다. 공동체 전체의 생존 번영과 직결된 문제였기 때문이다. 자연 변화의 중심에는 하늘이 자리했다. 낮과 밤, 사계절이 바뀌면서 땅에서는 만물이 모습을 달리하고, 때로는 재해가 닥치기도 한다는 것을 깨달았기 때문이다. 따라서 하늘의 변화를 정확히 예측할 수 있다면 재해를 막는 것은 물론 농사 등 풍요를 보장받을 수 있다고 생각했다.

---

2 서경 요전에 희(羲)씨와 화(和)씨가 천문관으로 나오는 것과 달리, 중국 신화 지리서인 산해경(山海經)에서는 희화(羲和)가 은(殷) 부족의 조상인 제준(帝俊)의 처로 10개의 태양을 낳은 일모(日母)로 나온다. 鄭在書 譯註, 『山海經』, 民音社, 1985, 「大荒南經」, 294~295쪽

요전이 강조하는 것은 하늘을 읽는 지혜를 갖춰 백성들이 때를 잘 활용할 수 있도록 하는 것이 통치자의 가장 큰 덕목이라는 것이다. 역사상 첫 임금인 요는 천문 관측과 역법 제정을 통해 하늘을 읽는 지혜를 찾아내는 중요한 업적을 남겼다는 것이다. 역으로 하늘을 읽는 지혜가 없는 자는 임금이 될 자격이 없음을 강조한 것으로 풀이할 수 있다. 후대에는 이를 천명天命이라 했고, 임금이 된 자는 천자天子라고 했다.

하늘을 읽는 지혜를 얻기 위해 동양인들은 사유思惟했다. 결론은 하늘과 자연은 하나라는 것이었다. 또 하늘과 사람은 한 몸이라는 것이었다. 하늘과 만물은 기氣라는 매개에 의해 하나가 되며, 하늘과 만물의 으뜸인 사람은 자체 닮은 꼴이라는 것이다. 전체는 부분과 같은 모양이고 부분은 전체를 닮았기 때문에 하늘은 대우주大宇宙이고 사람은 소우주小宇宙라고 생각했다. 이를 오늘날의 용어로 유기체론有機體論적 사유, 기론氣論적 사유라고 한다. 인식 주체와 대상을 분리해 보는 서양의 인식론 및 기계론적 사고와 대비되는 개념이다. 전국戰國 시대 제자백가의 이론적 온축蘊蓄 과정을 거쳐 한漢 무제武帝 때 사상계를 통일한 동중서董仲舒 · 기원전 170?~기원전 120?는 저서 춘추번로春秋繁露에서 이런 동양의 사유를 천인감응天人感應이라 이름했다. 하늘은 사람을 포함한 만물과 교감하며, 개인이나 나라의 길흉화복은 모두 하늘이 결정한다는 것이다.[3] 천인감응론과 유기체론적 세계관은 이후 동양 사고의 기본 틀로 기능했다.

3 董仲舒 著, 南基顯 解譯, 『春秋繁露』, 자유문고, 2005, 제56편 인부천수(人副天數), 제57편 동류상동(同類相動), 379~387쪽

하늘을 읽는 지혜의 현실적 표현이 관상수시였다. 관상수시를 위한 행위인 천문과 역법은 천인감응 또는 천인합일天人合一을 위한 수단이었다. 임금은 하늘을 읽을 수 있는 자질을 갖춰야 하며 천인감응을 할 수 있는 인간의 대표로서 천문과 역법에 정통해야 했다. 당연히 관상수시는 고도의 정치 행위로 이어졌고 종국終局에는 제왕학帝王學으로 자리 잡았다. 시간을 지배해야 권력을 지배할 수 있다는 관상수시의 이면적 속성을 깨닫게 된 것이다. 관상수시가 통치자의 전유물로 바뀌면서 일반 백성이 천문에 관심을 두는 것은 금기시됐다. 하늘의 비밀에 접근하는 행위였기 때문이었다. 이를 어기는 것은 통치자에 대한 도전으로 받아들여졌다. 관상수시는 양날의 칼이었다. 하늘의 뜻을 제대로 수행하는 임금은 정통성과 권위를 인정받을 수 있었다. 하지만 하늘에 변고가 생기고 땅에 재해가 나타나 백성의 삶이 피폐해질 때 임금은 정치 생명을 보존하기 어려웠다. 일식日蝕과 월식月蝕, 오행성과 혜성의 움직임 등으로 임금과 나라의 길흉을 점치는 점성학占星學과 재이론災異論이 천문의 핵심 지위까지 오른 것은 이에 대비한 수단이었다.

관상수시의 이 같은 속성은 정치 상황에 따라 하늘의 뜻을 자의적으로 해석할 수 있는 여지도 안고 있었다. 앞 왕조를 뒤집어엎고 새 왕조를 세우거나, 임금의 자리에 올랐지만 정통성의 시비를 겪는 권력자는 정통성과 권위를 담보하는 수단으로 관상수시를 이용했다. 천명天命을 내세워 백성을 지배하려는 목적이었다. 이를 수명개제受命改制라고 한다. 수명개제는 천문 분야에서 역법을 고치는 행위였다. 천체 관측 기술의 발달과 역 계산의 진전에 의한 순수한 의도의 역법 개정이 아니라 정치적 목적으로 개력改曆이 이뤄지게 된 것이다. 이에 따라 고쳐진 역법이 이전에 쓰이던 역법보다 오차가 더욱 커지는 결과도 적지 않았다. 당唐대 290년간 8번에 그쳤던 개력은 송宋대에는 319년간 18명의 황제가 모두 한 차례씩 18번이나 역법을 고치는 상황까지 나타났다.[4] 정치가 어지러울수록 수명개제를 통해 민심을 돌리려는 안타까운 상황까지 빚어진 것이다. 동양 역사상 가장 훌륭한 역법으로 평가받는 것은 수시력授時曆이다. 관상수시 또는 경천수시敬天授時의 정신을 이어받아 이름 지은 것이다.[5] 원元나라의 곽수경郭守敬 · 1231~1316이 만든 수시력은 원대인 1281년부터 명明대 말인 1644년까지 무려 364년간 사용됐다. 우리나라에서는 고려 충선왕忠宣王 · 1275~1325 때 전래돼 1653년 조선 효종孝宗이 최초의 서양식 역법인 시헌력時憲曆으로 바꿀 때까지 썼다. 수시력은 동양에서 가장 오래 쓰인 역법이다.

관상수시는 동양 천문을 상징하는 용어다. 천체 관측과 역 계산 등 과학적 의미는 물론 백성에게 정확한 시간을 알려 농사와 재해에 대비토록 하는 애민愛民의 정신이 담긴 말이다. 정치적으로는 제왕학으로 기능했고, 사상적으로는 천인합일의 유기체론 사유의 바탕이 됐다. 동양 천문의 요체를 한마디로 압축한다면 관상수시라 할 수 있다.

4 이은성, 『曆法의 原理分析』, 정음사, 1985, 27쪽
5 "授時曆", 『互動百科』, 〈http://wiki.baike.com/〉

중국 북경(北京)의 옛 관상대(古觀象臺) 현판

觀象

授時

제一부

관상

觀象

一장
동양의 방위 方位

시계 방향은 문명이다

오늘날 전 인류가 별다른 이견 없이 받아들이는 방향이 있다. 바로 시계 방향이다. 사람들은 시곗바늘이 왼쪽에서 오른쪽으로 도는 것을 자연스럽게 여기지 반대로 가는 것이 맞다고 주장하지 않는다. 그런데 육상이나 빙상 경기장에서 주자走者가 달리는 방향이나 야구장에서 타자가 진루進壘하는 방향은 시계의 숫자판과 반대 방향이다. 군軍에서 사열할 때 군인들이 행진하는 방향도 마찬가지다. 운동장은 오른쪽에서 왼쪽으로 달리도록 설계돼 있다. 인간과 시계는 이처럼 거꾸로 움직인다. 사람들이 시계 방향과 다르게 움직이는 것은 인체 구조 때문이다. 심장이 왼쪽으로 치우쳐 있어 인체의 무게 중심과 심리적 안정감 등을 고려했을 때 왼쪽이 안쪽이 되고 오른쪽이 바깥쪽이 되는 현재의 트랙 방향이 생리학적으로 자연스럽다는 것이다.

그런데 시계는 인간의 자연스러운 움직임과 반대로 간다. 시곗바늘은 왜 지금의 방향으로 움직일까? 최초의 시계는 나무 막대기나 흙기둥으

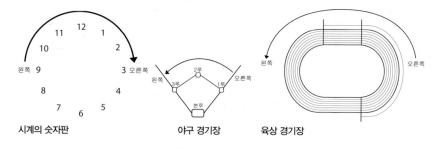

| 시계의 숫자판 | 야구 경기장 | 육상 경기장 |

로 된 해시계였다. 해는 동쪽에서 떠서 남쪽 하늘을 지나 서쪽으로 진다. 반면 막대기나 흙기둥의 그림자는 해가 하늘에서 진행하는 방향과 반대로 서쪽에서 북쪽을 거쳐 동쪽으로 지는 움직임을 땅에서 연출한다. 땅에 나타난 그림자의 움직임이 시계 방향이 된 것이다. 천문학자들은 인류 문명이 북반구에서 일어난 증거를 시계 방향에서 찾는다.[1] 만약 남반구에서 문명이 시작됐다면 시계 방향은 오늘날과 달라졌을 것이다.

규표圭表가 시간이다

북반구에서 해는 동쪽에서 떠서 서쪽으로 지고, 그림자는 해와 반대 방향으로 움직인다. 하루 동안 나타나는 그림자의 움직임을 일정한 간격으로 나누면 시간이 된다. 방위와 공간이 시간으로 바뀌는 것이다. 이른바 시공간時空間 일체 개념이다. 날이 지나면서 해는 적도의 남북을 오르내린다. 해가 적도 위로 북상하면 봄과 여름이 되고, 적도 아래로 남하하면 가을과 겨울이 된다. 해가 북상해 햇빛의 입사각이 줄어들면 그림자의 길이는 짧아지고, 남하해 입사각이 커지면 그림자의 길이는 길어진다. 그림자의 길이로 계절을 구분할 수 있게 된다. 해의 동서

---

1 박석재, 『박석재의 우주, 우주론의 역사』, EBS 강의, 2010.6.23

방향은 하루가 되고, 남북 방향은 한 해가 되는 것이다. 해와 그림자의 이런 원리를 이용해 시간을 재는 도구가 해시계다. 해시계는 해와 그림자, 그림자를 만드는 물체의 3요소만 있으면 된다. 해와 그림자는 자연이 주는 것이다. 그림자를 만드는 물체만 준비하면 해시계는 완성된다.

해시계는 인류 역사상 가장 일찍 고안된 시계일 것이다. 복잡하거나 어려운 제작 과정이 필요 없기 때문이다. 최초의 해시계를 동양 천문에서는 규표圭表라고 한다. 명칭이 생소하지만 나무 막대기라고 생각하면 된다. 나무 막대기를 땅에 꽂아 그림자가 움직이는 방향을 파악해 하루의 시간을 나누고, 그림자 길이의 변화를 재서 절기를 알아내는 것이 규표다. 전문가들은 규표의 사용 연대를 늦어도 상商·기원전 16세기~기원전 11세기나라 이전까지 거슬러 올라가는 것으로 추정한다.

규표圭表는 규와 표로 나뉜다. 표는 그림자를 만드는 수직 기둥이다. 규는 그림자의 길이를 재기 위해 땅바닥에 눈금을 그은 것이다. 규표는 시대가 흐르면서 돌이나 청동으로 재질이 달라지고, 장식과 부속 장치 등 인공이 가미됐지만 해와 그림자가 만드는 해시계의 기본 원리에서 벗어나지 못한다. 아무리 발달해도 규표의 3요소는 해와 그림자, 그리고 막대기다. 표表는 갑골문을 본 딴 것이라고 한다. 해가 나무 막대의 꼭대기에 매달려 있고 그 나무 막대가 똑바로 설 수 있게 손으로 잡은 모양이라는 것이다. 설문해자說文解字의 해석과는 다르지만 표의 해시계적 용도를 풀이한 것이어서 참고할 만하다. 표는 얼臬 또는 비髀라고도 한다. 얼은 말뚝, 비는 기둥의 뜻이다.[2]

---

2 兪景老, "규표", 『한국민족문화대백과사전』 4, 한국정신문화연구원, 1988, 44~45쪽;
   "규표", 『장영실테마관』, 네이버 지식백과

규圭는 땅의 길이를 잰다는 의미다. 흙 토土는 땅을 잰다는 쓰임이 있다.[3] 토土를 두 개 겹친 규圭는 땅土·명사을 잰다土·동사는 모양의 글자다. 이슬람에서는 규를 노몬gnomon이라 한다. 시간의 의미도 해시계인 규표에서 비롯됐다. 시時라는 글자를 파자破字하면 해日가 그림자를 땅에 비친 것土을 잰다寸는 뜻으로 규와 같은 글자다. 규표가 바로 시간 圭=時인 것이다. 규표는 인류 문명의 출발선에 섰던 시원적始原的 도구라고 할 수 있다. 하지만 현재는 물론 미래에도 유용하다. 해와 지구라는 태양계의 양자 관계가 소멸되지 않는 한 규표의 기능은 영원하기 때문이다.

동양에서는 한 해의 시작인 세수歲首를 동지冬至로 보는 인식이 강하다. 하늘에서 양陽의 기운이 처음 일어나는 시점이 동지이므로 새해도 동지부터 시작해야 한다고 생각한다. 실제 주周 나라는 동지가 든 자월子月·음력11월을 세수로 삼았다. 오늘날 인寅월이 음력 정월이 된 것은 하夏나라의 세수를 한漢나라부터 다시 사용한 데 따른 것이다. 규표는 동지를 한 해의 시작점으로 잡는다. 규표를 활발하게 사용한 주나라의 동지 세수 전통도 작용했지만, 그림자의 길이가 가장 긴 동지부터 그림자 변화를 측정해 한 해를 시작하는 것이 편리한 까닭이다. 동지가 세수가 되면서 정확한 동지점의 측정이 중요해졌다. 동지부터 다음 동지까지를 뜻하는 1회귀년回歸年의 정확한 측정과 24절기의 구분 등 역법曆法의 정밀한 계산과 직결되기 때문이다.

규표에서 표의 표준 높이는 주척周尺으로 8척이었다. 주나라의 길이 단위인 주척은 1척이 20 cm가량이다.[4] 하지만 정밀한 측정을 위해 규표

---

3 육사현·이적, 양홍진·신월선·복기대 옮김, 『천문고고통론』, 주류성, 2017, 163쪽

4 주나라의 척(尺·자)은 사람의 키에 의해 정해졌다. 따라서 척의 길이와 종류는 시대별, 용도별로 다양하게 바뀌었다. 현재 우리나라에서 사용되는 1척 = 30.3 cm는 1894년 갑오개혁 이후 고정된 것이다. 양홍진·신월선·복기대 옮김, 『천문고고통론』, 주류성, 2017, 35~36쪽과 432쪽

의 규모는 계속 커졌다. 표가 높아질수록 그림자가 길어지고 규에 새겨
진 눈금 폭도 커져 정확하게 잴 수 있는 까닭이다. 역대 가장 큰 규표는
원元나라 천문학자 곽수경郭守敬 · 1231~1316이 만든 것이었다. 곽수경은
수시력 제작을 위해 표를 표준보다 5배나 높은 40척, 규는 128척 길이

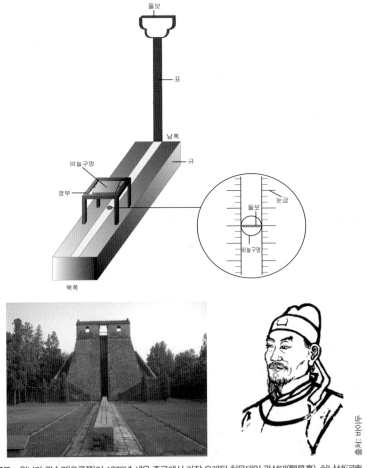

규표   원나라 곽수경(오른쪽)이 1276년 세운 중국에서 가장 오래된 천문대인 관성대(觀星臺). 하남성(河南省) 등봉시(登封市) 고성진(告成鎭)에 있으며 규표와 별 관측 기능을 겸한다. 12.62 m 높이의 대의 윗부분에 들보가 있고, 들보에 추를 매단 실로 그림자 길이를 쟀다. 국제천문학회는 1970년 달 표면의 한 산에 곽수경의 이름을 붙였고, 1977년 국제소행성센터는 한 소행성을 그의 이름으로 명명했다.

로 대형화해 역 계산에 사용했다. 하지만 규표가 지나치게 커지면서 문제가 생겼다. 영상을 지나치게 확대하면 윤곽이 흐려지듯이 규면主面에 떨어진 그림자가 희미하게 번져 오히려 정밀 측정이 어려워진 것이다.

곽수경은 대형 규표의 이런 단점을 여러 부속 장치로 보완했다. 표의 꼭대기에 그림자의 끝을 표시하는 원통형 가로막대 들보横梁·橫梁를 설치했다. 규에는 그림자를 또렷하게 볼 수 있는 영부影符라는 장치를 붙였다. 영부는 네 개의 다리로 받친 구리 상판에 바늘구멍을 뚫어 규면 위를 오가도록 만든 것이다. 또 구리 상판은 햇빛과 직각이 되도록 방향과 다리의 높이를 조정할 수 있게 했다.[5] 그림자를 측정할 때는 영부를 움직여 '해 → 들보 → 바늘구멍'을 조준선 정렬하듯 일직선으로 맞추도록 했다. 이 경우 바늘구멍을 통과한 동그란 해의 영상이 가운데를 절반 자른 듯한 들보의 검은 가로줄 그림자와 함께 규면에 선명하게 비치게 된다. 바늘구멍 사진기의 원리를 이용해 오차를 최대한 줄인 장치들이다.

시계 왕국의 명품 앙부일구仰釜日晷

조선은 세계 최첨단의 시계 왕국이었다. 해시계만 해도 앙부일구仰釜日晷, 지평일구地平日晷, 현주일구懸珠日晷, 정남일구定南日晷 등이 널리 알려졌다. 자동 물시계인 자격루自擊漏와 천문 시계인 혼천시계渾天時計, 일성정시의日星定時儀 등은 밤시간을 알렸다. 조선의 시계는 종류도 다양하고 정밀도도 뛰어났다. 특히 부채 끝에 매단 선추扇錘 해시

---

5 "郭守敬", 『百度百科』, 〈https://baike.baidu.com〉

계나 소매 속에 넣는 휴대용 앙부일구 등 시계의 보편화와 유행은 세계 최첨단을 달렸다. 1437년 조선 세종 때 만들어진 앙부일구仰釜日晷는 세계 최고의 명품 해시계라는 찬사를 받는다. 앙부는 하늘을 바라보는 솥이고 일구는 해 그림자라는 뜻이다. 앙부일구는 외관도 아름답지만, 시간은 물론 달력 기능까지 겸해 과학적 독창성이 뛰어나다는 평이다.[6] 앙부일구의 장점은 속이 오목한 모양에서 나온다. 지면과 나란한 평면 해시계지평일구 · 地平日晷는 해의 움직임에 따라 그림자의 길이와 간격이 달라져 정확한 시간을 표시하기 불편한 단점이 있다. 앙부일구는 천체를 본딴 둥근 모양으로 그림자의 길이와 간격을 균일하게 만들어 이런 문제를 단숨에 해결했다.

앙부일구는 영침影針과 시반時盤, 지평환地平環으로 구성된다. 솥 안에 뾰족한 바늘 모양으로 그림자를 나타나게 한 것이 영침影針이다. 해시계의 나무 막대기 기능이다. 영침은 앙부일구 지름의 절반 길이며, 지구 자전축인 북극성을 가리킨다. 영침은 관측 지점인 북극 고도에 따라 바늘 끝의 높낮이가 달라진다. 오목한 솥은 시반이다. 그림자를 받아내는 평면이라는 뜻으로 수영면受影面이라고도 한다. 시반의 바닥에는 시각과 절기를 읽을 수 있는 세로선과 가로선이 그물망 모양으로 그어져 있다.

해의 동서 운동은 하루의 시간을 알리고, 남북 운동은 한 해의 절기를 만든다. 앙부일구에서 하루의 시간을 나타내는 것은 세로선이다. 세로선 중 솥 끝까지 길게 그어진 7개의 선을 시각선時刻線이라 한다. 시각선이 7개인 것은 12진辰 중 묘시卯時 · 5~7시부터 유시酉時 · 17~19시까지 해가 비치는 시각만 표시했기 때문이다. 술시戌時 · 19~21시부터 인시寅時 · 3~5시

6 李殷晟, "앙부일구", 『한국민족문화대백과사전』 14, 한국정신문화연구원, 1990, 594~595쪽; 나일성, 『한국천문학사』, 서울대학교출판부, 2006, 143~148쪽

제
일
부
관
상
觀
象

까지 밤 시각은 시반에 표시되지 않는다. 한가운데 그어진 시각선은 오시午時·11~13시로 자오선子午線을 나타낸다. 시각선의 가운데에 시각선보다 약간 짧은 중간선을 모두 6개 그었다. 또 시각선과 중간선, 중간선과 시각선 사이에 각각 3개의 짧은 선을 그어 4칸으로 촘촘하게 나눴다. 중간선은 2시간 간격인 시각선을 절반인 1시간으로 나눈 것이고, 촘촘하게 나눠진 칸들은 각각 15분을 나타낸다. 북반구에서 해는 영침의 끝을 바라봤을 때 오른쪽인 동쪽에서 떠서 머리 위의 남쪽 하늘을 지나 서쪽인 왼쪽으로 진다. 그림자는 반대로 왼쪽인 서쪽에서 북쪽 영침 끝을 거쳐 오른쪽인 동쪽으로 움직인다. 시반을 보면 영침의 그림자는 아침에 왼쪽의 묘시에서 움직이기 시작해 한낮 오시를 거쳐 저녁에 오른쪽의 유시로 진행한다. 세로선은 해의 동서 운동에 따른 시간 구분이다.

가로선은 해의 남북 운동에 따른 절기 구분이다. 절후선節候線이라 불리는 13개의 가로선 옆에는 24절기의 이름이 적혀 있다. 가로선의 가장 윗선은 동지, 가장 아랫선은 하지다. 위아래로 7번째인 가운데 선은 춘분과 추분을 나타낸다. 춘분선과 추분선은 적도다. 1년은 24절기이지만 절후선이 13개뿐인 것은 동지선과 하지선을 제외한 11개 선을 22절기가 같이 쓰기 때문이다. 해의 고도는 하지 때 가장 높고 동지 때 가장 낮다. 반대로 그림자는 하지 때 가장 짧고 동지 때 가장 길다. 맨 윗선인 동지에서 봄을 지나 여름이 되면 가장 아랫선인 하지까지 내려왔다가 가을을 거쳐 겨울이 되면 다시 동지선까지 올라가는 과정에서 그림자는 1년간 11차례 겹친다.

24절기는 솥 가장자리를 평평하게 두른 지평환의 양쪽에 반년씩 나뉘어 적혀 있다. 오른쪽은 위에서 아래로 동지에서 하지까지의 상반년 12

절기 동지·소한·대한·입춘·우수·경칩·춘분·청명·곡우·입하·소만·망종·하지

동양의 방위 方位

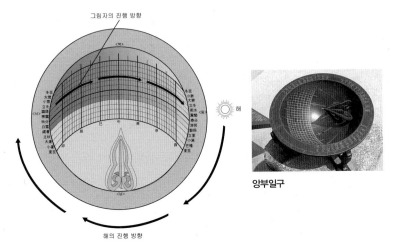

앙부일구

앙부일구의 원리

12진		
12진(辰)	시간	음력 달(月)
자(子)	23~01	11
축(丑)	01~03	12
인(寅)	03~05	1
묘(卯)	05~07	2
진(辰)	07~09	3
사(巳)	09~11	4
오(午)	11~13	5
미(未)	13~15	6
신(申)	15~17	7
유(酉)	17~19	8
술(戌)	19~21	9
해(亥)	21~23	10

24절기			
계절	음력 월	명칭	양력 월일
봄	1(인·寅)	입춘(立春)	2월 4일경
		우수(雨水)	2월 19일경
	2(묘·卯)	경칩(驚蟄)	3월 6일경
		춘분(春分)	3월 21일경
	3(진·辰)	청명(淸明)	4월 5일경
		곡우(穀雨)	4월 20일경
여름	4(사·巳)	입하(立夏)	5월 6일경
		소만(小滿)	5월 21일경
	5(오·午)	망종(芒種)	6월 6일경
		하지(夏至)	6월 22일경
	6(미·未)	소서(小暑)	7월 7일경
		대서(大暑)	7월 23일경
가을	7(신·申)	입추(立秋)	8월 8일경
		처서(處暑)	8월 23일경
	8(유·酉)	백로(白露)	9월 8일경
		추분(秋分)	9월 23일경
	9(술·戌)	한로(寒露)	10월 9일경
		상강(霜降)	10월 24일경
겨울	10(해·亥)	입동(立冬)	11월 8일경
		소설(小雪)	11월 22일경
	11(자·子)	대설(大雪)	12월 7일경
		동지(冬至)	12월 22일경
	12(축·丑)	소한(小寒)	1월 6일경
		대한(大寒)	1월 21일경

가 표시된다. 왼쪽은 아래에서 위로 하지에서 동지까지 하반년 12절기하

지·소서·대서·입추·처서·백로·추분·한로·상강·입동·소설·대설·동지가 적혀

있다. 영침의 그림자는 하루와 절기를 동시에 나타내는 독창적 기능을

자랑한다. 어떤 절기의 시간을 잴 때 영침의 그림자는 묘시에서 유시까

지 시계 방향으로 움직이되 그 절기를 표시하는 가로선을 따라서만 이

동한다.

하늘의 동서남북 어떻게 정했나

천문天文에서는 방위가 중요하다. 공간을 인식하는 유일한

수단이기 때문이다. 하지만 애초 하늘에 동서남북이 있었을 리 만무다.

하늘의 방위는 지구를 기준으로 사람들이 정하고 서로 약속한 것일 뿐

이다. 그렇다고 동서남북이 아무렇게나 정해지지는 않았다. 합리적 기

준에 의해 만들어져야 사람들이 받아들일 수 있기 때문이다. 천문학자

들은 방위나 방향이란 말 자체가 천문학 용어라고 한다. 방위를 정할 때

천체의 움직임을 기준으로 했다는 것이다. 동서남북의 기본 4방위 가운

데 가장 중요한 방위는 북쪽이다. 북쪽은 지구를 지탱하는 자전축 방향

이다. 하늘의 기준점인 북극성이 있는 곳을 가리킨다. 지구 자전축인 남

북선은 사람에게도 머리天頂와 발끝을 잇는 인간의 중심축선이다. 지구

와 인간의 축선은 같은 남북선이다. 동쪽은 해가 뜨는 곳이다. 해는 생명

의 근원이며, 시간을 주재하는 존재다. 동쪽은 동서고금을 가리지 않고

신성시한 방향이다. 특히 고대에는 해가 떠 있는 낮은 생명의 시간이고,

해가 진 밤은 죽음의 시간이라고 여겼다. 이집트가 대표적이다. 나일강

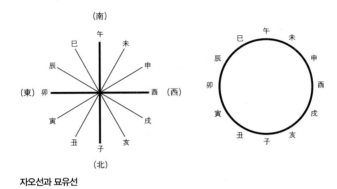

자오선과 묘유선

의 동쪽은 생명의 땅으로 생각해 사람들이 거주했다. 반면 서쪽은 죽음의 땅으로 무덤만 만들었을 뿐 사람들이 살지는 않았다.

　지구의 남북극을 관통한 축선을 자오선子午線이라고 한다. 동서를 잇는 선은 묘유선卯酉線이다. 천문에서는 자오선이 묘유선보다 중시된다. 기준선이기 때문이다. 자오선은 자전축으로 고정된 선이다. 선을 확장하면 하늘과 땅이 하나의 공간으로 이어진다. 해는 계절에 따라 남북을 오르내린다. 이에 따라 해의 출몰 지점이 바뀐다. 해의 출몰 지점을 동서로 잇는 묘유선은 관측 시기에 따라 달라지는 선이다. 움직이는 묘유선을 기준선으로 삼기에는 제약이 있다.[7] 경위經緯라는 말도 천문의 방위와 관련된다. 자전축처럼 움직이지 않는 남북선은 경선이다. 해의 움직임을 이은 동서선은 위선이다. 도로도 남북의 경선은 주主 도로고, 동서의 위선은 보조 도로다. 서적도 기본서는 경서이며, 보조서는 위서다. 하늘의 남북은 지구 자전축 방향, 동서는 해의 출몰 방향으로 정한 것이다.

---

7. 이용복, "방위와 시간", 『동양의 천문학』, STB 상생방송 한민족특강, 2017.1.31.

정남향은 불충不忠이다

'성인은 남쪽을 바라보며 聖人南面 천하의 소리를 듣고 밝음을 좇아 세상을 다스린다'[8]

성인남면聖人南面은 방위와 관련한 동양 특유의 문화 개념이다. 주역에서 나온 성인남면은 남쪽으로 얼굴을 향한다는 단순한 행위의 의미를 넘어 동양 문화 전반에 영향을 끼친 말이다. 현대 천문에서 방위는 기하학적 의미만 가질 뿐 인문적 요소는 개입되지 않는다. 북쪽은 단순히 북극이나 북극성을 가리키는 방위일 뿐이다. 고대의 방위 개념은 이와 다르다. 방위는 물리적 공간과 관련되는 의미뿐만 아니라 절대적 존재와 연결되는 뜻이 강하다. 북쪽은 하늘의 중심인 자미원紫微垣을 다스리는 천황대제天皇大帝가 머무는 곳이다. 땅에서는 최고 권력자인 임금이 있는 곳이다. 고대의 방위는 어떤 존재와 동일시되는 개념이라 할 수 있다.

성인남면은 임금이 등을 북쪽으로 하고 남쪽을 바라보는 존재라는 뜻이다. 어두운 곳에서 밝은 남쪽을 바라보며 현명한 정치로 백성을 잘 살게 하는 존재가 임금인 것이다. 남북을 잇는 자오선子午線이 동서를 연결하는 묘유선卯酉線보다 중시된 것도 성인남면의 개념이 작용했다고 볼 수 있다. 당연히 임금이 거주하는 궁궐은 자오선인 남북선을 축선으로 지어진다. 성인남면을 위한 기준선인 까닭이다. 중국 자금성紫禁城의 정문은 오문午門이다. 임금이 북쪽의 자子 방위에 앉아 남쪽의 오문을 굽어보게 한 구조다. 신하들은 남쪽에 도열해 북쪽을 바라보게 된다. 조

---

8 "聖人南面而聽天下嚮明而治". 南東園, 『주역해의』 Ⅲ(개정판), 나남출판, 2005, 說卦傳
  第5章, 312쪽과 337~346쪽

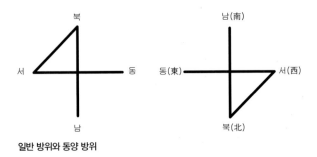

일반 방위와 동양 방위

정朝廷은 남쪽에 늘어선 신하들이 북쪽의 임금을 바라보며 머리를 조아리는朝 장소廷다. 임금은 남면南面을 하고 신하는 북면北面을 한다. 고대 문헌에서 임금이라는 말이 없어도 남면이라는 말이 등장하면 그 자체가 바로 임금을 가리키는 것이다. 마찬가지로 북면이라는 단어는 신하를 뜻한다.

동양의 천문도나 지도를 보면 북쪽이 아래이고 남쪽이 위로 표시된다. 현대의 방위와는 남북 표시가 반대다. 성인남면의 뜻이 담긴 것이다. 북쪽은 하늘의 중심인 북극성이 있는 곳으로 불변과 근원의 자리다. 남쪽은 하늘의 뭇별이 펼쳐져 움직이는 변화의 자리다. 땅에서 하늘을 바라보면 아래쪽의 땅은 변하지 않는 곳이고, 위쪽의 하늘은 변하는 곳이다. 변하지 않는 곳이 아래가 되고, 변하는 곳은 위가 되는 것이다. 행정이나 군사지역 구분도 성인남면의 뜻이 담겼다. 좌도左道와 우도右道, 좌수영左水營과 우수영右水營 등으로 나눈 것은 임금이 한양에 앉아 남쪽을 봤을 때 왼쪽이 좌, 오른쪽이 우가 되기 때문이다. 현재 도道를 동서선東西線으로 잘라 북도北道와 남도南道로 구분하는 것과는 다른 개념이다.

성인남면은 일반 백성의 주거에도 영향을 미쳤다. 남향 집은 여름에는 시원하고 겨울에는 따뜻해 모든 백성이 선호하지만 정남향 집을 짓는 것은 금기였다. 북쪽의 안방에 앉아 남쪽의 대문을 바라보는 정남향 집은 임금이 아닌 자가 임금 노릇을 하려는 역심逆心을 품은 것과 같은 행위였다. 따라서 신하와 백성들은 정남향을 피해 동쪽으로 방위를 다소 비틀어 집을 지었다. 집 마당에는 반드시 해시계를 만들었다. 정남향 집이 아님을 증명해 불충不忠의 마음이 없음을 외부에 보이는 안전 장치였던 것이다.[9]

앙관 仰觀과 부찰 俯察, 두 얼굴의 천문도

'역은 천지의 기준인 까닭으로 능히 천지의 도를 두루 얽어맬 수 있다. 우러러서 하늘의 무늬를 보고, 구부려서 땅의 결을 살폈다'[10]

천지의 변화 법칙을 담았다는 주역을 성인이 만든 과정에 대한 글이다. 여기에는 두 가지 방향이 담겨 있다. 땅에서 하늘을 쳐다보는 방향과 하늘에서 땅을 내려다보는 방향이다. 천문天文을 보기 위한 전자의 방향을 앙관仰觀이라 하고, 지리地理를 살피기 위한 후자의 방향을 부찰俯察이라 한다. 동양의 천문도에는 앙관과 부찰로 그려진 것이 모두 발견된다. 땅에서 하늘을 바라본 천문도는 앙관천문도仰觀天文圖라 한다. 하늘에서 땅을 굽어본 천문도는 부찰지리도俯察地理圖라 부른다. 앙관과 부찰은 상하의 시선이 반대다. 상하가 달라지면 거울 대칭에 의해 좌우가

---

9 이용복, "방위와 시간", 『동양의 천문학』, STB 상생방송 한민족특강, 2017.1.31.

10 "易與天地準 故能彌綸天地之道. 仰以觀於天文 俯以察於地理", 南東園, 『주역해의』Ⅲ (개정판), 나남출판, 2005, 繫辭上傳 第4章, 71쪽과 100~110쪽

바뀐다. 북쪽과 남쪽은 같은데 동쪽과 서쪽이 바뀌었다면 앙관천문도인지 부찰지리도인지 살펴야 한다. 일반적으로 지도에 표기된 땅의 방위는 북쪽을 기준으로 위에서 아래를 내려다본 부찰지리도의 방위다.[11] 반면 하늘의 방위는 북쪽을 기준으로 아래에서 위를 올려다본 앙관천문도의 방위다.

앙관과 부찰은 아래 위로 같은 모양을 찍어낸 데칼코마니decalcomanie를 연상하면 쉽다. 다리가 아래 위로 붙은 채 한 사람은 바로 서고, 한 사람은 물구나무를 선 모양의 데칼코마니를 생각하자. 바로 선 사람의 머리는 북쪽이고 다리는 남쪽이다. 반대로 물구나무를 선 사람의 다리는 북쪽이고 머리는 남쪽이다. 가운데 선을 잘라 두 사람의 머리를 나란히 하면 상하가 바뀐 대칭 그림이 좌우가 바뀐 대칭 그림으로 전환된다. 상하 거울대칭에서 좌우 거울대칭으로 바뀌는 것이다. 두 손으로 같은 효과를 낼 수 있다. 두 손바닥을 붙인 뒤 손목을 붙인 채 아래 위로 떼어내면 상하 데칼코마니가 된다. 그런 다음 두 손을 떼어 손가락과 손목을 나란히 하면 좌우가 바뀐 데칼코마니가 된다. 머리를 북쪽으로 하고 다리를 아래쪽으로 한 데칼코마니의 윗부분과 손바닥의 윗부분이 앙관천문도다. 또 물구나무 서기가 된 데칼코마니의 아랫부분과 손바닥의 아랫부분을 머리를 북쪽으로 돌려 똑바로 세우면 부찰지리도가 된다.

동양에서 천문도를 앙관과 부찰의 두 모습으로 그린 것은 하늘과 땅이 하나라는 천인합일天人合一 사상에 의한 것이다. 하늘 기운이 땅에 투영되면 땅은 만물의 변화를 하늘에 반영하는 상호 교감의 관계이기 때문이다. 따라서 천문과 지리도 다른 것이 아니라 하나라고 생각한다. 동

11 부찰지리도의 대표적인 사례로 유엔(UN) 지도를 들 수 있다. 유엔 지도는 북극에서 지구를 내려다보는 극도법(極圖法)으로 제작됐다.

제일부 관상 觀象

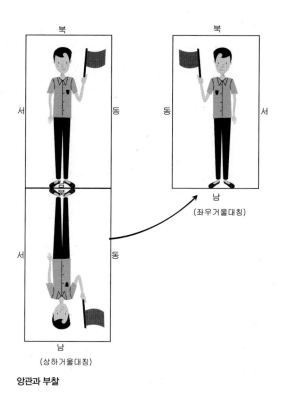

앙관과 부찰

양의 사서史書들이 하늘의 역사인 천문지天文志와 땅의 역사인 지리지地
理志를 함께 편찬한 것도 이에 따른 것이다. 앙관천문도는 눈에 보이는
하늘을 그대로 옮긴 것이다.[12] 동양의 천문도는 거의 앙관천문도다. 국보
228호인 천상열차분야지도天象列次分野之圖도 그렇다. 부찰지리도는 하
늘의 모습이 땅에 비친 것을 그린 것이다. 이름은 지리도지만 실상 천문
도라 할 수 있다. 풍수는 부찰지리도의 개념이다. 하늘에서 땅을 굽어보
며 땅에 비친 하늘의 명당을 찾기 때문이다.

---

12 박석재, "개천으로 열린 우리의 하늘", 『하늘의 역사 제4강』, EBS 역사특강, 2012.
   11.21.

하늘은 어떻게 생겨났나

우주 기원起源 신화

하늘에 묻노니 天問

아득한 옛적의 처음을 누가 전했을까?

위 아래도 이뤄지지 않았는데 천지는 어떻게 나왔을까?

어두움과 밝음이 흐릿한데 누가 나누었을까?

기운만 가득했을 뿐인데 어떻게 깨달았을까?

밝음과 어두움은 어떻게 만들어지는 것일까?

음양과 하늘이 어울리매 무엇이 바탕 되어 어찌 모습을 바꿀까?

하늘을 두르니 아홉 겹인데 누가 쟀나?

도대체 이런 엄청난 일을 누가 처음 시작했을까?

하늘 축을 돌리는 밧줄은 어디 매어 있고 하늘 덮개는 어떻게 지탱되나?

하늘을 괸 기둥 여덟 개는 어디 있고 동남쪽은 어쩌다 이지러졌나?

아홉 하늘의 가장자리는 어디이고 어찌 이어졌나?

하늘에 모퉁이도 낭떠러지도 많은데 뉘라 몇인 줄 알까?

하늘은 어느 땅에서 밟을 수 있으며, 열두 시진은 어떻게 나누었을까?

해와 달은 어디 붙였길래 떨어지지 않고, 별들은 어떻게 했길래 죽 늘어
섰을까?

해는 탕곡에서 솟아 몽사에 머무는데

아침부터 저녁까지 몇 리를 갈까?

달빛은 무슨 덕으로 죽었다가 다시 살아날까?

달이 좋은 게 무엇이기에 토끼가 뱃속에 있을까?

여신 여기는 짝도 없었는데 아홉 아들은 어찌 얻었나?

바람신 백강은 어디에 살며 찬바람은 어디에서 불어오나?

하늘 문을 어찌 닫길래 어두워지고 어찌 열길래 밝아질까?

동방 별 각수가 밤을 샐 때 해는 어디에서 쉬고 있을까? (하략)[13]

2,500년 전 하늘에 대한 동양인의 궁금증을 담은 글이다. 천문天問이
라는 제목으로 동양의 옛 천문 서적에 빠지지 않고 등장한다. 사가辭歌
형식의 이 글은 중국 전국戰國시대 말 초楚나라의 굴원屈原 · 기원전 340~기
원전 278이 남긴 것이다. '하늘에 묻는다'는 제목처럼 물음으로 시작해 물

---

13 "曰 遂古之初 誰傳道之 上下未形 何由考之 冥昭瞢闇 誰能極之 馮翼惟像 何以識之 /
明明闇闇 惟時何爲 陰陽三合 何本何化 圓則九重 孰營度之 惟玆何功 孰初作之 / 斡維
焉繫 天極焉加 八柱何當 東南何虧 九天之際 安放安屬 隅隈多有 誰知其數 / 天何所沓
十二焉分 日月安屬 列星安陳 出自湯谷 次于蒙汜 自明及晦 所行幾里 / 夜光何德 死則
又育 厥利維何 而顧菟在腹 女岐無合夫 焉取九子 伯强何處 惠氣安在 / 何闔而晦 何開
而明 角宿未旦 曜靈安藏 (下略)" 굴원, 권용호 옮김, 『초사』, 글항아리, 2015, 「天問」,
100~134쪽

음으로 끝나는 독특한 형식의 운문이다. 천문은 시문詩文을 넘어 주문呪文과 같다는 평까지 받는다. 태고의 신비에 대한 경이와 우주의 근원을 알고자 하는 욕구, 해답을 구할 수 없는 데 대한 탄식과 무력감 등을 주문처럼 끝없이 읊어내기 때문이다. 천문은 사언구四言句 374개로 1,500여 자에 이르는 장대한 문장에 신화적 공상과 하늘에 대한 궁금증을 가득 담았다.

굴원이 천문을 통해 하늘에 물은 내용은 무려 172개 항목에 이른다. 하늘은 어떻게 생겨났나, 하늘의 생김새는 어떠한가, 하늘과 땅은 어떻게 만들어졌나, 낮과 밤은 어떻게 바뀌는가, 해·달·별은 어떻게 움직이는가 등 의문은 끝간 데를 모른다. 하늘에 대한 굴원의 질문은 당시로서는 누구도 답변할 수 없는 것들이었다. 신화와 전설만이 일부 갈증을 적셔주었을 뿐 정답이라고 할 수는 없었다. 당시 굴원의 질문에 대한 해답으로 제시된 것이 고대 동양의 천문 신화였다.

혼돈渾沌을 죽이다

천지 창조는 신화에서 빠지지 않고 다뤄지는 요소다. 우주의 시원을 아는 것은 존재의 궁극을 깨닫는 것과 같기 때문이다. 창조 신화에서 동서양 공통으로 등장하는 소재는 혼돈渾沌이다. 혼돈은 우주 질서가 생기기 이전의 상태를 말한다. 고대 그리스 신화에 나오는 카오스chaos와 같은 개념이다. 태초의 혼돈 상황에서 하늘과 땅이 열리는 천지개벽을 통해 세상이 창조된다는 것은 모든 신화의 원형原形이다.

혼돈이라는 말은 중국에서 가장 오래된 신화 지리서인 산해경山海經

에 처음 나온다. 산해경은 전국戰國 · 기원전 403~기원전 221 시대 초楚나라 무인巫人들에게서 전해지는 신화와 설화들을 묶은 것이다. 책 이름은 산경山經과 해경海經을 합친 데서 비롯됐다. 책에는 신화 · 종교 · 지리 · 역사 · 민속 등 다양한 내용이 담겼다. 하지만 현실과는 거리가 먼 황당무계한 이야기로 일관한다. 지리서라고는 하지만 실제가 아닌 공상 속의 지리가 펼쳐진다. 등장하는 것은 사람도 짐승도 아닌 기형 물체들뿐이다. 사람과 짐승이 합쳐진 기괴한 모습이거나 세상에는 존재하지 않는 짐승이나 새, 물고기 등이 각종 이야기의 주인공들이다. 산해경은 세상의 상식과 질서와는 동떨어진 내용으로 가득 차 있다. 환상의 세계 속에서 속박받지 않는 생각의 자유를 마음껏 누린다. 반주지주의反主知主義의 색채를 강하게 띠면서 도가道家에 깊은 영향을 준 것으로 평가받는 책이다. 산해경은 굴원이 천문을 통해 물었던 하늘과 땅이 생길 때의 상황을 이야기하고 있다. 태초의 이름을 혼돈이라고 부른다면서 혼돈이 생긴 모습까지 자세히 전하는 것이다.

'서쪽으로 350리를 더 가면 천산이 나오는데 (중략) 산에는 신이 산다. 누런 자루 같은 모습에 피부가 달군 불처럼 붉고, 다리가 여섯에 날개가 넷이다. 하나로 덩어리진 혼돈이어서 얼굴과 눈이 없다. 노래하고 춤출 줄 아니 제강이라고 한다'[14]

---

14 "又西三百五十里 日天山 (中略) 有神焉. 其狀如黃囊 赤如丹火 六足四翼 混敦無面目 是識歌舞 實爲帝江也", 鄭在書 譯註, 『山海經』, 民音社, 1985, 「서차삼경(西次三經)」, 90~91쪽; 袁珂, 전인초 · 김선자 옮김, 『중국신화전설』I, 民音社, 1992, 개벽편, 141~144쪽

산해경은 본 적도 들은 적도 없는 태초 혼돈의 모습을 또렷하게 묘사한다. 혼돈은 제강帝江이라는 이름을 갖고 있다. 혼돈의 이름을 어떻게 알았는지는 설명되지 않는다. 서양에서 혼돈을 천지 창조 이전의 개념으로 생각한 데 반해 산해경에서는 혼돈이 제강이라는 이름의 신으로 나오는 것이다. 혼돈의 모습은 매우 구체적이다. 자루처럼 생긴 새빨간 몸통에 여섯 개의 다리와 네 개의 날개가 있는 기형적인 모습이다. 새도 아니고 짐승도 아니다. 더욱 기이한 것은 머리가 없다는 것이다. 눈·코·귀·입 등 감각 기관을 갖추지 못했다. 그런데도 노래하고 춤을 출 줄 아는 특이한 재주를 지니고 있다. 산해경에서 묘사된 혼돈은 무엇을 말하려는 것일까? 혼돈은 당연히 있어야 할 얼굴의 감각 기관을 갖추지 못한 결여缺如의 존재다. 외부 환경에 대처하면서 생존에 필요한 이성적 판단과 행동을 할 능력이 없는 것이다. 하지만 이는 인간의 기준일 뿐 혼돈은 감각 기관이 없어도 그 자체로 완벽한 존재다. 혼돈은 자신의 재주를 통해 이를 증명한다. 춤을 출 줄 아는 것은 물론 입이 없는 데도 노래를 할 수 있다. 감각 기관이 아니라 온몸으로 우주의 기운을 느끼고 그기운에 감응해 춤을 추고 노래를 하는 것이다. 춤과 노래는 기록 시대 이전, 즉 원시 시대 인간 행위의 종합적 표현이다. 산해경은 인간의 상식과 기준으로 혼돈을 판단하면 잘못이라는 것을 강조하고 있다. 인간이 감각 기관을 통해 세상의 질서로 알고 있는 것은 그들의 생각일 뿐 태초의 질서가 아니라는 것이다. 우화로 가득한 장자莊子는 혼돈에 관한 더욱 반어법反語法적인 내용으로 인간의 상식과 기준을 비판한다.

'남해 임금은 숙이고, 북해 임금은 홀이며, 중앙 임금은 혼돈이다. 숙과 홀이 어느 때 혼돈의 땅에서 만났는데, 혼돈이 잘 대접했다. 숙과 홀은 혼돈의 덕에 보답하기로 했다. 사람은 일곱 구멍이 있어 보고 듣고 먹고 숨 쉬는데 혼돈은 전혀 없으니 구멍을 뚫어주자고 했다. 하루에 한 구멍 씩 뚫었는데 칠 일이 되자 혼돈은 죽고 말았다'[15]

산해경보다 시기적으로 늦은 장자에서는 혼돈이 죽음에 이르는 것으로 묘사된다. 모순적이게도 혼돈의 죽음은 선의善意에서 비롯됐다. 숙과 홀이 혼돈에게 감각 기관을 만들어 준 것은 인간의 기준에 따른 행동이었다. 하지만 태초에 우주의 원기가 뒤섞인 자연 상태의 혼돈은 그 자체로 생명과 창조의 원천이었다. 아무리 좋은 뜻이었다 하더라도 인위가 가해지면 생명의 힘이 파괴되고 만다는 것을 비유한 것이다. 숙과 홀은

산해경에 나오는 혼돈 제강

15 "南海之帝爲儵, 北海之帝爲忽, 中央之帝爲渾沌. 儵與忽, 時相與遇於渾沌之地, 渾沌待 之甚善. 儵與忽謀報渾沌之德. 曰 人皆有七竅, 以視聽食息. 此獨無有, 嘗試鑿之. 日鑿 一竅, 七日而渾沌死", 장주 지음, 김학주 옮김, 『장자』 상, 을유문화사, 2000, 내편(內 篇) 응제왕(應帝王), 193~194쪽; 袁珂, 전인초·김선자 옮김, 『중국신화전설』 I, 民音 社, 1992, 142쪽; 전인초·정재서·김선자·이인택, 『중국신화의 이해』, 아카넷, 2002, 41~44쪽

둘 다 '빠르다, 갑자기, 어느덧, 순간' 등의 사전적 뜻이 있다. 모두 시간과 관련된 의미들이다. 모든 것이 뒤섞여 있고 감각 기관이 없어 아무 것도 구분되지 않는 혼돈의 세상에 숙과 홀이 나타난 것은 시간 질서가 생겼다는 의미다. 혼돈의 죽음은 시간 질서의 발생이다. 시간 질서의 발생은 우주 창조와 동의어同義語다.

반고盤古, 하늘과 땅을 열다

우주 기원起源 신화가 혼돈에서 시작한다면 다음 단계는 천지 개벽이다. 하늘과 땅이 갈라지는 상황은 우주가 생겨나기 이전의 혼돈과 질서 있게 운행되는 현 우주 사이를 이어주는 중간 과정이기 때문이다. 천지개벽 신화의 주인공은 반고盤古다. 반고 신화는 중국 남방의 소수 민족들 사이에 광범위하게 퍼져 있다. 관련 신화를 기록한 전적들은 물론이고 묘족苗族 · 요족瑤族 · 장족壯族 등 소수 민족에 따라 조금씩 변형된 줄거리들이 전해진다.[16]

혼돈 신화가 초楚나라에서 비롯됐듯이 반고 신화도 상상과 낭만이 가득한 남방 지역의 산물이다.

반고 신화는 삼국 시대220~280 오吳나라 서정徐整의 삼오력기三五歷記에 실린 것이 일반적으로 알려진 내용이다. 삼오력기는 전해지지 않지만 송宋대 태평어람太平御覽 등에 일부 내용이 남아 있다. 삼오력기는 삼황오제三皇五帝 등 역사 이전 시대를 기록한 책이다. 반고 신화의 줄거리

---

16 김선자, 『이야기 중국신화』 上, 웅진지식하우스, 2011, 26~35쪽; 袁珂, 전인초 · 김선자 옮김, 『중국신화전설』 I, 民音社, 1992, 150~156쪽

는 비극적이다.

'천지가 개벽하기 전 우주는 어둠과 혼돈으로 가득한 달걀 같았다. 어마어마한 크기의 알 속에 한 신神이 잠자고 있었다. 그의 머리는 닭, 몸은 용의 모습이었다. 어린 새인 반룡계盤龍鷄가 웅크려 앉은 古·踞 모습이어서 반고盤古라 불렸다.[17] 반고는 무의식 상태로 잠자는 동안에도 몸이 점점 자랐다. 1만 8,000년이 흘러 그가 마침내 깨어났다. 몸이 커질 대로 커진 반고에게 알은 비좁고 사위四圍는 칠흑같이 어두워 견딜 수 없었다. 반고가 어디선가 도끼를 구해 혼돈을 향해 휘두르자 엄청난 진동과 굉음과 함께 알 껍질이 깨졌다. 알 속의 가볍고 맑은 기운은 위로 올라가 하늘이 되었다. 무겁고 탁한 기운은 밑으로 가라앉아 땅이 되었다. 두 기운이 다시 엉킬 것을 염려해 반고는 두 다리로 땅을 딛고 두 팔로 하늘을 받쳤다. 반고의 몸은 하루에 한 길씩 계속 자랐다. 그가 자람에 따라 하늘과 땅은 점점 멀어졌다. 다시 1만 8,000년이 흘렀다. 하늘과 땅이 9만 길까지 멀어졌다. 어두운 혼돈이 다시 합칠 수 없게 되자, 지친 반고는 땅에 쓰러졌다'[18]

반고의 죽음은 시신屍身 신화로 재탄생한다. 천지개벽 이후 생겨난 우주 만물은 죽은 반고의 육신이 변한 것이라고 한다. 이집트의 오시리스 신화처럼 시신의 신성화와 불멸화, 인간에 대한 시혜화施惠化 과정을 거

---

17 서유원, 『중국민족의 창세신 이야기』, 아세아문화사, 2002, 11~34쪽
18 "天地渾沌如鷄子 盤古生其中 萬八千歲. 天地開闢 陽淸爲天 陰濁爲地 盤古在其中 一日九變 神於天 聖於地 天日高一丈 如此萬八千歲 天數極高 地數極深 盤古極長 故天去地九萬里. 後乃有三皇". 袁珂, 전인초·김선자 옮김, 『중국신화전설』 I, 民音社, 1992, 155쪽의 "三五歷記〈太平御覽〉" 참조

반고

중국 하남성(河南省) 남부 필양현(沁陽縣系) 반고산 입구에 세워진 반고의 천지개벽상

치는 것이다. 삼오력기는 이어 '죽은 반고의 숨길은 바람과 구름이 되었고, 목소리는 우레로 변했다'고 전한다. '왼쪽 눈은 해가 되고 오른쪽 눈은 달이 되었다. 몸은 산, 피는 강물, 근골은 길, 살은 흙, 피부와 털은 풀과 나무, 이와 뼈는 금과 옥, 머리카락과 수염은 하늘의 별, 땀은 비와 이슬이 되었다'는 것이다.

동양의 음양陰陽 관념은 초나라를 중심으로 한 중국 남방 지역에서 형성됐다는 것이 정설이다. 반고 신화가 이를 대변한다. 혼돈 속에 뒤섞여 있던 우주의 원기가 가볍고 맑은 양의 기운은 하늘이 되고, 무겁고 탁한 음의 기운은 땅이 되었다고 설명한다.

신들의 전쟁으로 하늘이 무너지다

'옛날 공공이 전욱과 황제 자리를 두고 싸우다 화가 나서 부주산을 들이받았다. 하늘을 받친 기둥이 부러지고 땅을 묶은 밧줄이 끊어져 하늘이 서북쪽으로 기울었다. 그 바람에 해와 달과 별들이 서북쪽으로 옮겨지고 땅은 동남쪽으로 패여 빗물과 티끌이 그리로 흐르게 되었다"[19]

반고의 천지개벽에 의해 하늘과 땅이 열렸으나, 천지의 주도권을 차지하기 위한 신들의 전쟁으로 하늘이 무너지는 대참사가 빚어진다. 공공共工과 전욱顓頊 간의 전쟁 신화는 동양 천문 과학의 깊은 비밀을 품고 있다. 공공과 전욱의 전쟁 신화는 회남자전한 시대뿐만 아니라 산해경춘추~한 시대, 국어國語 · 춘추 시대, 열자列子 · 전국 시대, 왕충王充의 논형論衡 · 후한 시대, 장화張華의 박물지博物志 · 위진 남북조 시대 등 다양한 전적에 나온다. 신들의 전쟁이 빚어진 배경과 전말을 재구성한다.

공공은 중국 삼황오제 중 염제炎帝 신농씨神農氏의 후손이고, 전욱은 황제黃帝 헌원씨軒轅氏의 자손이다. 둘은 원수 사이였다. 작은 부족의 족장이었던 황제 헌원씨가 반란을 일으켜 천하를 다스리던 염제 신농씨를 몰아내고 임금 자리를 차지했기 때문이었다. 황제의 후손으로 임금 자리를 물려받은 전욱은 폭군이었다. 삼황오제와 그 후손들은 하늘과 땅을 동시에 다스리는 신과 같은 존재였다. 전욱은 하늘을 다스리면서 해와 달, 별이 꼼짝 못하도록 북쪽 하늘에 묶어 버렸다. 북쪽은 늘 눈이 부신 낮이 되었고, 남쪽은 칠흑 같은 밤이 되어 사람들은 물론 하늘의 신들도 고통스러워했다.

전욱은 부하인 중重과 려黎를 시켜 '절지통천絕地通天'이라는 극단적

---

19 "昔者共工與顓頊爭爲帝, 怒而觸不周之山. 天柱折, 地維絶, 天傾西北, 故日月星辰移焉. 地不滿東南, 故水潦塵埃歸焉", 劉安 編著, 安吉煥 編譯, 『淮南子』上, 明文堂, 2013, 天文訓, 117~118쪽

조치를 취했다.[20] 자신을 못마땅하게 생각하는 신들이 인간과 내통해 반기를 들 것을 우려해 땅에서 하늘로 오를 수 있는 사다리를 끊어버린 것이다. 그 전만 해도 신과 인간은 하늘과 땅을 자유롭게 오르내릴 수 있었다. 전욱은 절지통천의 후속 조치로 신과 인간을 잇는 제사인 천제天祭를 무당만이 할 수 있도록 엄격히 제한했다. 무巫는 하늘―과 땅― 사이ㅣ를 연결하는 사람人이 다른 사람人에게 하늘의 뜻을 전달하는 글자 모양이다. 남존여비 정책도 시행했다. 여자는 길에서 남자를 만나면 옆으로 피해야 하고, 여자가 먼저 지나가면 잔혹하게 처벌했다. 전욱의 전횡이 극에 이르자 불만 세력들이 반란을 일으켰다. 반란 세력에는 전욱의 부하도 있었다. 반란의 우두머리는 염제의 후손이었던 물의 신水神 공공이었다. 공공은 하늘과 땅을 오가며 전욱과 치열한 전쟁을 벌였다. 공공이 땅의 서북쪽 부주산 기슭에 이르러 패색이 짙어지자 분을 참지 못해 산을 들이받았다. 부주산은 하늘을 떠받치는 여덟 기둥 중 하나였다.

산이 무너지자 전욱이 설계한 우주 질서도 같이 무너졌다. 전욱이 북쪽 하늘에 묶어놓았던 해와 달, 별들이 끈이 풀리면서 기울어진 하늘을 따라 서쪽으로 달려갔다. 그러자 늘 낮이던 곳과 늘 밤이던 곳이 없어지고 해와 달, 별이 동쪽에서 서쪽으로 움직여 세상에 빛이 골고루 비치게 됐다. 산이 무너지는 엄청난 진동으로 동남쪽 땅은 꺼져 내리면서 강물이 낮은 그쪽으로 흐르게 되었다. 반란은 실패로 돌아갔지만 오히려 살기 좋아진 사람들은 세상 끝의 대황大荒이라는 곳과 해외海外의 북쪽에 공공을 기리는 공공대共工臺를 세웠다. 또 공공대가 있는 북쪽으로는 활도 쏘지 않았다.

20 袁珂, 전인초·김선자 옮김, 『중국신화전설』 I, 民音社, 1992, 237~242쪽

공공과 전욱 간 전쟁 신화는 단순한 신화가 아니라 천문 과학과 관련한 비밀을 담은 이야기다. 옛날 하늘을 관측하던 사람들은 해가 다니는 길과 별이 다니는 길이 다름을 발견했다. 해는 황극黃極을 축으로 움직였고, 별은

공공이 노해서 부주산을 들이받다(共工怒而觸不周山)

북극北極을 축으로 돌았다. 본래 황극과 북극은 하나의 축이었으나 공공이 부주산을 들이받아 하늘의 서북쪽이 23.5도 기울면서 두 극이 나누어졌다는 것이다. 현대 천문학으로 지축이 23.5도 기운 것을 가리킨다. 하늘이 기울면서 봄·여름·가을·겨울의 네 계절 변화가 생겼다.

하늘의 한쪽이 무너지기 전에는 지축은 12지지의 축미선丑未線이었다. 당시에는 동지가 축丑이고 하지가 미未였다. 축은 정북正北, 미는 정남正南이었다. 그러나 하늘 기둥인 천주天柱가 부러지면서 지축은 자오선子午線으로 비틀어졌다. 계절도 바뀌어 동지는 자子, 하지는 오午가 되었다. 오늘날 중국의 지형이 곤륜산崑崙山을 비롯해 서북쪽이 높고 산이 많으며, 동남쪽은 낮아 모든 강들이 그쪽으로 흘러 바다로 들어가게 된 것도 공공과 전욱의 전쟁 결과라고 한다. 부주산이라는 이름도 공공이 무너뜨려 두루周 온전하지 못한 산이라는 뜻이다.

하늘이 무너지는 불상사가 발생했으니 이를 원상 회복하는 후속 신화가 전해진다. 여와가 무너진 하늘을 수리했다는 여와보천女媧補天 신화다. 부주산은 은하수가 흐르는 하늘을 받치던 기둥이었다. 부주산이 무너지자 하늘에 엄청난 구멍이 뚫렸다. 이 구멍으로 은하수의 물이 무서

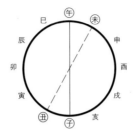

하늘이 무너져 지축이 자오선으로 비틀어지다

운 빗줄기로 변해 땅으로 감당할 수 없이 쏟아졌다. 인간을 창조한 여신 여와는 하늘에 생긴 구멍을 막지 않으면 은하수의 물이 모두 쏟아져 땅을 삼켜 버릴까 염려했다. 여와는 강과 호수, 바다 등에서 수많은 오색 돌을 건져내 9일 밤낮으로 녹였다. 돌들은 말랑말랑한 물질로 변했다. 여와는 이 물질로 하늘

여와가 무너진 하늘을 고치다(女媧補天)

의 구멍을 차례로 막았다. 하늘을 보수하자 홍수가 멈추었다. 다시 해가 뜨고 하늘은 오색찬란한 빛을 띠었다. 오색 돌 때문이었다. 여와보천은 시기적으로 공공과 전욱의 전쟁 신화에 앞서는 별개의 신화였다. 한 나라 이후 두 신화가 하나의 이야기로 합쳐졌다.[21]

---

21 김선자, 『이야기 중국신화』上, 웅진지식하우스, 2011, 101~105쪽

三장
하늘의 생김새

동양의 우주 구조론

'옛날 하늘을 이르는 말이 셋이 있으니, 하나는 개천 蓋天이고, 둘은 선야 宣夜이며, 셋은 혼천 渾天이다 —진서, 수서 천문지'[22]

사람들의 인지 능력이 발달하면서 신화가 인간의 영역으로 내려오는 것은 문명 진화의 자연스러운 과정일 것이다. 불가지不可知한 하늘에 대한 경외와 상상이 우주 기원 신화를 만든다면 현실과 상식의 세계에서 하늘을 이해하려는 인간의 노력은 우주 구조론으로 이어진다. 신화적 내용이 인간 해석의 대상으로 바뀌는 과정에서 논리가 개입되는 것은 필연적이다. 하늘의 생김새에 대한 다양한 주장들이 전개되고, 그를

---

22 "古之言天者有三家, 一曰蓋天, 二曰宣夜, 三曰渾天−晉書, 隋書 天文志", 韓國科學史學會 編,『諸家曆象集·天文類抄』, 誠信女子大學校 出版部, 1984, 3쪽; 이순지 편찬, 남종진 역주,『국역 제가역상집』상권, 세종대왕기념사업회, 2013, 권1 천문, 37쪽; 李淳風 撰, "晉書·天文志",『個人圖書館』,〈http://www.360doc.com/content/13/0929/11/790335_317817314.shtml〉

뒷받침할 논리적 틀과 함께 수리數理적 근거들
도 제시된다. 논쟁이 벌어지면서 각자의 논리가
보다 정교하게 가다듬어지고, 초보적 천문 과학
이론도 싹튼다.

이순풍

동양의 우주 구조론이 문헌으로 나타나는 것
은 7세기 당唐나라 때 편찬된 진서晉書와 수서隋
書 등 중국 정사正史의 천문지天文志다. 그러나 하
늘의 생김새에 대한 논리적 개념들이 처음 제시된 것은 주周에서 춘추 전
국 시대다. 하지만 이론으로 체계화된 것은 한漢나라 이후로 보는 것이 일
반적이다. 진서와 수서의 두 천문지 모두 당唐나라 초기 도사道士이자 천
문학자 겸 수학자였던 이순풍李淳風·602~670이 편찬했다. 따라서 두 천문
지의 내용은 동일하다. 이들 모두 고대로부터 전해지는 다양한 우주 구조
론을 소개하고 있다. 수서 천문지는 조선 세종 때 천문학자인 이순지李純
之·1406~1465가 편찬한 제가역상집諸家曆象集의 첫 머리에 올라 있다.

우주 구조론은 조선 태조 때의 석각石刻 천문도인 천상열차분야지
도天象列次分野之圖의 아랫부분에 '하늘을 논한다'는 뜻의 논천論天이라
는 글에도 소개된다. 논천은 진서 천문지에 6가지 하늘의 생김새를 설
명하는 이론이 나온다고 설명한다. 이론의 명칭은 혼천, 개천, 선야, 안
천安天, 흔천昕天, 궁천穹天이다. 논천은 글의 말미에서 혼천을 제외한
나머지 5개 이론은 신기하고 색다를 뿐 맞는 이론이 아니라고 결론지었
다. 또 이론이 틀렸기 때문에 옛 선비들도 중요하게 생각하지 않았다고
덧붙였다.[23]

23 양홍진, 『디지털 천상열차분야지도』, 경북대학교출판부, 2014, 69~70쪽

하늘은 삿갓처럼 생겼다 – 개천설蓋天說

우주는 위에 있는 하늘天이 아래의 땅을 덮고 있는蓋 형태라는 주장이 개천설蓋天說이다. 우주의 구조를 사람의 눈에 보이는 대로 묘사한 만큼 문명의 초기 단계에는 가장 현실적이고 상식적인 설명으로 받아들여진 이론이다. 개천설의 등장 시기는 분명하지 않지만 늦어도 주周나라 이전까지 거슬러 올라가는 것으로 본다. 문헌으로는 천문 수학서인 주비산경周髀算經에 처음 언급된다. 주비산경은 후한後漢 때 지금의 체계로 편찬됐지만 내용은 전국 시대에 널리 알려진 것이다. 개천설의 핵심 개념은 천원지방天圓地方과 칠형육간七衡六間이다. 천원지방은 하늘의 생김새는 둥글고 땅은 모나다는 것이다. 칠형육간은 해가 하늘에 있는 7개의 동심원 궤도를 옮겨 다니므로 계절 변화가 생긴다는 주장이다.

진서晉書 천문지天文志에는 '하늘은 펼쳐진 덮개처럼 둥글고 땅은 바둑판처럼 모나다天圓如張蓋 地方如棋局'는 것과 '하늘은 덮은 삿갓 모양이고 땅은 엎은 사발 같다天似蓋笠 地法覆槃'는

개천설의 천원지방 구조

두 가지 천원지방의 모습이 소개된다. 또 하늘의 중심은 북극이고 하늘과 땅 간의 거리는 8만 리라는 수치까지 제시된다.

천원지방은 오늘날 동양 천문의 후진성을 거론할 때 대표적으로 등장하는 개념이지만 천문학자들의 생각은 다르다. 실제 우주의 모습을 나타낸 것이 아니라 규표의 개념을 얘기한 것이라고 한다. 규표로 해가 뜨고 지는 동서를 정하고 밤에 북극성을 측정해 수직선인 남북까지 4방위

를 연결하면 땅은 사각형의 모습으로 그려진다. 또한 해 그림자가 하루 종일 움직이는 선을 4방위의 꼭짓점과 연결하면 사각형을 내포한 원을 그리게 된다. 따라서 규표를 통해 회전하는 둥근 하늘과 움직이지 않는 네모난 땅은 모순

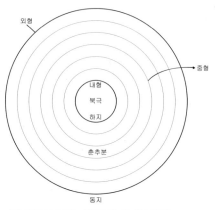

계절 변화를 설명하는 칠형육간도(七衡六間圖)

없이 하나로 통일된다는 주장이다. 칠형육간도 규표에 의한 개념으로 파악할 수 있다. 하지 때는 해의 입사각이 작아지면서 그림자가 짧아지고, 동지 때는 입사각이 커지면서 그림자가 길어진다. 하루 동안 그림자가 그리는 선을 연결하면 하지 때는 반지름이 작은 동심원을 그리고, 동지 때는 반지름이 큰 동심원이 된다. 칠형육간 중 가장 안쪽의 내형은 하지 때 해가 다니는 길이고, 가운데 제4형중형은 춘분과 추분, 가장 바깥의 외형은 동지 때 해의 운행 경로다. 이들 7형은 절기가 바뀔 때마다 규표의 그림자가 반지름이 다르게 그리는 동심원들과 같다.

하늘과 땅은 둥근 달걀과 같다 – 혼천설渾天說

혼천설渾天說은 시기적으로 개천설보다 훨씬 뒤에 나온 이론이다. 개천설이 적어도 주周 대까지 거슬러 올라간다면 혼천설은 후한後漢 초 혼천의주渾天儀注를 쓴 장형張衡에 의해 이론으로 정립됐기 때문이

다. 하지만 개념 자체는 우주 구조론에 대한 다양한 논의들이 제기됐던 전국戰國 말에서 전한前漢 시기에 생겨난 것으로 본다.[24] 혼천설은 한때 개천설과 치열한 논쟁을 벌이기도 했으나 수리와 관측 논리에서 개천설을 압도하면서 후한後漢 이후 동양의 주류 우주론으로 자리 잡았다. 하늘은 둥근 모양이고渾然 끝없이 회전 운동周旋을 한다는 것이 혼천설의 주장이다. 하늘의 생김새에서 개천설이 천원지방天圓地方의 위아래 구조라면, 혼천설은 하늘이 땅을 감싼 안팎 구조다. 혼천설에서 땅 모양은 처음에는 개천설의 영향으로 평평하게 묘사됐으나 뒤에는 하늘과 같이 구형球型으로 설명됐다. 수서 천문지에 기술된 혼천설의 우주 구조는 하늘이 밖에서 땅을 감싼 천포지외天包地外의 새알 모양이다.

'하늘과 땅은 새알과 같다. 하늘이 밖에서 땅을 에워싸 껍질이 노른자위를 감싼 것 같다. 두루 도는 것이 끝이 없고, 모양이 둥글고 흐릿해 혼천이라 한다. 하늘의 겉과 속에는 물이 흐르며, 음양이 돌아 움직일 때 각 기운을 타고 떠올라 물을 싣고 운행한다'[25]

혼천설의 약점은 하늘과 땅을 떠받치는 물질로 물을 상정한 것이다. 하늘의 겉과 속은 물론 땅의 아래로 물이 흐르기 때문에 천지가 안정적으로 지탱된다고 설명한다. 이는 개천론자들의 공격의 빌미가 되었다. 해는 양陽과 불火의 상징인데 어떻게 물속을 운행할 수 있느냐는 문제

---

24 이문규, 『고대 중국인이 바라본 하늘의 세계』, 문학과 지성사, 2000, 311~339쪽

25 "天地之體, 狀如鳥卵, 天包地外, 猶殼之裏黃, 周旋無端, 其形渾渾然, 故曰渾天. 天表裏有水, 兩儀轉運, 各乘氣而浮, 載水而行", 이순지 편찬, 남종진 역주, 『국역 제가역상집』 상권, 세종대왕기념사업회, 2013, 45쪽

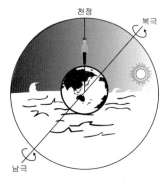

땅이 물에 절반 잠긴 혼천설 구조로 인해 28수의 절반은 보이고 절반은 보이지 않는다.

제기였다.[26]

해·달·별은 기氣로 움직인다 – 선야설宣夜說

선야설宣夜說은 밤하늘의 아득함에서 따온 명칭이다. 눈에 보이는 하늘의 색깔은 실제가 아니며, 하늘은 끝없이 아득하고 어두울 뿐이라는 것이다. 선야설과 관련해서는 치맹郗萌이라는 이름이 거론된다. 치맹은 혼천설의 대표적 이론가인 장형張衡과 같은 후한 때 사람이다. 생몰生沒 연도는 알려져 있지 않다. 그가 실제 선야설을 주장했는지 아니면 전해오는 내용을 기록만 한 것인지도 분명하지 않다. 선야설은 당시로서는 혁명적 내용을 담은 이론이었다. 동양 우주론의 양대 산맥을 이룬 개천설과 혼천설과 달리 문헌에 아주 간략한 기록만 남기고 사라진 것도 지나치게 파격적인 내용 때문이었던 것으로 풀이한다. 하지만

26 이순지 편찬, 남종진 역주,『국역 제가역상집』상권, 세종대왕기념사업회, 2013, 45~46쪽

선야설은 현대 천문학의 관점에서 오히려 과학적이라는 긍정적 평가를 받는다.

'하늘은 비어 물질이 없으니 우러러 보면 높고 멀어 끝이 없다. 눈은 흐리고 정신은 아득하니 그저 푸르디 푸를 뿐이다. 멀리 황산을 곁에서 보면 모두 푸르다. 천길 골짜기를 내려다보면 그윽하니 어두울 뿐이다. 푸르름은 참 색깔이 아니고 어두움도 실제가 아니다. 해와 달과 뭇별은 자연스레 빈 공중에 떠있으니, 가고 멈춤은 모두 기를 따른다. 그래서 해 · 달 · 오행성의 칠요가 가고 머물고, 바로 가고 거꾸로 간다. 숨고 드러남은 한결같지 않고, 가고 물러남도 같지 않다. 이는 뿌리처럼 매어주는 바가 없어서 칠요의 움직임이 각기 다른 것이다. 북극은 늘 그 자리이고, 북두는 다른 별과 함께 서쪽으로 지지 않는다.'[27]

선야설은 하늘에 대한 규정부터 당시 일반 우주론과는 달랐다. 하늘은 실체가 있거나 모양이 정해진 것이 아니라 무정형無定形의 빈 공간이라는 주장이다. 또 우주는 끝이 없이 무한하다고 했다. 이 같은 주장은 개천설과 혼천설이 내세운 유한 우주론을 폐기한 것이었다. 개천설은 고정된 천구에 천체가 붙어 움직인다고 했고, 혼천설은 하늘이 달걀 껍질과 같다고 했다. 두 이론 모두 실체가 있고 한정된 우주 공간을 전제로 했다. 서양 천문에서도 천체가 동심원을 그리는 아홉 겹의 수정 구슬

---

27 "天了無質, 仰而瞻之, 高遠無極, 眼瞥精絶, 故蒼蒼然也. 譬之旁望遠道之黃山而皆靑, 俯察千仞之深谷而窈黑, 夫靑非眞色, 而黑非有體也. 日月衆星, 自然浮生虛空之中, 其行其止, 皆須氣焉. 是以七曜或逝或住, 或順或逆, 伏見無常, 進退不同, 由乎無所根繫, 故各異也. 故辰極常居其所, 而北斗不與衆星西沒也", 이순지 편찬, 남종진 역주, 『국역 제가역상집』상권, 세종대왕기념사업회, 2013, 42쪽

에 붙어 있다는 개념을 르네상스까지 유지했다. 이런 점을 감안하면 선야설은 1,000년 이상 시대를 앞선 이론이었다. 또 해·달·별 등 천체가 기氣로 운행된다는 것도 파격적인 내용이었다. 천체는 기가 응축된 것이므로 고정된 실체인 천구가 없어도 허공을 자유롭게 떠다닐 수 있다고 강조했다. 특히 당시 우주론이 접근하지 못했던 행성의 움직임에 대해 명쾌한 설명을 내놓았다. 행성이 공전 궤도를 움직이면서 속도가 늦어지거나 빨라지는 지질遲疾 현상이나 순행과 역행을 반복하는 이상 현상을 보이는 것에 대해 개천설이나 혼천설 모두 논리적으로 다루지 못했다. 선야설은 이를 기의 흐름에 의해 생기는 현상으로 설명했다.

실체로서의 하늘을 부정한 선야설은 당시 지배층으로서는 수용하기 어려운 개념이었다. 하늘은 인격과 의지를 가진 실체라는 천인감응론天人感應論에 배치됐기 때문이다. 이론적 약점도 있었다. 천체가 기의 응축물이라고 했을 뿐 실체가 없는 허공에서 떨어지지 않는 이유에 대한 납득할 만한 근거를 내놓지 못했다. 또 자유롭게 떠다니는 천체가 어떻게 규칙적인 운행을 거듭하는지에 대해서도 합리적으로 설명하지 못했다.[28]

28 이문규, 『고대 중국인이 바라본 하늘의 세계』, 문학과 지성사, 2000, 340~345쪽

하늘의 주소

별의 번지수 - 경도와 위도

하늘에 떠 있는 별은 3차원 공간에 자리한 점點과 같다. 한 점
의 위치를 정확하게 나타내려면 어떻게 해야 할까? '그 별은 어느 별의
왼쪽에 있다'는 식으로 표현한다면 반대 장소에 있는 사람은 왼쪽이 오
른쪽으로 바뀌어 별의 위치가 달라지게 될 것이다. 시간과 장소 상관없
이 모든 사람이 같은 위치로 인식할 수 있도록 고안한 방법을 좌표座標
라 한다. 좌표는 평면이나 공간을 모눈종이처럼 가로 세로로 구역을 나
눠 숫자로 표시한 것을 말한다. 지도를 보면 마치 바둑판처럼 가로줄과
세로줄이 일정한 간격으로 그어져 있다. 지도 바둑판의 각 칸은 숫자로
위치가 지정된다. 지구를 거대한 바둑판으로 생각하고 가로와 세로로
가상의 선을 그어 좌표를 만든 것이다. 가로줄을 위도緯度 · latitude, 세로
줄을 경도經度 · longitude라 한다. 위도와 경도의 숫자만 알면 지구 위의 모
든 사람은 동일한 위치를 찾을 수 있다. 하늘의 별도 같은 원리로 찾는
다.

지구에 가로줄인 위도를 긋는 일은 쉬웠다. 하늘이 가르쳐주었기 때문이다. 별들은 지구 자전축이 가리키는 북극성을 중심으로 동심원을 그리면서 지구를 평행하게 돈다. 북극에서 관측자의 머리 위를 수평으

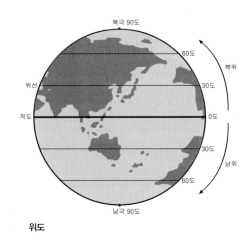

위도

로 돌던 별들이 관측자가 남쪽으로 점점 내려가면 수직으로 머리 위를 지나가는 곳이 있다. 해와 달, 행성도 마찬가지다. 이곳을 적도赤道라 한다. 적도를 중심으로 북쪽과 남쪽으로 각각 90개의 가로줄을 그어 지구를 180 등분하고 숫자를 붙였다. 적도는 위도 0도, 북극은 +90도, 남극은 −90도다. 위도는 기후선氣候線이라고도 한다. 위도의 숫자가 달라지면서 기후가 달라지기 때문이다. 위도는 천체 관측과 함께 일찌감치 결정되었다. 자연 법칙으로 고정된 적도를 기준 삼기 때문에 어려운 점이 없었다. 반면 경도는 달랐다. 시기적으로도 한참 늦었고 결정되기까지의 과정도 어려웠다. 지구가 자전축을 중심으로 공처럼 회전하기 때문에 적도와 같은 기준선을 찾을 수 없었다. 지구 위에 아무나 세로로 줄을 그을 수 있지만, 왜 그 줄을 그었는지에 대한 수용할 수 있는 근거를 내놓아야 하기 때문이다.

지구는 해의 둘레를 도는 거대한 시계로 바꿔 생각할 수 있다. 지구는 24시간에 한 바퀴 도는 자전自轉과 365일에 한 바퀴 도는 공전公轉을 한다. 360도를 한 바퀴 자전하는 데 24시간 걸리는 것을 하루라 한다. 15

도 돌면 1시간이다. 지구를 15도씩 동서로 24쪽 낸 것이 경도다. 이 때문에 경도는 도수度數로도 나타내지만 시간으로 표시될 때가 더 많다. 경도 0도는 0시, 15도는 1시, 한국의 표준시인 동경 135도는 9시가 되는 것

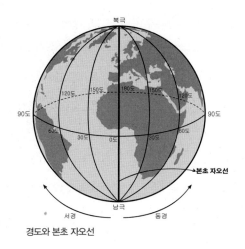

경도와 본초 자오선

이다. 이 때문에 경도는 시간선時間線으로 불린다. 천문에서 경도의 기준은 적도와 황도가 만나는 교점交點인 춘분점이다. 춘분점이 경도 0도인 것이다. 춘분점을 기준으로 적도 또는 황도를 15도씩 나눠 24개의 경도선을 긋는다. 지구든 하늘이든 15도씩 정확하게 나누기 위해서는 시간을 정확하게 측정할 수 있어야 한다. 과거 하늘은 별자리로 나누어졌다. 적도를 나눈 동양의 28수나 황도를 나눈 서양의 황도 12궁이 대표적인 예다. 하지만 간격이 일정하지 않아 오늘날의 경도와는 거리가 있었다. 경도의 결정은 18세기까지 기다려야 했다.

뉴턴도 못 푼 경도經度, 시계공이 정복하다

1707년 10월 22일 밤 8시경 클로디슬리 셔블 경이 이끄는 영국 함대는 지중해 툴롱의 프랑스 함대를 공격한 뒤 본국으로 귀환하던 중이었다. 지중해에서 대서양으로 빠지는 유일한 통로인 지브롤터 해협

과 프랑스 서북부의 브르타뉴 반도 근해를 되돌아오는 긴 항해 끝에 이날 밤 영국 해협에 진입해 본토를 눈앞에 둔 상황이었다. 기상은 최악이었다. 바다를 자욱하게 덮은 안개와 강풍으로 함대는 악전고투하고 있었다. 북상하던 선원들은 잉글랜드 남서부 콘월 반도 끝자락의 암초 지대인 실리 제도 부근에서 경악해 마지않았다. 경도를 잘못 계산했던 것이다. 우왕좌왕하는 사이 기함旗艦 어소시에이션Association함이 암초를 들이받았다. 배는 채 4분이 안 돼 물속으로 가라앉았고 선원 650명은 미처 손쓸 새도 없이 거친 파도 속으로 빨려 들어갔다. 뒤따르던 이글Eagle과 롬니Romney 등 전함 3척도 차례로 암초와 부딪쳐 돌덩이처럼 가라앉고 말았다. 이 사고로 2,000명에 가까운 선원이 물고기 밥이 되는 역대 최악의 해양 참사가 빚어졌다. 셔블은 천신만고 끝에 근처 섬까지 헤엄쳐 나간 뒤 정신을 잃고 말았다. 마침 해변을 지나던 한 여인이 지쳐 쓰러진 그의 손가락에 빛나는 대형 에메랄드 반지에 눈독을 들였다. 곧이어 셔블도 밤바다에 수장된 함대 선원들을 뒤따르는 운명을 맞았다. 셔블은 죽어가던 순간 수십 년간 바다를 누볐던 그의 경력에서 최악의 판단을 했음을 깨달았다. 안개 속을 헤매던 불과 몇 시간 전에 선원 한 명이 다급하게 그를 찾아왔던 상황이 흐릿하게 떠올랐다. 그 선원은 자신이 경도를 계산한 결과 함대가 엉뚱한 곳에 있다고 보고했다. 당시 이는 군법을 심각하게 어긴 행위였다. 항로에 대한 판단은 장교의 몫이었다. 선원이 개입하는 것은 하극상이었다. 그 선원도 잘 알고 있었다. 하지만 워낙 위급한 상황이어서 목숨을 걸고 함대 사령관에게 알렸던 것이었다. 셔블은 그 자리에서 군법을 적용해 선원을 교수형에 처했다.[29]

---

29 데이바 소벨·윌리엄 앤드루스, 김진준 옮김, 『한 외로운 천재의 이야기-경도』, 생각의 나무, 2001, 35~38쪽

셔블 함대의 최후는 선원들이 정확한 경도를 계산할 수 없었던 시대에 일어난 엄청난 재난이었다. 대항해 시대가 시작된 15세기 말 이후 서양은 새로운 부富를 찾아 지구의 모든 바다에 경쟁적으로 배를 띄웠다. 하지만 항해 기법은 여전히 원시적이었다. 뱃사람들이 제대로 아는 것은 위도뿐이었다. 나머지는 추측에 의한 항법dead reckoning에 의존했다. 추측 항법으로 경도를 계산했지만 복잡했을 뿐만 아니라 엉터리였다. 배가 항해하는 방향은 별과 나침반에 의지했다. 항해 거리는 로그log라는 측정기를 이용했다. 로그는 배에서 릴에 감긴 줄을 바다에 풀어 배의 속도와 거리를 계산하는 장치다. 모래시계와 회중시계 등으로도 거리를 추정해 로그와 맞춰봤다. 해류와 바람의 영향 등도 항해 거리를 계산할 때 감안해야 하는 요소였다. 추측 항법으로 정확하게 목적지에 도달하는 것은 하늘의 별따기 만큼이나 어려웠다. 적도 기준으로 지구 둘레가 약 4만 km인 만큼 경도 1도만 틀려도 111 km의 차이가 난다. 경도 1도 정도의 오차는 당시 항법으로는 정밀한 편이었다. 경도를 제대로 알지 못하니 죽음을 안고 바다를 다니는 것과 다름없었다. 엉뚱한 바다를 헤매다 암초에 부딪치거나 태풍에 휘말려 수백 척의 배가 가라앉고 선원이나 군대가 몰살당했다. 오랫동안 뭍에 오르지 못해 민물이나 신선한 채소를 먹지 못한 선원들은 괴혈병으로 숱하게 죽어갔다.[30]

식민지 개척을 위한 대항해 시대에는 별자리에만 거의 의존해 항해했다. 별을 잘 보는 것은 선장이나 항해사가 반드시 갖춰야 할 덕목이었다.

30 대양을 오가는 배들은 널리 알려진 몇몇 위도(緯度)의 항로에만 몰렸다. 배들이 특정 항로만 이용하자 미리 잠복한 적국(敵國)의 해군이나 해적의 습격으로 극심한 피해를 보는 것도 다반사였다. 데이바 소벨·윌리엄 앤드루스, 김진준 옮김, 『한 외로운 천재의 이야기-경도』, 생각의 나무, 2001, 39~47쪽

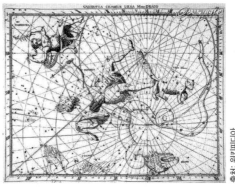

존 플램스티드

천구도보(Atlas Coelestis)의 일부

존 플램스티드John Flamsteed · 1646~1719는 영국 그리니치 왕립천문대의 초대 천문대장이었다. 그는 40년간 천문 관측을 하면서 별자리 목록을 만들고 별자리 그림을 그렸다. 당시 영국 왕립학회장이었던 아이작 뉴턴과 에드먼드 핼리제2대 그리니치 천문대장는 그의 관측 결과가 필요해 출판을 종용했다. 하지만 플램스티드는 관측이 끝나지 않은 미완성 목록이라며 거부했다. 그러자 뉴턴과 핼리는 플램스티드의 관측 결과를 몰래 입수해 무단 출판하고 말았다. 분노한 플램스티드는 출판된 책의 대부분을 사들여 불태워 버렸다.

1725년 플램스티드 사후 3,000여 개의 별을 담은 대영항성목록大英恒星目錄 · Historia Coelestis Britannica이 그의 부인에 의해 출판됐다. 1729년에는 별자리 그림인 천구도보天球圖譜 · Atlas Coelestis가 나왔다. 천구도보는 그림에 소질이 있었던 플램스티드의 부인이 직접 성좌도星座圖를 그렸다고 한다. 천구도보는 출판되자마자 대양 항해에 단비 같은 존재가 되었다. 해군은 물론 민간 선박의 선장과 항해사들은 항해의 필수품으로 천구도보를 챙겼다. 천구도보는 영국에 막대한 국부를 안겨준 수백 년 동안의 베스트셀러였다. 천문학자들은 "해가 지지 않는 나라는 플램스티드의 별자리 그림이 만들었다"고 평가했다.[31]

경도는 당시 전 지구적인 숙제였다. 해양 강국으로 셔블 함대의 대재앙을 겪은 영국은 1714년 유명한 경도법을 제정했다. 경도를 해결하는 사람에게는 당시로는 천문학적 액수인 2만 파운드의 상금을 약속했다. 그러자 당대의 천문학자, 물리학자, 수학자들이 경도 해결에 매달렸다. 하지만 모두 실패했다. 아이작 뉴턴조차 경도는 풀 수 없는 문제라고 포기할 정도였다. 뉴턴이 플램스티드 관측 결과를 필요로 했던 것도 경도 문제와 관련이 있었다.

바다에서 경도를 계산하려면 적어도 세 곳의 시각을 알아야 한다. 출발 항구의 시각, 배가 떠 있는 곳의 시각, 경도가 이미 알려진 곳의 시각을 알면 각각의 시차時差를 거리로 환산할 수 있는 것이다. 결국 경도 문제의 해결은 정확한 시간 측정이 관건이었다. 경도 해결사라는 영예와 천문학적인 상금을 받기 위한 사람들의 열정은 크게 두 가지 흐름으로 이어졌다. 하나는 천문 관측에 의해 시간을 알아내는 것으로 천문학자 대부분이 매달린 방법이었다. 특정한 항성 주변을 운행하는 달의 이동 경로와 위치, 지구와의 거리 등을 측정해 배의 항해 지점을 알아내는 방식이었다. 하지만 당시 관측 기술로는 정확한 경도 계산이 불가능했다. 반면 경도가 시간선이라는 특수성에 주목한 일부 천문학자들은 시계가 경도 문제를 해결할 수 있을 것이라는 의견을 내놓았다. 하지만 아이디어 차원에 머물렀을 뿐 기술적으로는 경도 문제만큼이나 어려운 과제였

31 "John Flamsteed", 『Wikipedia』, 〈https://en.wikipedia.org/wiki/John_Flamsteed〉; 이지호, "형상과 별자리", 『충남대학교 천문우주과학과 고천문학 강의』, YouTube, 2016.8.29, 〈http://cnumooc.kr〉

존 해리슨

경도 문제를 해결한 존 해리슨의 시계 H-4

출처: 위키피디아

다. 당시의 진자振子시계는 거친 파도에 의한 흔들림, 기온과 습도 변화에 따른 진자의 팽창과 수축, 중력 등의 난제를 해결할 수 없었다. 또 천문학자들은 시계 기술자도 아니었다.

법 제정 45년 만인 1759년 영국의 시계 제작공 존 해리슨1693~1776이라는 인물이 H-4라는 정밀 해상시계를 만들어 불가능의 영역으로 여겨졌던 경도 문제를 해결하고 말았다. 해리슨의 시계는 진자振子식이 아닌 태엽으로 동력을 톱니바퀴에 전달하는 새로운 방식이었다. 이 시계는 몇 차례의 시험 항해 동안 폭풍우와 온도, 습도 등 온갖 난점을 극복하고 뱃사람들에게 정확한 시각을 제공했다.[32] 경도위원회를 장악하고 있던 당대 최고의 천문학자들은 정식 교육조차 받지 못한 해리슨이 경도 문제를 해결했다는 사실을 믿을 수 없었다. 천문학자들은 끊임없이 의혹을 제기하며 해리슨이 경도상을 받는 것을 집요하게 방해했다. 결

32 토마스 데 파도바, 박규호 옮김, 『라이프니츠, 뉴턴 그리고 시간의 발명』, 은행나무,
   2016, 295~302쪽; 데이바 소벨·윌리엄 앤드루스, 김진준 옮김, 『한 외로운 천재의 이
   야기-경도』, 생각의 나무, 2001, 157~173쪽

국 조지 3세 국왕의 도움으로 해리슨은 1773년에 정식으로 경도상 수상
자로 결정됐다. 하지만 상금은 절반도 받지 못했다. 이후 해리슨의 시계
는 영국 그리니치 왕립천문대의 표준 시간이 되었다. 1884년 미국 워싱
턴 D.C에서 26개국이 참가한 국제자오선회의가 열렸다. 회의에서는 영
국 그리니치 천문대의 시각이 경도 0도의 본초 자오선[33]으로 채택됐다.
존 해리슨의 시간이 인류를 지배하는 시간이 된 것이다. 존 플램스티드
가 초대 그리니치 왕립천문대장에 임명된 1675년 2대의 진자시계가 천
문대에 설치돼 '그리니치 시간'이 시작됐다. 의회의 결정으로 영국 표준
시가 된 것은 1852년이었지만 그리니치 시간은 지방시에 불과했다. 그
리니치 시간이 1884년 국제자오선회의에서 세계 표준시로 결정된 것은
존 해리슨의 경도 문제 해결이 없었다면 불가능했다.[34] 천문학자와 달리
현대의 시계학자들은 "영국이 바다를 지배하고 대영제국이 탄생할 수
있었던 것은 해리슨의 업적 때문"이라고 주장한다.[35]

---

33 1884년 미국 워싱턴 D.C에서 열린 국제자오선회의에서 영국 그리니치 왕립천문대를
   지나는 경도를 본초 자오선으로 결정한 데는 크게 세 가지 요인이 작용했다. 첫째, 해
   양 강국인 영국이 그리니치를 기준시(GMT)로 정해 제작한 해도가 전 세계 해도 시
   장의 90%를 장악하고 있었고, 전 세계 상업 선박의 72%가 사용하고 있었다. 둘째,
   1883년 미국 철도업계와 캐나다가 그리니치 표준시(GMT)를 기준으로 일반시간협
   정(General Time Convention)을 채택해 북아메리카를 5개 시간대로 설정했다. 셋
   째, 영국의 라이벌이었던 프랑스 등 몇 개국이 국제자오선회의에서 GMT에 완강히
   반대했으나 미국과 영연방 등 영어권 국가들이 투표에서 영국의 손을 들어주었다. 아
   서 제이 클링호퍼 지음, 이용주 옮김, 『지도와 권력』, 알마, 2007, 94~98쪽; 클라크 블
   레즈, 이선주 옮김, 『모던 타임-샌포드 플레밍과 표준시의 탄생』, 민음사, 2010 참조
34 리즈 에버스, 오숙은 옮김, 『시간 인문학』, 옐로스톤, 2017, 119~130쪽; 클라크 블레
   즈, 이선주 옮김, 『모던 타임』, 민음사, 2010, 57~67쪽
35 데이바 소벨·윌리엄 앤드루스, 김진준 옮김, 『한 외로운 천재의 이야기-경도』, 생각
   의 나무, 2001, 209~225쪽

하늘 주소의 종류 – 좌표계

천구 天球 · celestial sphere
는 지구를 중심으로 천체들이 수
정 유리구슬 같은 둥근 하늘에 박
혀 있다는 고대 인식에 바탕한 개
념이다.[36] 지구에서 별까지의 실제
거리는 모두 다르지만 워낙 멀기
때문에 모두 천구면에 투영된 것
으로 가정한다. 천구의 중심점은

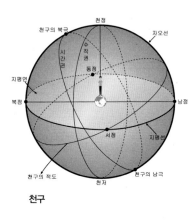

천구

관측자 또는 지구다. 관측자의 몸을 수직으로 지나 천구와 만나는 점을
천정天頂과 천저天底라 한다. 또 지구 자전축의 연장선이 천구와 만나는
점은 천구의 북극과 천구의 남극이라 한다. 관측자가 서 있는 지평면을
천구까지 확장한 것은 지평선이다. 지평선은 천정 · 천저선과 수직이다.
천구면을 따라 천정 · 천저를 둥글게 이은 선을 수직권垂直圈이라 한다.
지구의 적도를 하늘로 연장한 가상의 대원은 천구의 적도다. 천구의 적
도는 천구의 북극 · 남극과 수직을 이룬다. 천구의 북극 · 남극이 그리는
천구상의 대원을 시간권時間圈이라 한다. 천정 · 천저, 천구의 북극 · 남
극을 동시에 지나는 대원은 자오선子午線이다. 천정 · 천저는 수직권, 천
구의 북극 · 남극은 시간권을 형성한다. 따라서 자오선은 시간권과 수직
권을 연결하는 선이다. 본초 자오선은 경도 0도다. 관측자가 보았을 때
천구의 북극에서 자오선을 따라 지평선의 북쪽과 만나는 점은 북점이라

제
일
부
관
상
觀象

---

36 지오프리 코넬리우스 · 폴 데버루, 유기천 옮김, 『별들의 비밀』, 문학동네, 1999, 14쪽

고 한다.

지평 좌표계 하늘의 별이 어떤
방향에, 어떤 높이로 떠 있는지 눈
에 보이는 그대로의 위치를 나타
낸 좌표계다. 이 좌표계는 아랍 천
문학에서 쓰였다.[37] 지평 좌표계의
원점原點은 별을 보는 관측자다.
별이 떠 있는 방향은 관측자가 선
지평면가로축에서의 방위, 별의 높

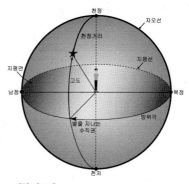

지평 좌표계

이는 지평면에서 수직권세로축의 천정 방향으로 잰 위치다. 전자를 방위
각方位角, 후자를 고도高度라 한다. 지평 좌표계는 방위각과 고도의 2개
값으로 이뤄진다. 방위각은 지평면에서 북점이 있는 자오선과 관측하려
는 천체를 잇는 수직권과의 각거리다. 방위각은 북점에서 동 → 남 → 서
의 시계 방향으로 잰다. 북점이 0도이고 시계 방향으로 가면서 360도까
지 커진다. 고도는 지평면에서 수직권을 따라 관측 천체까지의 높이를
잰 각거리다. 지평면이 0도고 천정은 90도다. 천체가 천정과 이루는 각
을 천정거리라 한다. 지평 좌표계는 관측자가 주어진 시각과 장소에서
천체의 위치를 쉽게 측량할 수 있다. 하지만 천체는 시간이 지나면서 계
속 움직이므로 방위각과 고도도 같이 달라지는 단점이 있다.[38]

적도 좌표계 지평 좌표계의 기준점이 관측자라면 적도 좌표계의 기준

---

37 조셉 니덤, 이면우 옮김, 『중국의 과학과 문명: 수학, 하늘과 땅의 과학, 물리학』, 까치,
　2000, 86~88쪽
38 최승언, 『천문학의 이해』(개정판), 서울대학교출판문화원, 2014, 8~11쪽

점은 지구다. 적도 좌표계는 시간과 장소에 따라 관측 값이 달라지는 지평 좌표계의 단점을 없앤 것이다. 천체의 좌표를 언제, 어디서나 똑같이 나타낼 수 있기 때문에 별의 목록이나 별 지도를 만드는 데 이용된다. 현대 천문은 적도 좌표계로 표현되는 것이 일반적이

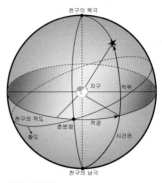

적도 좌표계

다.[39] 적도 좌표계의 가로축은 지구 적도를 천구까지 무한 확장한 천구의 적도다. 세로축은 천구의 북극·남극을 잇는 시간권 중 춘분점을 지나는 시간권이다. 춘분점을 지나는 시간권은 하늘을 동서로 나누는 기준선인 적경赤經 0도다. 적도 좌표계는 지구의 경도와 위도를 천구까지 넓힌 개념으로 이해할 수 있다. 적경은 춘분점을 기준으로 관측하려는 천체를 지나는 시간권까지의 각거리를 반시계 방향서→동으로 잰다. 지평 좌표계의 방위각을 잴 때 시계 방향동→서으로 측정하는 것과 반대다. 적경 값은 15도를 1시간으로 환산해 0~24시의 시간 단위로 표시한다. 천구의 적도면에서 시간권에 있는 천체까지 잰 각거리가 적위다. 천구의 적도는 적위 0도다. 북반구는 0~90도의 +값으로, 남반구는 0~90도의 −값으로 나타낸다. 춘분점은 현대 천문 좌표계의 가장 중요한 기준점이다. 천구의 적도와 황도가 교차하면서 해가 천구의 남반구에서 북반구로 넘어가는 지점이 춘분점이다. 춘분점은 지구 공전 궤도의 출발점이며, 시간권을 표시하는 적경의 시작점이기도 하다.

39 최승언, 『천문학의 이해』(개정판), 서울대학교출판문화원, 2014, 11~15쪽

제일부 관상觀象

황도 좌표계 해가 한 해 동안 움직이는 길이 황도黃道다. 이집트와 그리스 사람들은 황도 위로 해만 다니는 것이 아니라 달과 수성·금성·화성·목성·토성 등 행성들도 함께 다니는 것을 발견했다. 낮에 해가 지나간 그 길로 밤에 달과 행성이 다니고, 다시 낮이 오면 해가 움직이

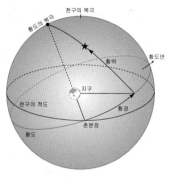

황도 좌표계

는 것이다. 따라서 천체를 관측한다면 반드시 주목해야 하는 길이 황도였다. 적도 좌표계를 23.5도 기울인 것이 황도 좌표계다. 적도와 황도가 만나는 춘분점을 기준으로 한 황경黃經과 황도면을 기준으로 한 황위黃緯로 천체의 위치를 나타낸다. 황도 좌표계는 태양계 내 행성의 위치를 나타내는 데 유용하다.

동양 천문은 적도 좌표계다

고대에 계절을 알리는 별이 정확히 언제 뜨는지 아는 것은 무척 중요했다. 사람들의 일상생활은 물론 농사와 밀접한 관련이 있었기 때문이다. 별의 관측에 두 가지 방법이 고안되었다. 두 방법 모두 별을 보는 데 가장 큰 적인 햇빛을 피하는 데 초점이 맞춰졌다. 하나는 해가 뜨기 전이나 해가 진 직후에 해 근처의 별을 관찰하는 것이었다. 다른 하나는 해의 반대쪽 별을 찾아내는 것이었다. 이집트와 그리스 사람들은 새벽과 황혼에 해의 가장자리에서 뜨고 지는 별을 살피는 방법을 선택했다. 큰개자리Canis Major의 으뜸α별 시리우스Sirius가 아침에 해와 같

이 떠오를 때 하지가 되고 나일강이 범람한다는 사실을 알아낸 이집트가 대표적이다. 이 방법에는 해가 움직이는 황도黃道 근처의 별들이 가장 중요했다. 이집트와 그리스 천문학의 주된 관심은 황도대黃道帶와 일출 일몰의 경계선인 지평선이었다. 이에 따라 서양 천문은 황도 좌표계로 발전했다.

반면 동양 천문은 해의 반대쪽에 있는 별을 찾는 방법을 선택했다.[40] 이 방법에는 극極과 주극성週極星, 자오선子午線의 개념이 필요했다. 극은 변하지 않는 하늘의 중심으로 지구 자전축이 가리키는 북극성을 의미한다. 극은 인간 세상의 중심인 임금과 결부되어 동양 천문의 지배 사상인 천인감응론으로 이어진다. 주극성은 항상 천구의 북극을 돌며 지평선 밑으로 지지 않는 별이다. 동양 천문도를 보면 북극을 중심으로 좁은 동심원이 그려지고, 바깥에 또 하나의 동심원이 그려져 있다. 좁은 동심원은 주극성이 운행하는 공간으로 주극원週極圓이라고 한다. 바깥의 큰 동심원은 적도다. 적도에는 동양 별자리의 기본 체계인 28수宿가 자리한다. 북극성이 황제라면 28수는 황제를 중심으로 부채살처럼 사방으로 펼쳐진 제후들이다.

자오선은 천정과 천저, 천구의 북극과 남극을 지나는 대원이다. 동양 천문에서는 낮에 정남正南의 해그림자를 규표로 측정하고, 밤에는 정북正北을 보면서 주극성이 자오선을 통과하는 시각을 잰다. 별이 자오선을 통과하는 시각은 시간권 개념과 연결된다. 시간권은 천구의 북극에서 내려오는 선들이 적도를 나누는 것이다. 동양의 적도 좌표계에서 적경赤經은 북극권의 특정 주극성 → 자오선시간권 → 대응하는 28수의 수

40 조셉 니덤, 이면우 옮김, 『중국의 과학과 문명: 수학, 하늘과 땅의 과학, 물리학』, 까치, 2000, 111~113쪽

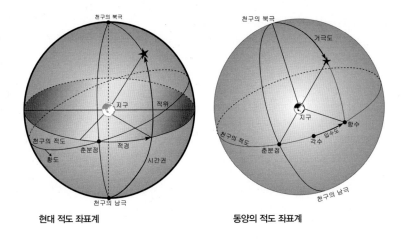

현대 적도 좌표계   동양의 적도 좌표계

거성宿距星 · 수의 기준이 되는 별으로 정해진다. 주극성과 28수 수거성의 짝 짓기로 수의 경계와 적경이 결정되는 것이다. 다만 28수의 간격이 일정 하지 않아 춘분점을 기준으로 정확하게 적도를 분할한 현대 천문의 적 경과는 차이가 있다. 수거성은 대개 어떤 수宿의 가장 서쪽 별로 정해 진다. 적경은 수거성으로부터 동쪽 몇 도라는 식으로 표현한다. 예컨대 허虛 6도는 허수 거성의 동쪽 6도에 있다는 뜻이다. 이 도수를 입수도入 宿度라고 한다.[41] 입수도가 하늘에서 경도의 구실을 하는 것이다. 적위는 현대 적도 좌표계에서 적도 0도를 기준으로 천구의 북극으로 올라가면 서 90도까지 수치가 커진다. 동양의 적위는 이와 반대다. 천구의 북극에 서 적도 방향으로 관측하려는 천체까지 내려오는 방식을 쓴다. 이를 거 극도去極度 또는 북극거리라 한다. 동양의 극極 개념에서 비롯된 것이라 할 수 있다. 황제로부터 신하에게로 내려가는 것이다.

41 이은성, 『曆法의 原理分析』, 정음사, 1985, 204~208쪽

하늘 주소가 바뀌다 – 세차 운동

지구는 완전한 공이 아니고 남북이 약간 눌리고 동서가 조금 부푼 형태다. 지구 자전에 의한 원심력의 결과로 적도 부위가 약간 부풀었다. 적도 지름1만 2,756 km이 극 지름1만 2,713 km보다 약 43 km 더 길다. 불룩한 적도에 달과 해의 중력이 다른 부위보다 강하게 작용해 조석력潮汐力·tidal force이 발생한다. 기조력起潮力으로도 불리는 이 힘은 지구의 자전축을 달 또는 해의 방향으로 일으켜 세우려 한다. 지구 자전축을 바로 세우려는 힘은 회전력으로 나타난다. 회전력으로 인해 지구는 황도의 북극을 중심으로 팽이처럼 비틀거리며 원뿔 형태로 도는 현상을 보인다. 이를 세차 운동歲差運動·precession이라 한다. 세차 운동에 작용하는 힘은 달이 3분의 2, 해가 3분의 1을 담당한다.

자전축이 선회하는 세차 운동으로 두 가지 현상이 나타난다. 남북 방향으로는 하늘의 북극 위치가 바뀐다. 동서 방향으로는 춘분점이 이동

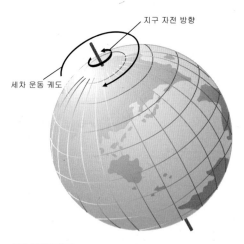

세차 운동의 원리

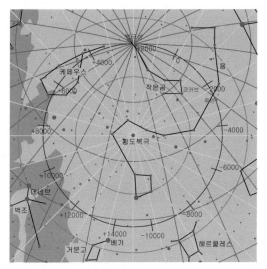

세차 운동으로 인한 북극의 이동

한다. 결과적으로 천구 좌표계의 경도와 위도가 달라지게 된다. 하늘의 주소가 바뀌는 것이다. 지구 자전과 세차 운동의 방향은 반대다. 지구가 반시계 방향서→동으로 돈다면 세차 운동은 시계 방향동→서으로 선회한다. 세차 운동으로 춘분점은 황도상에서 매년 50.27초씩 서쪽으로 옮겨간다. 춘분점의 이동에 따라 해를 기준으로 한 회귀년回歸年과 항성을 기준으로 한 항성년 간에 차이가 생긴다. 이 차이가 세차歲差다. 세차 운동의 주기는 약 2만 5,780년이다.

세차 운동의 주기

주기 계산 = 360도 ÷ 50.27초/년

= 360도 × 60분 × 60초 ÷ 50.27초/년

= 25,780.78376765년

(1도 = 60분, 1분 = 60초, 1초 = 3,600도분의 1)

세차 운동으로 지구 자전축이 가리키는 천구의 북극이 바뀌면서 시대에 따라 북극성이 달라진다. 이를 극점極點 항성 변경이라 한다. 현재의 북극성은 작은곰자리Ursa Minor의 으뜸α별 폴라리스Polaris다. 기원후 7500년경에는 케페우스자리Cepheus의 알데라민Alderamin, 1만 년경에는 백조자리Cygnus의 데네브Deneb, 1만 4000년경에는 거문고자리Lyra의 베가Vega가 북극성이 된다. 기원전 1500년대부터 기원후 500년까지의 북극성은 작은곰자리의 베타β별 코카브Kochab였다. 코카브는 아랍어로 '그 별The Star'이라고 한다.[42] 영어의 정관사를 붙인 것은 특별한 별이라는 뜻이다. 당시의 북극성이었기 때문이다. 코카브 옆의 작은곰자리 감마γ별 페르카드Pherkad까지 두 별을 뭉뚱그려 북극성이라고도 했다. 동양 천문에서는 자미원紫微垣의 북극 5성 중 두 번째 별인 제帝 · Di성이 코카브다. 기원전 3500년경의 북극성은 용자리Draco constellation의 으뜸α별 투반Thuban이었다. 이집트 기자의 피라미드는 당시 북극성이었던 투반을 향해 환기 통로를 뚫었다. 기원전 1만 2000년경의 북극성은 베가였다.

세차 운동으로 춘분점이 이동하면 황도의 배경이 되는 별자리들도 바뀐다. 춘분점은 1년에 50.27초씩 71.6년에 1도의 비율로 황도 위를 움직인다. 따라서 황도 12궁은 산술적으로 2,148년2만 5,780년÷12마다 새로운 궁위宮位로 이동한다. 황도 12궁의 제1궁은 공식적으로는 양자리다. 기원전 130년경 그리스의 천문학자 히파르코스Hipparchos · 기원전 190?~기원전 125?가 춘분점을 기준으로 황도를 12개의 별자리로 나눌 때 양자리에 춘분점이 있었기 때문이다. 그러나 세차 운동으로 춘분점이 이동해 현재는 물고기자리에 있다. 따라서 양자리가 춘분점이었던 시기와 현재

---

42 이지호, 『충남대학교 천문우주과학과 고천문학 강의』, YouTube, 2016.8.29., 〈http://www.cnumooc.kr〉

시기는 한 달 정도 차이가 난다. 서양 점성술에서는 여전히 양자리 춘분점을 사용하므로 자신이 태어난 날의 실제 별자리와 별점에서 쓰는 탄생 별자리와는 다르다. 기원전 100년부터 물고기자리로 넘어온 춘분점은 앞으로 약 600년 뒤인 2600년경에는 물병자리로 옮겨간다. 양자리에는 기원전 1875년부터 기원전 100년까지 춘분점이 있었다. 그 이전에는 황소자리였다. 황소자리에는 기원전 4525년경부터 춘분점이 있었다. 이때는 황도 12궁이 만들어지기 전이어서 제1궁의 영광이 양자리에 돌아갔다. 지금 황소자리는 황도 제2궁이다.

세차 운동의 발견자는 공식적으로는 히파르코스다. 히파르코스보다 훨씬 앞선 시기에 그리스는 물론 바빌로니아, 고대 이집트, 인도 등에 세차 운동에 대한 기록들이 남아 있다고 한다. 하지만 천동설의 주창자로 2세기 중반 활동한 그리스의 프톨레마이오스Claudius Ptolemaeos가 그의 점성술 책 테트라비블로스Tetrabiblos에서 히파르코스와 함께 세차 운동을 소개함으로써 그가 공식적인 발견자가 되었다. 동양에서는 동진東晉 우희虞喜 · 281~356가 최초로 세차 운동을 밝혔다. 히파르코스에 비해서는 400년 이상 늦었다. 동양 천문은 르네상스 시대 망원경이 발명되기 전까지 거의 모든 천문 분야에서 서양에 앞섰으나 세차 운동의 발견에서는 뒤졌다고 할 수 있다. 이는 동 · 서양 천문의 특성 차이에서 비롯됐다. 서양 천문이 해가 움직이는 황도를 중시해 춘분점 이동에 민감했던 반면 동양 천문에서는 동지점을 기준으로 한 적도를 기본으로 했기 때문이다.[43]

43 이은성, 『曆法의 原理分析』, 정음사, 1985, 208~211쪽; 최승언, 『천문학의 이해』(개정판), 서울대학교출판문화원, 2014, 143~156쪽; 김일권, 『동양 천문사상, 하늘의 역사』, 예문서원, 2012, 268~272쪽

천좌선 天左旋　일월우행 日月右行

우주 작동 원리

하늘은 왼쪽으로 돌고, 해와 달은 오른쪽으로 돈다

하늘을 좋아하는 어떤 사람이 집 마당에 규표圭表를 세웠다고 가정하자. 규표는 나무 막대기라고 생각하면 된다. 황혼 무렵에 막대기 끝을 보니 동양 별자리의 시작 별인 각성角星이 해와 함께 걸려 있다. 다음 날 막대기 끝을 보니 각성은 걸려 있는데 해는 약간 뒤처져 있다. 그다음 날 다시 막대기 끝에 각성이 걸렸을 때 해는 전날 뒤처진 만큼 각성보다 더 뒤에 있다. 각성보다 해가 하루에 미세하게 뒤처진 차이를 동양 천문에서는 1도라고 정했다. 이를 일행일도日行一度라 한다. 일행일도는 1일이라는 시간 개념이 1도라는 공간 개념으로 치환置換됨을 의미한다.

　나무 막대기를 골인 지점으로 한 각성과 해의 경주를 지켜보니, 각성은 날마다 같은 시간에 막대기에 도착하는데 해는 하루도 빠지지 않고 1도씩 늦게 들어온다. 그러다가 365일하고 4분의 1일이 되는 날 나무 막대기 끝에서 각성과 해가 다시 만나는 것을 보게 된다. 해는 각성보다 늦긴 했지만 결과적으로 하늘을 한 바퀴 돌았다. 해가 하늘을 한 바퀴 완주한 것을 한 해 또는 일세一歲라 한다. 시간을 공간으로 바꾸는 일행일도의 개념에 따라 하늘의 둘레는 365와 4분의 1도라는 것을 알 수 있다. 동양 천문에서는 이를 주천도수周天度數라고 한다.

현대 천문의 천구 개념에서는 하늘의 둘레는 360도다. 이와 달리 동양 천문에서는 실제 해가 움직인 날짜를 기준으로 도수를 나타낸다. 동양 천문의 1도는 현대 천문의 0.9856도360도÷365와 4분의 1일로 1도에 약간 못 미친다. 각성이 날마다 1도씩 해보다 시계 방향동→서으로 앞서는 것처럼 보이는 것은 지구가 공전 궤도를 따라 반시계 방향서→동으로 1도 이동하기 때문이다. 해의 연주 운동[44] 방향과 지구의 공전 방향은 같다. 따라서 해는 지구의 공전으로 1년 동안 반시계 방향서→동으로 하늘을 거꾸로 도는 것처럼 보인다. 동양 천문에서는 이를 개미와 맷돌 이야기에 비유해 설명한다.

'하늘은 맷돌을 돌리는 것처럼 왼쪽으로 돈다. 해와 달은 오른쪽으로 가지만 하늘을 따라서 왼쪽으로 돈다. 해와 달은 사실 동쪽으로 돌지만 하늘이 해와 달을 끌고 서쪽으로 지는 것이다. 개미가 맷돌 위를 기어가는 것에 빗댄다면, 맷돌은 왼쪽으로 돌고 개미는 오른쪽으로 기어간다고 하자. 맷돌은 빨리 돌지만 개미는 느린 까닭에 개미는 어쩔 수 없이 맷돌을

---

44 지구는 해를 중심으로 반시계 방향(서→동)으로 공전한다. 지구의 공전에 따라 해는 1년 동안 지구를 같은 방향으로 한 바퀴 돌고, 별은 반대로 시계 방향(동→서)으로 한 바퀴 도는 것처럼 보이는 겉보기 운동을 한다. 이를 천체의 연주 운동(年周運動)이라고 한다.

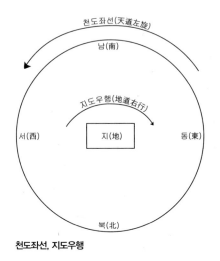

천도좌선(天道左旋)

남(南)

지도우행(地道右行)

서(西)　　　　지(地)　　　　동(東)

북(北)

천도좌선, 지도우행

따라 왼쪽으로 돌아가는 것이다'[45]

　맷돌을 천구, 개미를 해로 바꾸면 지구 공전과 천체의 연주 운동이 설명된다. 동양 천문에서 유명한 천좌선天左旋 일월우행日月右行 개념이다. 하늘은 왼쪽으로 돌고 해와 달은 오른쪽으로 돈다는 뜻이다. 천좌선 일월우행은 1회귀년이 365와 4분의 1일이라는 것을 입증한다. 이 숫자는 동양 역법曆法의 상수다. 천좌선 일월우행 개념은 동양 역학으로 확장된다. 하늘의 이치를 천도좌선天道左旋이라 하고 땅의 이치를 지도우행地道右行 또는 지리우전地理右轉으로 표현한다. 천도좌선은 앙관仰觀이고, 지도우행이나 지리우전은 부찰俯察의 개념이다. 해와 그림자에 대입하면 하늘의 해는 천도좌선이고, 땅의 그림자는 지도우행이다.

45 "天旁轉如推磨而左行, 日月右行, 天左轉, 故日月實東行, 而天牽之以西沒. 譬之於蟻行磨石之上, 磨左旋而蟻右去, 磨疾而蟻遲, 故不得不隨磨以左迴焉", 이순지 편찬, 남종진 역주, 『국역 제가역상집』 상권, 세종대왕기념사업회, 2013, 수서 천문지, 38~39쪽

별은 매일 4분 일찍 뜨고, 달은 매일 52분 늦게 뜬다

지구는 해를 반시계 방향서→동으로 한 해에 한 바퀴 공전한다. 365일에 360도 운행하므로 하루에 약 1도 움직인다. 반면 고정된 하늘의 별은 하루에 약 1도씩 시계 방향동→서으로 이동한 것처럼 보인다. 전날 자정에 남중한 별은 다음 날 자정에는 서쪽으로 약 1도 전진前進하게 된다. 별이 하루에 1도씩 서쪽으로 전진한다는 말은 별이 매일 1도씩 전날보다 동쪽에서 일찍 뜨고 일찍 남중하며 일찍 진다는 뜻이다.

지구는 하루 24시간에 360도 자전하므로 한 시간에 15도를 돈다. 1도 진행하는 데는 4분이 걸린다. 천체의 연주 운동으로 별은 매일 4분 정도 일찍 뜨고 지는 것이다. 해가 한 바퀴 도는 것을 기준으로 삼은 하루 24시간을 1태양일太陽日이라 한다. 별을 기준으로 하면 4분 짧은 23시간 56분이 하루다. 이를 1항성일恒星日이라고 한다. 달은 지구의 자전 방향서→동으로 약 27.3217일에 지구를 한 바퀴 돈다. 이를 1항성월恒星月이라고 한다. 360도를 항성월로 나누면 달은 매일 13도가량360도÷27.3217=13.1763도 동쪽으로 이동한다. 천구의 별을 기준으로 할 때 달은 매일 13도가량 동쪽으로 이동하므로 그만큼 별보다 늦게 뜬다. 1도가 4분이면 13도는 52분이다. 따라서 달은 원 궤도를 돈다고 가정할 때 매일 52분 늦게 뜬다.

하루에 1도씩 진행되는 천체의 연주 운동이 누적되면 밤하늘의 별자리는 시계 방향동→서으로 이동하면서 점차 바뀌게 된다. 3개월을 한 계절로 한 별자리의 변화 속도는 6시간4분×90일=360분이다. 봄철 밤하늘 한가운데를 수놓았던 별은 석 달 뒤 여름철에는 봄철보다 6시간 빨리 동쪽에서 움직이기 시작해 자정에는 이미 서쪽 하늘에서 지려고 한다. 별을 보는 것은 해의 관측과 정반대로 생각해야 한다. 해는 남중하는 정오에 가장 잘 볼 수 있다. 마찬가지로 별은 남중하는 자정에 가장 잘 볼 수 있다. 별은 해와 180도 방향에 있다. 해와 적경은 12시간 차이다. 관측 시점의 별자리는 해의 반대편에 있는 별자리를 의미한다. 해가 추분점에 있을 때 춘분점의 별을 보게 되고, 해가 동지점에 있을 때 하지점의 별자리를 보게 된다는 뜻이다.

동물의 왕국에 처녀가…, 황도 12궁

황도 12궁은 해가 가는 길 주변에 있는 12개의 별자리다. 서양 별자리의 기원을 만든 바빌로니아 사람들이 황도의 북쪽과 남쪽에 각각 9도씩 폭 18도의 긴 띠를 만들었다. 이를 수대獸帶 · zodiac라고 한다.[46] 황도를 쉽게 찾을 수 있도록 수대라는 긴 띠 속에 있는 12개의 별자리를 정한 것이 황도 12궁이다. 바빌로니아 사람들이 황도 12궁을 만들 때는 춘분점이 양자리에 있었다. 그래서 황도 12궁의 제 1궁 자리는 양자리가 차지했다. 춘분점은 기원전 4525년경부터 황소자리에 있다가 세차 운동으로 기원전 1875년 양자리로 넘어갔다. 바빌로니아 사람들이 황도를 주목했을 때 황소자리에 춘분점이 있다는 것을 알았으나 당시에는 황도 12궁의 개념이 형성되지 않았다. 현재 춘분점은 세차 운동으로 기원전 100년부터 물고기자리로 이동했고, 2600년경에는 물병자리로 옮아간다.

---

46 이은성, 『曆法의 原理分析』, 정음사, 1985, 89~90쪽

황도 12궁은 양자리를 시작으로 황소, 쌍둥이, 게, 사자, 처녀, 천칭, 전갈, 궁수, 염소, 물병, 물고기자리로 한 달에 별 자리를 하나씩 옮겨 12개월에 하늘을 한 바퀴 돈다. 일부에서는 짐승의 띠인 수대獸帶에 사람인 처녀자리, 쌍둥이자리가 있는 것은 부자연스럽다고 지적한다. 무생물인 천칭자리는 전갈자리의 앞발을 떼어서 만든 것이다. 12개의 별자리 중 현재 춘분점이 위치한 물고기자리와 양, 황소, 쌍둥이, 게, 사자 등 6개는 황도 북쪽에 있다. 추분점이 있는 처녀자리를 비롯한 나머지 6개 별자리는 황도 남쪽에 자리한다. 하지점은 쌍둥이자리, 동지점은 궁수자리에 있다. 서양 점성술의 탄생 별자리는 춘분점이 양자리에 있을 때 정해진 것이다. 따라서 춘분점이 이동한 현재의 생일 별자리와 점성술의 탄생 별자리는 한 달 정도 차이가 난다. 황도 12궁은 30도씩 하늘을 나눠 한 달에 한 별자리를 지나가는 것으로 정했으나, 별자리의 크기는 각각 달라서 해가 머무는 시기도 다르다.

황도 12궁의 명칭과 날짜			
명칭	기존 날짜 (점성술 날짜)	현재 날짜 (국제천문연맹 관측)	해가 머무는 기간
양자리(Aries)	3월 21일~ 4월 20일	4월 19일~ 5월 13일	25일
황소자리(Taurus)	4월 21일~ 5월 21일	5월 14일~ 6월 19일	37일
쌍둥이자리(Gemini)	5월 22일~ 6월 21일	6월 20일~ 7월 20일	31일
게자리(Cancer)	6월 22일~ 7월 22일	7월 21일~ 8월 9일	20일
사자자리(Leo)	7월 23일~ 8월 22일	8월 10일~ 9월 15일	37일
처녀자리(Virgo)	8월 23일~ 9월 23일	9월 16일~10월 30일	45일
천칭자리(Libra)	9월 24일~10월 23일	10월 31일~11월 22일	23일
전갈자리(Scorpius)	10월 24일~11월 22일	11월 23일~11월 29일	7일
※뱀주인자리(Asclepius)	없음	11월 30일~12월 17일	18일
궁수자리(Sagittarius)	11월 23일~12월 21일	12월 18일~ 1월 18일	32일
염소자리(Capricornus)	12월 22일~ 1월 20일	1월 19일~ 2월 15일	28일
물병자리(Aquarius)	1월 21일~ 2월 19일	2월 16일~ 3월 11일	24일
물고기자리(Pisces)	2월 20일~ 3월 20일	3월 12일~ 4월 18일	38일

출처: 과학동아

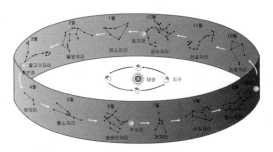

황도 12궁과 계절별 별자리

오성 五星의 동양 이름

수성水星 · 금성金星 · 화성火星 · 목성木星 · 토성土星 등 태양계의
다섯 행성은 천문뿐만 아니라 오행五行과 결합해 동양 철학 전반에 중요
한 인식 기반으로 작용한다. 동양 천문에서는 목성을 세성歲星, 화성을
형혹성熒惑星, 토성을 진성塡星 또는 鎭星, 금성을 태백성太白星, 수성을 진
성辰星으로 각각 부른다. 오성은 음양오행에 배속되어 계절, 방위, 인체,
수數 등 동양학 전반에 적용됐다. 오성 중 지구를 중심으로 바깥을 도는
외행성은 양陽의 성질을 갖는 것으로 생각했다. 수성과 금성은 지구의
안쪽에 있어 음陰의 성질을 가진 행성으로 취급했다. 계절로 양의 행성
인 목성은 봄春, 화성은 여름夏에 배속했다. 음의 행성인 금성은 가을秋,
수성은 겨울冬을 주관하는 것으로 보았다. 목성 · 화성 · 토성 · 금성 ·
수성은 목 · 화 · 토 · 금 · 수의 오행의 이름과 같다. 한漢나라 초의 회남
자淮南子 천문훈天文訓과 수隋나라 때의 오행대의五行大義는 오성과 오행
의 배속 관계에 대한 자세한 기록을 남기고 있다.[47]

47 劉安 編著, 安吉煥 編譯, 『淮南子』上, 明文堂, 2013, 천문훈(天文訓), 122~127쪽; 蕭
   吉 撰, 김수길 · 윤상철 공역, 『五行大義』下, 대유학당, 2016, 482~490쪽

세성(목성) 한 해를 뜻하는 세歲에서 세성이라는 이름으로 불린다. 세성의 공전 주기는 11.86년으로 약 12년 만에 하늘을 한 바퀴 돈다. 동양 천문에서는 적도를 따라 하늘을 12구역으로 분할하고 이를 12진辰 또는 12지지地支와 대응시켰다. 또 세성이 12구역을 차례로 운행하는 것에 대응하는 12진의 이름으로 한 해의 이름을 정했다. 회남자와 오행대의에 따르면 세성은 목木의 정기로 방위는 동쪽이고 아침이며 푸른색靑이다. 동쪽의 황제는 태호太皞이고 나무의 신인 구망句芒이 보좌한다. 태호는 동그라미를 그리는 그림쇠規를 잡고 봄을 다스린다. 짐승은 창룡蒼龍, 소리는 각角, 날짜는 10천간天干 중 나무를 뜻하는 갑甲과 을乙이다. 유교의 다섯 덕목인 오상五常에서는 인仁이고, 몸의 장부臟腑로는 간肝에 해당한다. 세성은 오성의 어른이며 임금을 의미한다. 관리로는 사농司農이고, 복과 경사를 주관한다. 특히 점성술에서는 목성이 머무는 나라를 침범하면 침범한 나라가 전쟁에서 지거나 망한다고 해석한다.

형혹성(화성) 형혹성은 불빛을 쳐다보는 것처럼 아찔하게 현혹되는 별이라는 뜻이다. 형熒은 등불이 비쳐 아찔하고, 혹惑은 정신이 어지럽다는 글자다. 형혹성은 불火의 정기로 남쪽이고 한낮이며 붉은색赤이다. 남쪽의 황제는 염제炎帝고 여름 신인 주명朱明이 보좌한다. 염제는 저울衡을 잡고 여름을 다스린다. 짐승은 주조朱鳥, 소리는 치徵, 날짜는 10천간 중 불을 뜻하는 병丙과 정丁이다. 오상으로는 환하게 밝은 곳에서 법도에 맞게 행동하는 예禮가 배속되고, 장부로는 붉은 심장이다. 오성의 맏이다. 하늘을 사찰하며 벌성罰星과 집법執法으로 불린다. 점성술적으로 전쟁과 질병을 주관한다.

진성(토성) 토성은 진성塡星 또는 鎭星으로 불린다. 진塡과 진鎭은 누른다는 의미다. 塡은 전과 진의 두 가지 음가音價가 있다. 토성을 의미할 때는 진으로 읽는다. 5행 중 목화금수의 4행은 돌아가면서 서로 천적이 되는 상극相剋의 성질을 갖는다. 이 때문에 토土가 가운데 자리해서 중재, 조화, 연결, 진압의 기능을 한다. 토를 중앙으로 보는 것은 방위를 상정한 공간의 개념이다. 토를 계절로 볼 때는 두 가지 해석이 있다. 하나는 여름과 가을 사이의 계하季夏를 가리킨다. 다른 하나는 각 계절의 마지막 부분에 위치해 계절과 계절을 이어주는 중간 마디 역할을 하는 것으로 본다. 토를 계절로 보는 것은 시간 이동의 개념이다. 진성은 흙土의 정기로 중앙이고 누런색黃이다. 중앙의 황제는 황제黃帝고 토지의 신인 후토后土가 보좌한다. 황제는 먹줄繩을 가지고 사방을 제어한다. 짐승은 황룡黃龍, 소리는 궁宮, 날짜는 10천간 중 흙을 뜻하는 무戊와 기己다. 오상으로는 사계절의 순환을 믿음으로 원만하게 주관한다는 뜻의 신信이며, 장부로는 비脾다. 여자 임금女主의 상이며, 덕으로 다스린다. 진성이 머무는 나라는 길하며, 비정상적으로 운행하면 지진이나 홍수가 난다.

태백성(금성)　태백성太白星은 크게 희다는 뜻으로 초저녁과 새벽에 볼 수 있다. 새벽에 보일 때는 샛별이나 계명성啓明星이라 하고, 저녁에는 개밥을 줄 때 서쪽 하늘에 떠 있다고 해서 개밥바라기별이라고 한다. 태백성은 금金의 정기로 서쪽이고 저녁이며 흰색白이다. 서쪽의 황제는 소호少昊고 가을걷이秋收의 신인 욕수蓐收가 보좌한다. 소호 황제는 네모를 그리는 곱자矩를 잡고 가을을 다스린다. 짐승은 백호白虎, 소리는 상商, 날짜는 10천간 중 쇠를 뜻하는 경庚과 신辛이다. 오상으로는 의義, 장부로는 폐肺다. 대장大將의 상이다. 병장기兵仗器와 무인武人을 상징해 점성술로는 전쟁과 흉사凶事를 의미한다.

진성(수성)　진성辰星은 12지지地支 동물 가운데 물에 사는 용辰과 연결된다. 진성은 물水의 정기로 북쪽이고 밤이며 검은색黑이다. 북쪽의 황제는 전욱顓頊이고 물의 신인 현명玄冥이 보좌한다. 저울추權를 잡고 겨울을 다스린다. 짐승은 현무玄武, 소리는 우羽, 날짜는 10천간 중 물을 뜻하는 임壬과 계癸다. 오상은 지智고 장부는 신腎이다. 재상의 상이다. 홍수와 가뭄, 형벌을 주관한다.

오성과 배속					
오성	세성 (목성)	형혹성 (화성)	진성 (토성)	태백성 (금성)	진성 (수성)
오행	목	화	토	금	수
방위	동	남	중앙	서	북
색깔	청	적	황	백	흑
계절	춘	하	계하, 사계의 마디	추	동
십간	갑을	병정	무기	경신	임계
천제	태호	염제	황제	소호	전욱
신	구망	주명	후토	욕수	현명
상징물	그림쇠	저울	먹줄	곱자	저울추
상징 동물	창룡	주조	황룡	백호	현무
오음	각	치	궁	상	우
오상	인	예	신	의	지
오장	간	심	비	폐	신
관직	사농	사찰	여주	대장	재상
별명	섭제(攝提) 중화(重華) 응성(應星) 전성(纏星) 기성(紀星) 수인성(脩人星)	벌성(罰星) 집법(執法)	지후(地候)	천상(天相) 천정(天政) 대신(大臣) 대호(大皓) 명성(明星) 대효(大囂)	안조(安調) 세극(細極) 웅성(熊星) 구성(鉤星) 사농(司農) 면성(勉星)
주관	복, 경사	전쟁, 질병	덕	전쟁, 흉사	홍수, 형벌

우주 정치를 펼치는 칠정 七政

동양 천문에는 칠정 七政이라는 말이 자주 나온다. 칠정은 해와 달, 오성을 가리킨다.[48] 천체를 일컬으면서 정치 政자가 들어간 것이 예사롭지 않다. 임금의 어좌御座 뒤에 둘러쳐진 병풍 일월오봉도日月五峯 圖에는 해와 달, 다섯 산봉우리가 그려져 있다. 다섯 산봉우리는 오성을 뜻한다. 해와 달은 임금과 왕비, 오성은 신하다. 이들은 인간 세상에서 정치를 펼치는 주역들이다. 해와 달은 음양陰陽이고 오성은 오행五行과 같다. 동양 천문에서는 이들 일곱 천체가 사람들에게 가장 큰 영향을 미친다고 생각했다.

특히 칠정은 나라의 흥망이나 임금의 안위와 밀접한 관련을 갖는 것으로 해석됐다. 따라서 해와 달, 오성이 일상적인 운행과 다른 이상 현상을 보이면 재이災異가 일어나지 않도록 하늘에 제사를 지내거나 임금이 근신하는 등 국가적으로 관리했다. 하늘의 뜻이 땅에 드리우고 땅의 일

일월오봉도

48 蕭吉 撰, 김수길·윤상철 공역, 『五行大義』 下, 대유학당, 2016, 473~475쪽

이 하늘에 그대로 전해진다는 천인합일 사상에 바탕한 것이었다. 당연히 인간 세계를 다스리는 임금은 하늘의 뜻을 파악하기 위해 항상 칠정을 주시해야 했다. 칠정에서 관측되는 현상은 하늘에서 펼쳐지는 정치와 동의어였기 때문이었다. 칠정은 낮과 밤, 계절 등 인간의 시간 질서를 통제할 뿐 아니라 인간의 정치 전반에 영향을 미치는 존재였다.

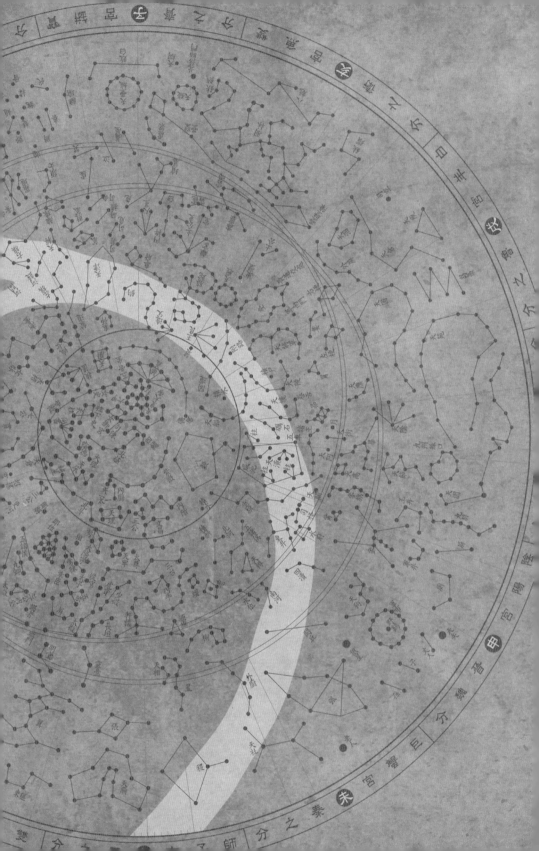

제二부

하늘을 거닐며
노래하다

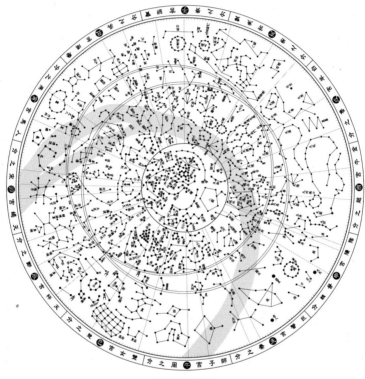

천상열차분야지도

一장
하늘의 대동여지도

만 원 지폐에 실린 천상열차분야지도 天象列次分野之圖

　　만 원짜리 지폐의 뒷면을 찬찬히 보면 별자리들이 바탕에 그려진 것을 알 수 있다. 무심코 흘려버리기 쉬운 이 별자리 그림이 국보 제228호인 천상열차분야지도 天象列次分野之圖다. "땅은 대동여지도고, 하늘은 천상열차분야지도"라는 천문학자들의 자부심과는 달리 세계적인 가치를 아는 국민이 거의 없어 아쉬움을 자아내는 유물이다. 2018년 우리나라에서 처음 열린 동계 올림픽 개막식에서 강원도 평창의 밤하늘에 증강 현실로 구현돼 잠시나마 국민의 관심을 끈 것은 다행이라 할 수 있다. 천상열차분야지도는 동양 천문의 모든 지식을 길이 2 m 남짓의 돌 하나에 총망라했다는 점에서 독보적 가치를 인정받는다. 눈길을 끄는 것은 사극 史劇만큼이나 드라마틱한 제작 스토리다. 검푸른 빛이 감도는 단단한 청석 靑石에 하늘의 대동여지도가 새겨진 것은 조선 태조 4년인 1395년이었다. 천문을 담당하는 서운관 書雲觀 관리들과 함께 천상열차분야지도 제작을 총지휘했던 조선 초의 대학자 양촌 陽村 권근 權近은 제작 유래를 석각 천문도 아랫부분에 기록했다.

'천문도 석본은 옛날 평양성에 있던 것으로, 전란으로 강에 빠뜨려 잃어
버렸다. 세월이 오래되어 탁본조차 없어졌는데, 우리 전하가 임금이 되
라는 하늘의 명을 받은 초기에 탁본 하나를 바치는 사람이 있었다. 전하
께서 보배처럼 소중하게 여기시어 서운관에 명해서 돌에 다시 새기라고
하셨다'

'이에 서운관이 임금께 아뢰기를 이 천문도는 세월이 오래되어 별의 도
수가 이미 차이가 나니 마땅히 다시 측정해서 사중 중춘·중하·중추·중동
의 초저녁과 새벽에 중천에 뜨는 중성을 바로잡아 새 천문도를 새겨 후
대에 보이시라고 하였다. 임금께서 옳게 여겼다'[1]

권근의 기록은 천상열차분야지도에 시기가 다른 두 개의 하늘이 존재
한다는 사실을 밝히고 있다. 본래 고구려의 하늘이지만, 중성을 고친 조
선의 하늘을 함께 새겼다는 것이다. 이를 두고 학계에서 논란이 일었다.
처음에는 고구려의 하늘이라는 데 대해 의구심을 보이는 기류가 강했다.
천상열차분야지도가 하늘의 모든 별을 기록한 전천성도 全天星圖라는 점
이 마음에 걸렸던 것이었다. 고구려 때의 천문 관측 발달 수준을 감안했
을 때 당시로는 동·서양에 유례를 찾을 수 없는 전천성도를 만들었다
는 것이 믿기지 않는다는 의견이었다. 권근이 태조 이성계의 역성혁명

---

1 "天文圖石本 舊在平壤城 因兵亂沈于江而失之. 歲月旣久 其印本之存者 亦絶無矣. 惟我
殿下受命之初 有以一本投進者 殿下寶重之 命書雲觀 重刻于石本" "觀上言, 此圖歲久
星度已差 宜更推步 以定今四仲昏曉之中 勒成新圖以示于後. 上以爲然", 양홍진, 『디지
털 천상열차분야지도』, 경북대학교출판부, 2014, 71~72쪽

을 합리화하기 위한 정치적 의도로 일부러 그런 기록을 남긴 것이 아니냐는 견해였다.[2]

1990년대 들어 현대 천문학자들은 권근의 기록이 틀리지 않았음을 정밀한 계산으로 입증해냈다. 별자리 위치에 대한 적경과 적위 비교와 세차 운동 계산 결과 천문도 중앙의 주극원週極圓 부분은 14세기 조선의 하늘로 밝혀졌다. 하지만 주극원을 제외한 나머지는 1세기경 고구려 초기의 하늘로 드러났다.[3] 천상열차분야지도가 관측 연대상 세계에서 가장 오래된 전천성도임이 현대 과학으로 확인된 것이다. 관측자의 위치도 권근의 설명과 같았다. 주극원 부분은 북위 38도로 한양의 위도와 같았다. 나머지는 평양이 있는 북위 39~40도의 하늘이었다. 천문도가 고구려 초기 독자 관측에 의한 것임을 입증한 다른 단서는 돌에 새겨진 별의 크기였다. 별의 밝기에 따라 천문도에 새겨진 별의 크기가 달랐다. 이는 고구려 고분 등 삼국 시대부터 중국과 다른 우리 고유의 천문도 제작 방식이었다. 또 중국 천문도에는 전혀 없는 종대부라는 별자리도 발견됐다.[4] 천상열차분야지도의 마지막 부분에는 제작에 참여한 관리 12명의 명단과 각자 역할이 새겨져 있다. 권근이 제작의 총책임자이자 천문도의 글을 지었다. 천문 관측과 별자리 계산은 류방택柳方澤이 맡았다. 중앙아시아 위구르계 귀화인으로 당대 명필인 설경수偰慶壽가 글씨를 썼다. 나머지 서운관 관리 9명은 역할 설명 없이 제작에 참여했다고만 기록돼 있다.

천상열차분야지도는 공식적으로는 세계에서 두 번째로 오래된 석각

---

2 박창범, 『하늘에 새긴 우리역사』, 김영사, 2002, 2000년 전에 바라본 하늘-천상열차분야지도, 113~115쪽; 나일성, 『한국천문학사』, 서울대학교출판부, 2006, 59~60쪽

3 양홍진, 『디지털 천상열차분야지도』, 경북대학교출판부, 2014, 33~34쪽

4 박창범, 『하늘에 새긴 우리역사』, 김영사, 2002, 115~122쪽

천문도다. 가장 오래된 것은 남송南宋 말인 1247년 만들어진 중국 절강성浙江省 소주蘇州의 순우천문도淳祐天文圖다. 하지만 천상열차분야지도에 고구려의 하늘이 있다는 점을 감안하면 실제로는 세계에서 가장 오래된 천문도라고 할 수 있다. 천상열차분야지도는 동양 천문의 요체가 한곳에 담긴 독특한 이름을 채용했다. 천상은 해·달·별 등의 모든 천문 현상을 가리킨다. 열차는 적도를 따라 하늘을 12개 구역으로 나눈 것차·次을 배열열·列했다는 의미다. 분야는 하늘의 별자리 영역을 땅의 각 지역에 대응시킨 것이다. 하늘과 땅이 모두 천문도에 담겼다는 의미다. 천지합일天地合一의 뜻이기도 하다.

천상열차분야지도는 태조 석각본 기준으로 가로 122.5 cm, 세로 211 cm, 두께 28 cm 크기의 검푸른 청석으로 만들어졌다. 앞면과 뒷면 모두 별자리 그림이 있다. 1985년 국보로 지정된 것을 앞면으로 정했고, 마모가 심한 부분을 뒷면으로 했다. 천상열차분야지도의 진가를 처음 알아본 사람은 미국인 선교사이자 평양 숭실학교 교사였던 칼 루퍼스Carl Rufus·1876~1946였다. 그가 1913년 이 석각 천문도를 판독해 영어와 한자로 된 논문으로 처음 해외에 소개했다. 이후 일제 강점기와 해방, 6·25 전쟁을 거치면서 천문도의 존재는 잊혀졌다. 다시 발견된 것은 1960년대 원위치인 경복궁 관상감이 아닌 창경궁 명정전 추녀 밑이었다. 목격자들에 따르면 귀중한 천문도가 풀밭에 팽개쳐진 채 사람들이 돌 위에 앉아 도시락을 까먹거나 아이들이 자갈과 모래를 굴리며 미끄럼을 탔다고 한다. 이 때문에 밖으로 드러난 곳의 천문도는 알아보기 힘들 정도로 마모돼 버렸다.[5]

---

5 나일성, 『한국의 우주관』, 연세대학교 대학출판문화원, 2016, 344~356쪽; 양홍진, 『디지털 천상열차분야지도』, 경북대학교출판부, 2014, 48~49쪽

천상열차분야지도는 숙종 복각본 기준으로 윗부분 글씨, 중간의 별 그림, 아랫부분 글씨의 세 부분으로 구분된다. 윗부분은 하늘이 관장하는 12개 나라 분야와 동양 별자리인 28수宿의 도수, 해의 운행, 달의 운행, 24절기와 중성, 동북서남 각 7수의 별 개수와 도수 등이 새겨져 있다. 아랫부분은 동북서남 4방을 주관하는 영물靈物, 우주 구조론인 논천論天, 28수의 북극으로부터 떨어진 도수, 천문도 제작 연혁, 제작 참여자 등이 기록되어 있다. 가운데 부분의 별자리 그림은 직경 76 cm 크기에 네 개의 원으로 되어 있다.[6] 한가운데 조그만 원은 내규內規라고 부른다. 내규는 북극을 중심으로 항상 떠 있는 별을 표시한 주극원이다. 항상 별이 보이는 범위나 구역이라는 뜻에서 항현권恒見圈이라고도 한다. 규는 동그라미라는 뜻을 갖고 있다. 내규 바깥의 동심원은 천구의 적도다. 적도 동북방으로 또 하나의 치우친 원이 있다. 해가 다니는 길을 그린 황도다. 별자리 그림의 테두리이자 가장 바깥의 네 번째 동심원은 외규外規다. 외규는 한양에서 볼 수 있는 별들의 지평선 한계를 표시한 것이다. 외규 밖의 별은 한양 위도에서는 볼 수 없다. 외규를 일 년 내내 땅속에 별이 숨어 있다는 뜻에서 항은권恒隱圈이라고도 한다. 별자리 그림에는 동쪽에서 내규의 바깥을 반원으로 두르며 남쪽으로 이어진 은하수도 표현되어 있다. 천상열차분야지도에 새겨진 별자리는 모두 293개, 별의 개수는 총 1,467개다.

천상열차분야지도는 숙종 13년인 1687년 태조본의 마모가 심해져 따로 복각본復刻本을 만들었다. 숙종 복각본은 1985년 태조본이 국보로 지정될 때 보물 제837호로 같이 지정되었다. 고구려의 천문도 제작 기술

하늘의 대동여지도

6 "천상열차분야지도", 『국립고궁박물관』「5전시실 천문과 과학 1실」, 〈http://www.gogung.go.kr〉

은 일본에도 전파됐다. 1998년 일본 나라奈良 현 기토라北浦 고분의 천장에서 7세기 말~8세기 초 그린 것으로 추정되는 천문도가 발견됐다. 학자들의 분석 결과 천문도의 별자리들은 고구려 평양의 위도에서만 볼 수 있는 것들이었다. 천문도는 고구려가 멸망하기 전 또는 멸망 후 고구

천상열차분야지도 숙종 복각본 탁본   천상열차분야지도의 구성

순서	명칭	의미
①	十二國分野及星宿分度	하늘이 주관하는 12나라의 분야와 별자리로 나눈 도수
②	日宿	해
③	月宿	달
④	節氣別昏曉中星	절기별로 초저녁과 새벽에 남중하는 별
⑤	四方各七宿星數圖	동북서남의 사방 각 7수의 별의 개수와 도수
⑥	四方皆有七宿各成一形	동북서남의 사방 7수가 각각 이루는 영물의 생김새
⑦	經星常宿	항성과 항상 떠 있는 별자리
⑧	分度形名	별자리 도수별 생김새와 이름
⑨	星座圖	별자리 그림
⑩	黃道十二宮及十二國分野	황도 12궁과 12나라 분야
⑪	論天	하늘을 논함
⑫	二十八宿去極分度	28수가 북극으로부터 떨어진 도수
⑬	天文圖由來及重刻責任三名	천문도가 전해진 내력과 천문도 중각 책임자 3명
⑭	書雲觀	천문도 중각 작업에 참가한 서운관 관리

려 유민들이 일본에 건너가 그린 것으로 추정됐다. 기토라 고분의 고구려 별자리를 추정할 때 천상열차분야지도의 천문도가 중요한 참고 자료로 활용됐다.[7]

조선의 하늘을 거부하다

"내 무덤에 봉분을 만들지 말고 비석도 세우지 말라."

천상열차분야지도 제작의 핵심인 천문을 책임졌던 류방택柳方澤·1320~1402은 숨을 거두기 직전 두 아들에게 이같이 유언했다.[8] 류방택은 석각 천문도 제작의 공을 인정받아 조선 태조 이성계로부터 개국 일등공신까지 하사받은 터였다. 그런 류방택이 죽어서 자신의 흔적조차 남기려 하지 않았던 이유는 무엇이었을까?

1392년 7월 무장武將 이성계는 개성 수창궁에서 고려의 마지막 임금 공양왕으로부터 선양의 형식으로 왕위를 물려받았지만 민심은 흉흉했다. 이성계가 권력을 물려받기 전에 고려는 안으로 친원親元 권문세족의 발호와 밖으로 홍건족과 왜구의 침입 등 내우외환으로 이미 수명이 다한 상태였다. 백성들은 부패하고 무능한 고려에 등을 돌린 지 오래였다. 하지만 피의 숙청과 공포 정치로 왕권을 찬탈한 신생 조선에도 마음을 열지 않고 있었다. 태조 이성계는 백성의 동요가 여전한 데다 중국으로

---

7 박성래, 『다시 보는 민족과학 이야기』, 두산동아, 2002, 157~160쪽; 나일성, 『한국의 우주관』, 연세대학교 대학출판문화원, 2016, 125쪽
8 "금헌 류방택선생", 『서산류방택천문기상과학관』, 〈http://www.ryubangtaek.or.kr〉

부터 정식 왕의 책봉을 받지 못한 권지국사權知國事[9]의 신분이어서 마음이 초조한 상태였다. 태조로서는 민심을 새 왕조로 돌릴 수 있는 정치적 계기가 절실했다. 이런 상황에 마치 하늘이 도운 듯 어떤 노인이 고구려 천문도 인본印本·탁본을 갖다 바쳤다. 천문도는 예로부터 천명天命의 상징으로 여겨졌던 귀한 물건이었다. 이성계는 이 천문도 탁본을 수명개제受命改制의 절호의 기회로 여겼다. 수명개제는 하늘의 명을 받아 옛 제도를 바꾼다는 뜻이다. 조선의 개국이 단순히 무력에 의한 것이 아니라 하늘의 뜻으로 이뤄졌음을 만백성에게 보여줄 천재일우의 기회였다.

하지만 생각하지 않았던 난관에 부닥쳤다. 이성계는 당초 노인이 준 천문도를 고구려 석각처럼 다시 돌에 새겨 조선 왕조가 천명을 받았음을 천하에 널리 알리려 했다. 하지만 서운관에서는 고구려 천문도가 너무 오래되어 혼효중성昏曉中星·초저녁과 새벽에 남쪽 하늘 가운데 뜨는 별이 맞지 않는다고 보고했다.[10] 혼효중성이 맞지 않으면 농사에 필요한 24절기 등 정확한 역법曆法을 계산할 수 없었다. 서운관 관리들은 혼효중성을 고치는 일은 고려의 마지막 판서운관사判書雲觀事·천문대장인 류방택 외에 할 수 있는 인물이 없다고 했다. 예상 밖의 상황이 전개되자 이성계로서도 고구려 천문도를 그대로 돌에 새길 수는 없었다. 무엇보다 고려는 고구려를 잇는다는 명분으로 세워진 나라였다. 만약 고구려 천문도를 다시 새긴다면 고구려의 하늘이 고려로 전해지고 다시 조선의 하늘로 이어지

제
이
부
하
늘
을
거
닐
며
노
래
하
다

9 권지국사는 중국으로부터 왕호(王號)를 인정받지 못하는 동안 임시로 나랏일을 맡아 다스린다는 뜻의 칭호. '권'은 임시, '지'는 맡는다는 의미다. 고려 태조 이후 왕위에 오르려면 중국에 알려 승인을 받아야 했다. 金基德, "권지국사", 『한국민족문화대백과사전』 3, 한국정신문화연구원, 1988, 962쪽

10 권근은 천상열차분야지도 하단에 쓴 글에서 '옛 천문도에는 입춘에 묘수(昴宿)가 초저녁의 중성이었으나 지금은 위수(胃宿)가 되어 24절기가 차례로 어긋난다'고 밝혔다.

므로 고려를 무너뜨린 역성혁명易姓革命의 명분과 어긋났다. 이성계로서는 조선의 새로운 하늘과 새로운 역법이 필요했다.[11] 그러나 이 일을 맡아야 할 류방택은 이미 벼슬을 버리고 고향인 충남 서산의 도비산島飛山에 은거한 상황이었다. 서산 부석사가 자리한 도비산은 천수만 앞바다에 섬들이 날 듯이 떠 있는 모습에서 딴 이름이었다. 도비산은 사방이 탁트여 별 관측에는 천혜의 장소였다. 태조는 새 천문도 제작을 위해 류방택에게 숱하게 사람과 군사를 보냈지만 뜻을 이루지 못했다. 류방택이미리 알고 숨어버리거나 설혹 만났다 하더라도 상경上京을 완강히 거부했기 때문이었다.

이성계는 애가 탔다. 왕조가 바뀌었음을 백성들이 피부로 느끼도록 1394년 10월 한양 천도를 단행하고 조선의 정궁正宮인 경복궁 건립 공사에 들어간 터였다. 경복궁은 1395년 준공할 계획이어서 천명天命의 상징이자 궁궐 완공의 화룡점정 역할을 할 새로운 천문도 제작을 늦출수 없었다. 몇 달 안으로 반드시 해내야만 하는 중차대한 일이었다. 그토록 버티던 류방택이 마침내 고집을 꺾었다. 이성계는 류방택이 한양으로 온다는 소식에 너무 기뻐 임금의 신분임에도 충남 예산까지 친히 마중을 나갔다. 이성계의 가마와 류방택이 탄 가마가 도중에서 만난 곳이 예산의 연봉장輦逢場이다. 가마가 만난 곳이라는 뜻의 지명이다.

류방택이 태조의 요구에 응한 데에는 두 가지 해석이 있다. 하나는 조선 왕조보다는 백성의 삶에 도움을 주기 위해 마음을 바꾸었다는 것이다. 천문도의 제작은 책력의 정비로 이어져 농사를 짓는 백성에게 결과적으로 큰 도움이 되기 때문이었다. 은殷나라 기자箕子가 자국을 멸망시

11 이용복, "조선 개국과 천상열차분야지도", 『월간 문화재 사랑』 Vol. 111, 2014년 2월호

킨 주周나라 무왕武王에게 국가 통치법칙인 홍범구주洪範九疇를 전한 것도 결국 백성을 생각해서였음을 떠올렸다는 것이다. 다른 하나는 류방택이 끝내 도비산에서 나오지 않을 경우 멸문지화滅門之禍를 당할 수 있다는 암시를 새 왕조의 인물로부터 받았다는 것이다.[12] 류방택에게는 3남 2녀의 자녀가 있었다.

류방택에 대한 기록은 고려 말 대제학이었던 정이오鄭以吾 · 1347~1434의 문집 교은집郊隱集에 수록된 것이 유일하다. 정이오는 공민왕 18년1369년에 장원급제한 류방택의 큰 아들 백유伯濡는 물론 셋째 아들 백순伯淳과도 친밀하게 교류하던 사이였다. 정이오는 류방택이 사망한 지 9년이 지난 1411년 그의 학문과 절개를 높이 기리는 류방택 행장行狀을 썼다. 행장에 따르면 류방택은 1320년 서산 구치산 양리촌陽里村에서 태어났다. 오늘날 서산시 인지면仁旨面 애정리艾井里다. 애정리는 무학대사無學大師 · 1327~1405의 탄생 설화가 서린 곳이다. 무학대사의 아버지는 서산을 노략질하던 왜구에게 큰 상처를 입어 이웃에 많은 치료비를 빌렸다. 빚을 갚지 못하자 관아官衙에서는 집을 비운 아버지 대신 만삭의 몸인 어머니를 끌고 갔다. 산기가 있던 어머니는 아전들에게 끌려가던 중 우물井가에서 그만 아기를 낳고 말았다. 주변의 쑥애 · 艾을 뜯어다 갓 낳은 아기를 덮었는데 학鶴이 날아와 날개로 덮어 보호했다는 내용이다. 무학대사는 춤추는 학이라는 뜻의 무학舞鶴에서 음을 따 무학無學이라고 법명을 지었다. 이성계의 조선 왕조 건립에 같은 고향인 무학대사와 류방택이 연결된 점은 공교롭다.

류방택은 서령瑞寧 류씨의 시조인 서령부원군 류성간柳成澗의 7세 손

12 김재성, 『천상열차분야지도』, 파란정원, 2015, 56~65쪽

으로 집안 대대로 고려의 당상관 벼슬을 한 명문가였다. 하지만 소년 시절에 그는 등과登科와 무관한 주역과 천문, 경학에만 관심을 쏟았다. 별채를 지어 금헌琴軒이라 하고 이를 자신의 호號로 삼았다. 평생 거문고를 벗 삼았는데, 금琴은 음악으로 삿된 마음을 금禁한다는 뜻이라고 한다. 류방택은 33세 되던 공민왕 1년1352에 처음 벼슬길에 나서 섭산원攝散員·종8품이 되었고, 공민왕 8년1359 수직랑修職郎으로 한 품계 올랐다. 1361년 홍건적이 10만 대군을 이끌고 개경을 함락하자 임금은 경북 안동으로 피난 갔다. 강화도로 몸을 피한 류방택은 자신의 천문 지식을 활용한 사력私曆·개인 역서을 만들어 강화병마사에게 제공했다. 일기日氣와 물때潮汐를 제때 알아 군사 운용에 도움이 되도록 하기 위해서였다. 난이 진압되면서 류방택은 고향으로 돌아왔으나 그가 강화병마사에게 올린 역서의 정밀함이 조정에 알려지면서 공민왕 16년1367 서운관 주부로 천거되었다. 이후 차례로 벼슬이 오른 류방택은 우왕 5년1379에 서운관을 총괄하는 판서운관사에 임명되어 조선 개국에까지 이른다. 고려의 최고 천문 책임자였던 류방택은 내키지 않았지만 조선 태조가 보위寶位에 오를 길일을 잡아야 했다. 내용상 무력에 의한 왕위 찬탈이었지만 형식적으로는 선양이었기 때문이었다. 이 일을 마친 직후 그는 도비산으로 숨어버렸다. 하지만 천문석각도 제작에 목을 맨 조선 왕조는 그를 내버려두지 않았다. 우여곡절 끝에 한양으로 되돌아온 그는 서운관의 임시 책임자인 제조提調·종1품에 임명되어 중성 도수度數를 고치는 중성기中星紀와 천상열차분야지도를 만들어야 했다.

류방택은 이 공로로 개국 일등공신인 원종공신原從功臣의 녹권錄券·증명서을 하사받았다. 하지만 한사코 고사한 뒤 송도松都·개성 취령산鷲嶺山 자락의 김포방金浦坊·김포 마을으로 자취를 감추었다. 그의 나이 76세1395

류방택 영정

였다. 그는 그곳에서 마당에 제단을 쌓고 날마다 고려의 서울인 송도를 향해 절을 하며 속죄의 눈물을 흘렸다고 한다. 그는 80세1399 되던 해 공주公州 동학사東鶴寺에 가서 고려 충신이자 자신의 아들들의 스승이었던 포은圃隱 정몽주鄭夢周·1337~1392와 목은牧隱 이색李穡·1328~1396의 초혼제를 지냈다. 동학사는 한 해 전 야은冶隱 길재吉再·1353~1419가 이 절에 제단을 만들어 고려 태조를 비롯한 역대 왕과 포은, 목은의 제사를 지냈던 곳이었다. 나중에 공주 목사 이정한李貞翰이 포은, 목은, 야은을 기리는 삼은각三隱閣이라는 전각을 지었던 것이 오늘날에도 남아 있다. 류방택도 사후 삼은각에 배향配享되었다. 류방택은 83세1402로 숨질 때까지 끝내 조선의 하늘을 등졌다. 류방택은 숨진 이듬해 그의 집 부근인 임강현臨江縣 도원원桃源原·도원 벌판에 안장되었다고 한다. 임강현은 경기도 파주시 진동면 일대의 옛 고을 이름이다.

二장

보천가 步天歌

도교道敎의 성수星宿 신앙

　　동양의 세 종교인 유불선儒佛仙이 자신들의 집을 부르는 이름
은 각기 다르다. 불교는 부처님 모신 곳을 사寺 · 절라고 하고, 유교는 성
현이나 조상을 모신 곳을 묘廟 · 사당라고 한다.[13] 도교에서는 본다는 뜻의
관觀이라는 독특한 명칭을 쓴다.[14] 관은 높은 곳에 올라가서 하늘과 사방
을 둘러보는 집인 누각樓閣의 의미다. 관이라는 명칭은 도교 특유의 성
수星宿 신앙과 관련된다. 도교의 관은 천문을 살핀다는 뜻의 관상觀象이

---

13 사(寺)는 본래 황제를 보좌하는 중앙 행정단위였다. 3공(公) 9경(卿) 중 3공의 관서를
　　부(府), 9경의 관서를 사(寺)라고 했다. 후한 명제가 기원후 67년 섭마등과 축법란 등
　　2명의 인도 고승을 낙양(洛陽)으로 초빙했을 때 의전과 외교를 담당하는 홍로사(鴻臚
　　寺)에서 맡도록 했다. 이듬해 이들이 머물 백마사(白馬寺)를 지어 불경 번역과 간행
　　업무를 수행토록 했다. 수당 이후 사는 점차 불교 사원으로 굳어졌다. 묘(廟)는 중국
　　고대에 하늘과 땅의 신, 그리고 조상신에 제사 지내던 곳이었다. 황제가 제사 지내는
　　곳은 태묘(太廟), 민간은 토지묘(土地廟) · 용왕묘(龍王廟) 등이었다. "寺和廟的區別",
　　『個人圖書館』, 2014.10.17, 〈http://www.360doc.com/〉; "丹元子步天歌中的天文
　　學思想略析", 『個人圖書館』, 2010.7.4, 〈http://www.360doc.com/content/〉
14 잔스촹, 안동준 · 런샤오리 뒤침, 『도교문화 15강』(2판), 알마, 2012, 649~654쪽

나 관천觀天에서 따왔다. 도교는 소우주인 인간이 대우주인 하늘의 기운을 받아들여 생명의 기운을 기르는 양생養生으로 불로장생不老長生의 신선이 되는 것을 이상으로 한다. 도교는 신선이 되기 위한 수도자修道者의 수련법으로 천지자연의 이치를 깨닫기 위한 관觀과 찰察을 특히 강조한다.[15] 관은 하늘의 기운을 읽는 것이고, 찰은 땅의 형상을 아는 것이다. 앙관과 부찰이다. 특히 관을 통해 해日·달月·별星의 삼광三光의 순환 원리를 기본적으로 파악해야 한다는 인식을 수도자에게 각인시킨다. 또 길흉화복을 알리는 세성歲星은 물론 형혹성熒惑星·태백성太白星·진성辰星·진성塡星 등 오성五星의 움직임을 항상 주시하도록 한다.

성수 신앙을 핵심으로 삼는 도교는 경배하는 신선들의 계보도 하늘의 구조와 연결시킨다. 하늘의 최상층에 도교의 이상향이자 지고신至高神이 상주하는 삼청천三淸天이 자리한다. 삼청천 아래에 9겹의 하늘구계·九界이 있고, 구계가 각각 세 가지 기운을 형성해 27겹의 하늘이십칠계·二十七界을 이룬다. 도교의 천계天界 개념과 숫자는 시대와 전적典籍에 따라 다를 뿐 아니라 대단히 복잡하다.

도교의 각 하늘은 주재하는 인격신들이 있다. 이 중 삼청천을 주재하는 신은 삼청존신三淸尊神이다.[16] 삼청존신은 옥청경玉淸境의 원시천존元始天尊, 상청경上淸境의 영보천존靈寶天尊, 태청경太淸境의 도덕천존道德天尊이다. 옥청경은 청미천淸微天, 상청경은 우여천禹余天, 태청경은 대적천大赤天이라고도 한다. 삼청존신은 이들 세 하늘을 각각 다스린다. 삼청존신은 우주 만물이 발생하고 존재하는 근거인 도道의 모습이 세 가지로 나타난 것이다. 불교의 법신불法身佛, 화신불化身佛, 보신불報身佛

15 잔스촹, 안동준·런샤오리 뒤침, 『도교문화 15강』(2판), 알마, 2012, 270~275쪽
16 마서전, 윤천근 옮김, 『중국의 삼백신』, 민속원, 2013, 282~285쪽

도교의 최고 신들 도덕천존, 원시천존, 영보천존, 옥황상제(왼쪽부터)

등 삼신불 체계에 영향을 받은 것으로 보인다. 원시천존은 혼돈의 상태에서 하늘과 땅을 분리한 우주 기원 신화의 반고盤古를 가리킨다.[17] 영보천존은 우주 태동을 위한 태극의 기운으로 태상도군太上道君이라고도 한다. 마지막으로 도덕천존은 도가의 시조로 도덕경道德經을 지은 노자老子를 신격화한 것이다. 도덕천존은 태상노군太上老君으로도 부른다. 오늘날 도교의 최고 신으로 받들어지는 옥황상제는 당초 삼청존신보다 계급이 낮은 신이었다. 하지만 옥황상제의 열렬한 신자였던 송宋나라 진종眞宗·968~1022이 신하는 물론 백성들까지 옥황상제를 모시도록 강요한 이후 최고 신으로 굳어졌다. 지금도 도교의 도사는 원시천존을, 민간에서는 옥황상제를 최고 신으로 모시는 관습이 이어지고 있다.[18] 또 도교의 성수 신앙은 북극성을 자미북극대제紫微北極大帝 또는 구진천황대제句陳天皇大帝, 북두칠성을 북두신군北斗神君, 남두육성을 남극장생대제南極長生大帝, 문창성을 문창제군文昌帝君으로 신격화하는 등 주요 별자리들을

---

17 잔스촹, 안동준·런샤오리 뒤침, 『도교문화 15강』(2판), 알마, 2012, 177~181쪽
18 마서전, 윤천근 옮김, 『중국의 삼백신』, 민속원, 2013, 296~299쪽

경배한다. 도교의 천문 사상은 지상의 조직에도 영향을 미쳐 교단敎團을 24치治나 28치로 구성했다. 24치는 24절기를 본 딴 것이다. 28치는 동양의 별자리 체계인 28수宿에서 가져온 것이다.[19]

도교의 도사들, 그리고 보천가의 탄생

천문학은 동양에서 감석지학甘石之學으로 불린다. 감석지학은 동양 고대 천문에서 전설처럼 내려오는 두 사람의 성姓을 딴 것이다. 사마천의 사기 천관서天官書는 은상대殷商代에는 무함巫咸, 제齊나라에는 감공甘公, 위魏나라에는 석신石申이 천문 역법을 후대에 전했다고 기록한다. 무함은 성경星經이라는 책에 44개의 별자리와 144개의 별을 기록한 것으로 전해진다. 무함은 개인이 아니라 대대로 천문을 맡아온 가문의 이름이라는 주장도 있다. 전국 시대기원전 475~기원전 221 인물인 감덕甘德은 117개의 별자리와 510개의 별을 관측한 것을 천문성점天文星占 8권에 남겼다. 같은 시기의 석신은 8권의 천문天文이라는 책에 138개 별자리와 810개의 별을 기록했다고 한다.[20] 삼국 시대222~280 오吳나라의 태사령太史令 · 천문 역법 사서 편찬 책임자인 진탁陳卓은 무함 등 3명의 별자리표성표 · 星表를 바탕으로 283개의 별자리와 1,464개의 별을 모은 성표와

제二부 하늘을 거닐며 노래하다

---

19 잔스촹, 안동준 · 런샤오리 뒤침, 『도교문화 15강』(2판), 알마, 2012, 107~109쪽과 641~649쪽

20 이지호, "동양의 별자리", 『충남대학교 천문우주과학과 고천문학 강의』, YouTube, 2016.8.29, ⟨http://cnumooc.kr⟩

별자리 그림인 성도星圖를 만들었다고 진서晉書는 전한다.[21] 진탁의 성도
는 현재 전해지지 않는다. 진탁이 하늘의 별을 집대성한 성표와 성도를
남겼지만 별자리가 너무 방대하고 복잡해 기억하기 어려웠다. 이런 난
점을 해결하기 위해 하늘의 별을 늘 바라보는 도교의 도사들이 나섰다.
하늘을 일정한 구획으로 나누고 별자리들을 구획별로 배정한 뒤 쉽게
암송할 수 있는 시가詩歌를 만들어 어려운 문제를 풀었다.

　수隋 · 581~618나라 때 황관자黃冠子라는 도호道號를 쓴 이파李播가 천문
대상부天文大象賦라는 시가를 만들어 문제 해결에 앞장섰다.[22] 하지만 이
시가는 널리 알려지지는 않았다. 이파는 당唐 태종 때 태사령이었던 이
순풍李淳風 · 602~670의 아버지다. 이순풍은 진서晉書 천문지天文志와 수
서隋書 천문지天文志를 편찬한 천문학자 겸 수학자이고 역시 도사였다.
일부에서는 이순풍이 황관자라고 주장하기도 한다. 이어 칠언시가七言
詩歌로 된 단원자 보천가丹元子 步天歌가 나왔다. '하늘을 거닐며 노래한
다'는 제목의 보천가는 하늘이 자기 집 안마당인 양 호연지기浩然之氣를
물씬 풍겨 세상에 널리 알려졌다. 보천가의 보는 하늘의 도수度數를 잰
다는 추보推步의 뜻도 겸한다. 단원자 보천가를 지은 사람에 대해서는
두 가지 설이 있다. 하나는 수나라 때 도사인 단원자가 지었다는 설이다.
또 하나는 당唐나라 개원開元 · 713~741 연간의 왕희명王希明이 만들었으
며, 단원자와 왕희명은 같은 사람이라는 주장이다. 단원자가 왕희명이
라는 기록은 당서唐書 예문지藝文志에 나온다. 그러나 남송南宋의 정초鄭
樵 · 1104~1162는 그가 편찬한 역사서 통지通志 천문략天文略에서 단원자는

---

21 "那麼二十八宿到底是甚麼時期形成的呢", 『古星占入門手册』, 2016.7.15, 〈https://
　　tieba.baidu.com/p/4670526048〉
22 앞의 "丹元子步天歌中的天文學思想略析", 『個人圖書館』 참조

은자隱者의 무리이고, 왕희명은 보천가를 해석했을 뿐이라고 주장했다. 이론이 분분하지만 대체로 단원자와 왕희명은 같은 사람으로 받아들여지고 있다. 왕희명이 태을금경식경太乙金鏡式經이라는 10권의 도교 서적을 저술한 데다 자신의 호가 단원자라고 밝힌 적이 있어 그가 보천가를 지었을 가능성이 높다는 것이다.[23]

단원자 보천가는 동양 천문에서는 기념비적인 작품이라는 평가를 받는다. 단원가 보천가로 인해 동양의 전통 별자리 체계인 3원三垣 28수二十八宿의 골격이 확립되었기 때문이다. 보천가는 크게 세 부분으로 나눌 수 있다. 우선 하늘의 적도를 동·북·서·남 4방위로 크게 분획하고, 각 방위를 각각 7개의 소구역으로 나눠 28수의 별자리 체계4×7로 만들었다. 하늘의 중앙은 태미원太微垣·자미원紫微垣·천시원天市垣의 3원 구조로 나눴다. 마지막으로 은하수가 시작하는 지점부터 끝나는 곳까지 포진한 별은 천하기몰天河起沒이라는 시가에 배치했다. 보천가는 모두 393개의 칠언 시가로 돼 있다. 단원자 보천가가 크게 유행하면서 비슷한 보천가들이 많이 등장했다. 명대 이지조李之藻의 서보천가西步天歌, 청대 하군번何君藩과 옥계도인玉溪道人의 보천가 등이 유명하다.

보천가가 나온 이후 임금의 통치 수단으로 기능해 왔던 천문 지식이 일반 민중들에게 널리 스며들었다. 그러자 송나라 이후 황실에서 보천가의 민간 전승을 금지하고, 관에서만 다루도록 했다.

보천가는 우리나라의 경우 고려 때 전래된 것으로 추정되고 있다. 조선 세종 때의 저명한 천문학자 이순지李純之가 편찬한 천문류초天文類抄는 단원자 보천가의 가결歌訣에 따라 책의 기본 체계가 구성됐다. 단원

---

23 "丹元子步天歌中的天文學思想略析", 『道士』, 2016.4.30, ⟨http://www.dsb123.com/wh/djwh/8373.html⟩

자 보천가 이후 1,200여 년이 흘러 세차 운동과 별의 고유 운동으로 별자리의 위치가 변하고, 관측 기술의 발전으로 별 개수가 늘어나기도 해 보천가의 수정이 필요해졌다. 조선 철종 13년1862 이준양李俊養이 단원자 보천가를 신법 보천가라는 이름으로 재편했

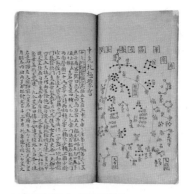

자미원의 별자리 그림과 보천가

다. 신법 보천가는 송사宋史 천문지天文志와 벨기에 출신 예수회 선교사 남회인南懷仁 · Ferdinand Verbiest · 1623~1688의 영대의상지靈臺儀象志,[24] 청淸나라에서 도입한 연경실측신서燕京實測新書 등을 토대로 별자리 그림을 보정補正한 것이다. 그러나 단원자 보천가의 가결은 그대로 두었다. 보천가는 조선 시대 관상감 시험의 암기 과목이었다.

보천가 步天歌

---

24 동양에서는 고대로부터 전해오는 별자리와 별의 수를 가감하는 일은 사실상 용납되지 않았다. 황제의 권위에 도전하는 것으로 비쳐졌기 때문이다. 수당의 보천가 이래 1,000여 년간 거의 변화가 없었던 동양 별자리 체계가 대변혁을 맞게 된 것은 17세기 중국에 들어온 예수회 선교사들에 의해서였다. 망원경과 발전된 천문 지식을 지닌 선교사들은 동양 천문도에 기록된 별자리 중 찾아낼 수 없는 별들을 과감히 삭제하고, 남반구의 별들을 추가한 새로운 천문도를 만들었다. 나일성,『한국의 우주관』, 연세대학교 대학출판문화원, 2016, 409~415쪽

三章
3원^{三垣} 28수^{二十八宿}

제
二
부
하
늘
을
거
닐
며
노
래
하
다

서양보다 정교한 동양의 우주 분석틀

땅의 질서가 하늘에 투영되는 동시에 하늘의 질서가 땅에 구현
된다는 천인합일天人合一 개념은 동양 천문의 핵심 사상이다. 동양 천문
은 중앙집권적 제국帝國의 질서를 하늘에 상정한 것이다. 제국의 질서는
황제를 정점으로 제후국들이 주변을 에워싼 위계 구조다. 하늘의 질서
도 같은 개념이다. 극極을 둘러싸고 적도의 별들이 제후처럼 동심원을
그리는 형태를 가정한다. 하늘의 황제는 우주 불변의 상징인 북신北辰·
북극성이다. 북신을 중심으로 제후 별들이 우산살 구조로 적도에 빈틈없
이 포진한 모습이 하늘의 위계 구조다. 극을 정점으로 한 우주 구조론에
서 동양의 적도 좌표계가 탄생했다. 천구의 북극을 중심으로 하늘의 적
도를 정밀하게 분할해 천체의 위치와 움직임을 파악하는 도구로 삼았다.
별을 관측하기 위한 적도의 분할은 밤의 주인인 달의 운행으로 결정했
다. 달은 하늘을 한 바퀴 도는 데 대체로 28일 걸린다. 적도도 이에 맞춰

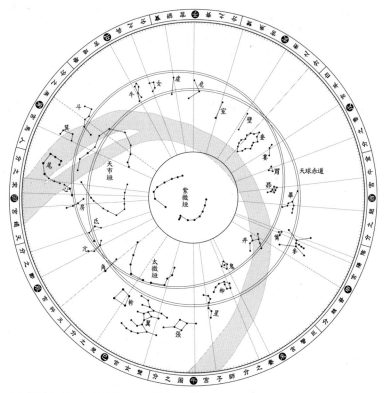

3원 28수 28수는 적도를 중심으로 포진해 있다. 3원 중 태미원은 남방 주조 7수, 천시원은 동방 창룡 7수 방향으로 치우쳐 있다.

28조각으로 나눠졌다.[25]

하늘의 제국적 구조가 동양의 별자리 체계인 3원三垣 28수二十八宿다. 3원 28수는 동양의 우주 분석틀이다. 3원이 북신을 정점으로 하는 하늘의 중심이라면 28수는 하늘을 28 구역으로 나눈 제후국들이다. 동양의 28수는 밝은 별보다 어두운 별이 오히려 많다. 밝은 별들을 연결해 별자

25 이은성,『曆法의 原理分析』, 정음사, 1985, 202~203쪽; 김일권,『동양 천문사상, 하늘의 역사』, 예문서원, 2012, 149~153쪽; 조셉 니덤, 이면우 옮김,『중국의 과학과 문명: 수학, 하늘과 땅의 과학, 물리학』, 까치, 2000, 121~122쪽

리를 만들지 않고 분할된 구역에 위치한 별들로 별자리를 꾸몄기 때문이다. 개별 별보다는 전체 구조를 우선시한 결과다. 따라서 동양의 우주 분석틀은 서양보다 정교한 구조주의의 산물로 볼 수 있다.[26] 동양의 우주 분석틀은 서양 천문이 황도 12궁을 기본으로 밝은 별들로 별자리를 구성해 신화적 존재와 결부시킨 단순한 구조인 것과 대비된다. 동양의 별자리 체계가 300개에 육박하는 반면 전통적인 서양 별자리는 40여 개에 불과하다. 2세기 그리스 천문학을 집대성한 프톨레마이오스Claudius Ptolemaios의 저서 알마게스트Almagest에는 48개의 별자리가 있을 뿐이다. 1930년 국제천문연맹IAU이 정한 88개의 현대 별자리 목록에도 북반구 별자리는 황도 12궁을 포함해 40개에 지나지 않는다. 나머지는 남반구 별자리들이다. 모두 대항해 시대 이후 추가된 것들이다.

달이 머물다 가는 별 여관 – 28수 二十八宿

3원 28수의 동양 별자리 체계에서 하늘의 적도를 따라 배치된 가장자리의 28수가 중심의 3원보다 훨씬 중요하다. 동양 적도 좌표계의 적경 역할을 하는 28수를 통해 해와 달, 오성 등 움직이는 천체들의 위치와 상황을 파악할 수 있기 때문이다. 28수는 처음에는 별자리를 가리켰으나 하늘을 28개 구역으로 나누는 의미로 확장됐다. 특히 28수는 동양 천문의 요체인 수시授時의 원천源泉이 된다는 점에서 대단히 중요하다. 적도와 황도를 통과하는 해의 위치로 계절과 시간을 예측하고, 28수

---

26 "中國古代星空區劃之星官, 三垣, 四象, 二十八宿", 『人人』, 2013.12.1, 〈http://page.renren.com/601232699/note/918324070〉

의 위치를 통해 해가 어디에 있는지 알 수 있기 때문이다. 달의 위치와 모양으로는 날짜를 예측할 수 있다. 천체의 이런 움직임을 종합하면 시간의 종합판인 역법曆法을 만들 수 있는 것이다.

28수는 달의 운행을 기준으로 정해졌다. 달은 하늘을 한 바퀴 도는 데 항성월恒星月·sidereal month 기준으로 27.3217일약 27일 7시간 43분 걸린다. 달이 날마다 머무는 곳의 붙박이별 28개를 택한 것이 28수다. 28수의 수는 '머문다, 쉰다, 집, 여관'의 뜻인 사舍로 바꿔 쓰기도 한다. 28사로 쓸 때 사舍는 수宿처럼 별이라는 뜻이다. 고대 인도와 아랍에도 중국과 비슷한 28수 체계가 있다. 인도에서는 수宿를 나크샤트라nakshatra, 아랍에서는 알-마나질al-manazil이라고 한다. 모두 달이 머무는 곳이라는 뜻이다.[27] 달이 하늘을 한 바퀴 도는 것은 27일과 28일 사이다. 이 때문에 중국은 28수 체계이지만, 인도에서는 28수와 27수의 두 가지 체계를 쓴다. 인도의 27수 체계에서는 북방 현무玄武 7수의 우수牛宿가 빠지거나, 실수室宿와 벽수壁宿를 합쳐 하나의 별자리로 만들기도 한다.

28수는 7개씩 묶어 동북서남의 4방위에 분속된다. 7개씩 나눈 것은 북두칠성의 숫자를 본뜬 것이다. 28수의 4방위에는 신화 속의 영물靈物이 배치된다. 동방의 창룡蒼龍 또는 청룡·靑龍, 서방의 백호白虎, 남방의 주조朱鳥 또는 주작·朱雀, 북방의 현무玄武다. 북방의 상징물은 주나라 이전에는 사슴이었고, 춘추 전국 시대 이후 현무로 바뀌었다.[28] 이들을 사령신四靈神 또는 사상四象이라고 한다. 고구려 고분 벽화의 사신도四神圖와 같다. 28수는 각각 7수씩 사령신에 배속된다. 각각의 7수는 7사舍라고

---

27 "曾侯乙墓漆箱蓋天文圖與二十八宿的起源", 『百度貼吧』「中國神話吧」, 2011.4.23, 〈https://tieba.baidu.com/p/1059388028〉

28 육사현·이적, 양홍진·신월선·복기대 옮김, 『천문고고통론』, 주류성, 2017, 41쪽

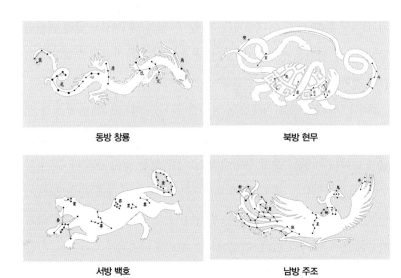

| 동방 창룡 | 북방 현무 |
| 서방 백호 | 남방 주조 |

사령신과 28수

도 한다. 각 사령신에 배속된 28수는 아래와 같다.

> 동방 창룡 7수 — 각角 · 항亢 · 저氐 · 방房 · 심心 · 미尾 · 기箕
>
> 북방 현무 7수 — 두斗 · 우牛 · 녀女 · 허虛 · 위危 · 실室 · 벽壁
>
> 서방 백호 7수 — 규奎 · 루婁 · 위胃 · 묘昴 · 필畢 · 자觜 · 삼參
>
> 남방 주조 7수 — 정井 · 귀鬼 · 류柳 · 성星 · 장張 · 익翼 · 진軫

동방 창룡 7수는 춘분날 초저녁에 동쪽 지평선 위로 떠올라, 자정에 남쪽 하늘 한복판에 오고, 새벽에 서쪽 하늘로 진다. 북방 현무 7수는 하짓날 초저녁에 동쪽 지평선 위로 나타나 자정에 남중하고 새벽에 서쪽으로 모습을 감춘다. 서방 백호 7수는 추분날 초저녁, 남방 주조 7수는 동짓날 초저녁에 각각 동쪽 지평선 위로 떠올라 같은 궤적을 그린다. 서

28수의 이름과 용, 호랑이의 그림이 새겨진 증후을묘 칠기 상자

양의 황도12궁은 해와 같은 계절에 위치하지만, 동양의 28수는 해와 별이 정반대 계절에 있다.

28수의 기원起源에 대해서는 이론이 분분하다. 가장 빠르게는 기원전 3500~기원전 3000년까지 거슬러 올라간다. 적도 좌표계의 기준이 되는 28수가 현재는 황도에도 보이는 등 다소 흐트러진 모습으로 관측되지만 이 시기에는 적도와 정확히 일치되도록 배열된 것으로 밝혀졌기 때문이다. 일반적으로 28수는 은殷나라 말에서 주周나라 초에 개념이 형성돼 전국 시대기원전 453~기원전 221에 완전한 28수 체계를 갖춘 것으로 추정한다.[29] 특히 1978년 중국 호북湖北성 수隨현의 증후을묘曾侯乙墓에서 28수의 이름과 용, 호랑이 그림이 그려진 칠기 상자가 출토된 것이 이를 뒷받침했다. 무덤 주인은 전국 시대 증曾이라는 작은 나라의 임금인 을乙이었다. 문자로 쓰인 연대年代 분석 결과 기원전 433년으로 밝혀졌다. 증후을묘 칠기 상자로 판단할 때 사령신 중 용과 호랑이 등 동서 두 방위가 먼저 형성되었고, 주조와 현무 등 남북 두 방위는 나중에 만들어진 것으로 추정됐다.

29 "湖北隨州-曾侯乙墓漆箱蓋天文圖與二十八宿的起源(四, 五)", 『新浪博客』, 2011.11.2, 〈http://blog.sina.com.cn/s/blog_8f5dba840100upzd.html〉

28수 체계에서 특이한 것은 각 수의 별자리들이 대부분 어두운 별로 이뤄져 있다는 점이다. 이는 밝은 별로 별자리를 만든 서양의 황도12궁이나 인도의 28수 체계와 뚜렷하게 구별되는 특징이다. 인도의 28수에서는 가장 밝은 별인 1등성이 10개이고 2, 3등성은 15개며, 4등성 이하는 3개에 불과하다. 반면 동양의 28수는 1등성이 1개에 불과하고, 4등성 이하가 8개나 된다. 특히 남방 주조 7수의 귀수鬼宿는 6등성이다. 6등성은 맨눈으로는 거의 보이지 않는 희미한 별이다. 28수가 어두운 별들로 이뤄진 것은 구획으로 나눈 동양 우주 분석틀의 별자리 구성 때문이다.[30]

하늘의 세 궁궐 – 3원三垣

동양의 별자리 체계는 사기史記 천관서天官書에서 토대가 마련됐다고 할 수 있다. 사마천司馬遷이 천관서에 도입한 하늘 구획과 별자리 분류 방식이 거의 원형을 유지한 채 후대에 전해졌기 때문이다.[31] 사마천은 하늘을 중中·동東·남南·서西·북北의 다섯 구역으로 나누고 각 구역을 다스리는 행정 편제로 오관五官 체계를 만들었다. 오관 체계는 인간 세상의 관직 체계를 그대로 하늘에 올린 것이라 할 수 있다. 하늘에 펼쳐진 세계는 지상 세계의 투영이라는 스승 동중서董仲舒의 천인상응론天人相應論의 영향을 받은 것이다. 오관은 뒤에 오궁五宮으로도 쓰인다. 궁은 방위의 개념이다.

---

30 앞의 "曾侯乙墓漆箱蓋天文圖與二十八宿的起源", 「百度貼吧」 참조
31 앞의 "中國古代星空區劃之星官, 三垣, 四象, 二十八宿" 참조

오관 체계에서 28수는 사령신四靈神과 결합하는 형태로 나타난다. 28수를 동·남·서·북 4방위별로 7개씩 별자리를 나눠 동관東官은 창룡, 남관南官은 주조, 서관西官은 백호, 북관北官은 현무의 각 영신이 주재하는 방식을 들여왔다.[32] 북극성이 있는 하늘의 한가운데는 중관中官이 다스린다. 사마천의 오관 체계는 전국시대 이후 사회 전반에 지대한 영향을 미친 음양오행설의 다섯 방위 개념을 받아들인 것으로 보인다.

중관이 분화한 것이 3원이다. 3원은 자미원紫微垣, 태미원太微垣, 천시원天市垣을 말한다. 원垣은 담장이라는 뜻이다. 각 원은 동쪽 담장과 서쪽 담장이 둥그렇게 하나의 울타리를 이루고, 그 속의 별자리들이 직책에 따라 하늘 궁궐의 임무를 수행하는 개념이다. 3원은 수隋나라와 당唐나라 초에 확립됐

오관 체계

자미원

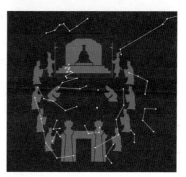

태미원

---

32 사기는 서궁을 백호가 아닌 함지(咸池·해가 질 때 들어가는 큰 연못)로 표현했다. 그러나 삼수(參宿)를 백호의 형상으로 묘사해 백호 개념을 도입하고 있다.

다. 천관서에서 자미원은 자궁紫宮, 태미원은 형衡이라는 이름으로 나오기는 하지만 천시원은 몇몇 별자리 명칭만 있을 뿐 원垣으로 기록되지는 않는다. 석신石申의 석씨성경石氏星經과 당나라 성점서星占書인 개원점경開元占經에 따르면

천시원

자미원과 태미원은 춘추 전국 시대부터 전해졌다고 한다. 천시원이 정식 원으로 승격된 것은 단원자 보천가가 처음이라고 한다. 따라서 동양 별자리의 3원 28수 체계가 완비된 것은 수당 시대이며, 16세기 서양 천문이 전

제二부 하늘을 거닐며 노래하다

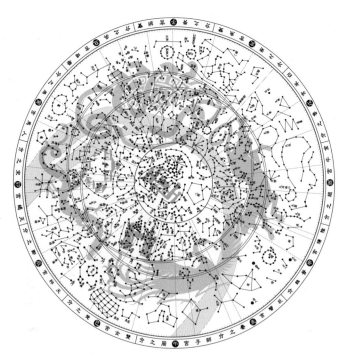

3원 28수

래된 이후에도 이 체계는 유지되었다.

3원의 중심은 자미원이다. 하늘의 중심인 북극성과 인간의 길흉화복을 주관하는 북두칠성이 소속돼 있기 때문이다. 자미원은 37개 별자리와 163개의 별을 울타리에 안고 있다. 자미원이 천제天帝가 거주하는 궁궐이라면 태미원은 하늘의 조정朝廷이라 할 수 있다. 태미원에는 20개 별자리와 78개 별이 들어 있다. 천시원은 백성의 삶과 밀접한 하늘의 시장이거나 번화한 도시다. 19개 별자리와 87개 별이 속해 있다.[33] 역법의 연대로는 태미원이 상원上元으로 가장 앞서고, 자미원이 중원中元으로 다음이며, 천시원이 마지막 하원下元이다. 각 원은 60년씩 차례로 하늘을 다스린다. 조선 세종 임금은 독자 역법인 칠정산 내편을 완성한 이후 조선의 연대를 상원 태미원으로 정했다. 당시 중국은 하원 천시원이었다. 세종 이후 한국은 중국에 비해 역법 연대가 60년 앞서는 것으로 계산된다. 중국 역원은 황제黃帝가 즉위한 기원전 2697년부터 시작해 상원 중원 하원을 각각 60년씩 차례로 지나 1983년까지 모두 78번의 원이 지났다. 1984~2043년은 하원으로 79번째 원이다.[34]

해와 달의 밀회와 북두北斗 자루

하늘의 적도를 따라 28수를 배치하고 중앙에 궁궐을 두는 3원 28수 체계는 수당隋唐 시기의 보천가에서 완성됐다. 하지만 보천가와

---

33 천문류초에 기록된 3원의 별자리와 별의 개수는 천상열차분야지도 및 중국 소주천문도와 약간의 차이가 있다.

34 김혜정, 『풍수지리학의 천문사상』, 한국학술정보, 2008, 334쪽

9주와 9야의 배속 관계		
동남(東南)방	남(南)방	서남(西南)방
서주(徐州)	양주(揚州)	형주(荊州)
양천(陽天)	염천(炎天)	주천(朱天)
손(巽 · ☴)괘	리(離 · ☲)괘	곤(坤 · ☷)괘
노(魯)나라	월(越)나라	초(楚)나라
동(東)방	중앙(中央)	서(西)방
청주(靑州)	예주(豫州)	양주(梁州)
창천(蒼天)	균천(鈞天)	호천(昊天)
진(震 · ☳)괘	중궁(中宮)	태(兌 · ☱)괘
제(齊)나라	주(周)나라	위(衛)나라
동북(東北)방	북(北)방	서북(西北)방
연주(兗州)	기주(冀州)	옹주(雍州)
변천(變天)	현천(玄天)	유천(幽天)
간(艮 · ☶)괘	감(坎 · ☵)괘	건(乾 · ☰)괘
연(燕)나라	진(晉)나라	진(秦)나라

출처: 지은이

다른 방식으로 하늘을 나누는 시도들이 있었다. 땅의 세계를 하늘에 투영시켜 땅을 분할하듯 하늘을 똑같이 나누는 것이다. 처음에는 구야九野 또는 구천九天 개념이 등장했다. 우禹 임금이 홍수를 다스린 뒤 전국을 구주九州로 나눈 것을 하늘에 적용한 것이다. 전국戰國 말기 여씨춘추呂氏春秋와 한漢나라 초기 회남자淮南子에 따르면[35] 구주는 기주冀州 · 연주兗州 · 청주靑州 · 서주徐州 · 양주揚州 · 형주荊州 · 예주豫州 · 양주梁州 · 옹주雍州다. 이에 대응하는 구야는 양천陽天 · 염천炎天 · 주천朱天 · 호천昊天 · 균천鈞天 · 유천幽天 · 현천玄天 · 변천變天 · 창천蒼川이다. 하지만 구야 개념에는 천구의 적도에 배치된 28수를 중앙인 균천에 배속하는 등의 모순이 나타났다. 구야는 뒤에 12분야 개념으로 발전했다.[36] 순舜 임금이

35 여불위, 김근 옮김, 『여씨춘추』, 글항아리, 2012, 유시람, 301~302쪽; 劉安 編著, 安吉煥 編譯, 『淮南子』上, 明文堂, 2013, 121~122쪽; 蕭吉 撰, 김수길 · 윤상철 공역, 『五行大義』下, 대유학당, 2016, 120~137쪽

36 이문규, 『고대 중국인이 바라본 하늘의 세계』, 문학과 지성사, 2000, 59~71쪽; 김일권, 『동양 천문사상, 하늘의 역사』, 예문서원, 2012, 116~118쪽

12분야			
월	12진 (지지)	12차와 방위	12차 명칭
음력	북두 자루	해와 달의 만남	의미
1월	인(寅)	추자(娵訾), 해(亥)	음이 성하고 양은 숨는다는 뜻으로, 만물이 수심과 슬픔에 잠김
2월	묘(卯)	강루(降婁), 술(戌)	강은 내림이고 루는 굽어짐으로, 음기가 위로 침범해 만물이 시들고 굽어짐
3월	진(辰)	대량(大梁), 유(酉)	대량은 딱딱한 것으로 흰 이슬이 내려 만물이 굳고 딱딱해짐
4월	사(巳)	실침(實沈), 신(申)	음기가 무겁게 가라앉아(沈) 사물의 열매(實)를 맺게 함
5월	오(午)	순수(鶉首), 미(未)	남방 주조의 머리
6월	미(未)	순화(鶉火), 오(午)	남방 주조의 심장으로 양기가 성대하고, 화성(火星)이 저녁에 중천에 뜸
7월	신(申)	순미(鶉尾), 사(巳)	남방 주조의 꼬리
8월	유(酉)	수성(壽星), 진(辰)	만물이 뻗어나가 각자 수명이 시작됨
9월	술(戌)	대화(大火), 묘(卯)	동방의 심수(心宿)가 묘에 있어서 화(火)가 나무(木) 속에서 나옴
10월	해(亥)	석목(析木), 인(寅)	만물이 싹터 겨울 수(水)와 봄 목(木)이 구분(析)됨
11월	자(子)	성기(星紀), 축(丑)	기(紀)는 통솔하는 것으로 만물의 시작과 끝을 주관. 주역의 간방(艮方)
12월	축(丑)	현효(玄枵), 자(子)	현(玄)은 아득하고 효(枵)는 소모되고 빈 것으로, 동지의 왕성한 음기로 만물이 나오지 못해 세상이 공허함

12주를 설치한 것에 부합되는 것이었다. 12분야는 지상의 분할뿐만 아니라 천문학적으로도 의미 있는 숫자였다. 우선 해와 달이 1년에 12번 만나는 것12차·次을 뜻했다. 또 세성歲星·목성이 약12년11.86년에 하늘을 한 바퀴 돈다는 의미도 더해졌다. 이는 방위를 가리키는 12진辰 및 12지지地支 개념과도 결합됐다. 12분야 개념은 후한後漢 반고班固의 한서漢書 율력지律曆志에 완전한 명칭이 나온다.

해와 달이 만나는 12차次는 반시계 방향서→동으로 배열됐다. 반면 12지지의 방위와 일치시킨 12진辰은 시계 방향동→서으로 돌도록 했다. 진과 차가 서로 반대 방향인 데는 하늘의 도구道具가 작용했다. 12차는 해와 달의 만남과 세성의 진행 방향에 따른 것이고, 12진은 북두칠성의 자루가 가리키는 방향에 맞춘 것이었다. 12진은 세성 그림자의 움직임이

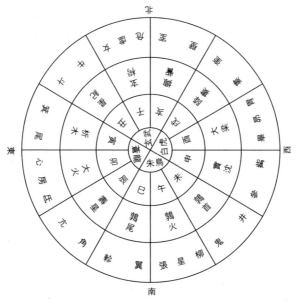

4상과 12진, 12차와 28수

라고 해서 세음歲陰으로 부르기도 한다. 12차의 명칭은 독특하다. 수隋 나라 소길蕭吉이 지은 오행대의五行大義에 따르면[37] 음력 정월에는 해와 달이 해亥 방위의 추자娵訾에서 만나고, 북두 자루는 인寅을 가리킨다. 2월에는 해와 달이 술戌 방위의 강루降婁에서 모이고, 북두 자루는 묘卯를 가리킨다. 3월에는 유酉 방위의 대량大梁과 진辰, 4월에는 신申 방위의 실침實沈과 사巳, 5월에는 미未 방위의 순수鶉首에서 해와 달이 만나고, 북두 자루는 오午에 있다. 6월부터는 서로 방향을 바꿔 오 방위의 순화鶉火와 미, 7월에는 사 방위의 순미鶉尾와 신, 8월에는 진 방위의 수성壽星과 유, 9월에는 묘 방위인 대화大火와 술, 10월에는 인 방위의 석목析木과 해, 11월에는 축丑 방위의 성기星紀와 자子, 12월에는 해와 달

37 蕭吉 撰, 김수길·윤상철 공역, 『五行大義』 下, 대유학당, 2016, 239~246쪽

이 자 방위의 현효玄枵에서 만나고, 북두 자루는 축을 가리킨다. 해와 달의 만남과 북두 자루와의 상관관계를 보면 자축子丑· 인해寅亥· 묘술卯戌· 진유辰酉· 사신巳申· 오미午未의 6개 결합이 생긴다. 이를 지지地支의 합, 육합六合, 부부의 합夫婦之合이라고 해서 역학易學에서 중요하게 취급한다.

12차와 육합

동양 별자리의 순환

동양의 순환론은 생장수장生長收藏의 네 마디를 돌면 한 주기가 완성된다. 생장수장은 태어나서生 자라고長 거둬들이며收 저장하는藏 우주 만물의 생애 주기를 나타낸 것이다. 순환 개념은 동양의 모든 학문과 유기적으로 연결된다. 생장수장은 방위로는 동東· 남南· 서西· 북北으로 연결되고, 계절로는 봄春· 여름夏· 가을秋· 겨울冬에 배속된다. 오행의 기운으로는 목木· 화火· 금金· 수水고, 색깔로는 푸른색靑· 붉은색赤· 흰색白· 검은색黑이다. 동물로는 창룡蒼龍· 주조朱鳥· 백호白虎· 현무玄武고, 인체 장기로는 간肝· 심心· 폐肺· 신腎이다. 동양의 별자리는 이 같은 유기적 배속 개념으로 전체적 특성 파악이 가능하다. 동방 창룡 7수는 봄이 되면 저녁에 동쪽 지평선에서 떠오르는 별들이다. 봄은 시작과 탄생의 계절이다. 동방의 별자리들도 시작의 뜻을 갖는다. 남방 주조 7수는 여름의 별자리로 성장, 서방 백호 7수는 가을의 별자리로 수확, 북방 현무 7수는 겨울의 별자리로 휴식과 저장을 뜻한다. 28수는 지

현무(玄武)

창룡
(蒼龍)

백호
(白虎)

주조(朱鳥)

사령신의 봄철 위치

제
이
부
하
늘
을
거
닐
며
노
래
하
다

구 공전에 따라 동방 → 북방 → 서방 → 남방의 순으로 출현 주기를 만
든다. 동방 7수는 24절기의 춘분春分날 초저녁에 동쪽 하늘에 나타나고,
북방 7수는 하지夏至날 초저녁에 동쪽 하늘에 모습을 보인다. 서방 7수
는 추분秋分날 초저녁에 동쪽 하늘에 뜨며, 남방 7수는 동지冬至날 초저
녁에 동쪽 지평선에 모습을 드러낸다.

동방 7수는 각角 · 항亢 · 저氐 · 방房 · 심心 · 미尾 · 기箕의 7개 별자리로
창룡의 형상을 구현한다. 각은 창룡의 뿔, 항은 목, 저는 가슴, 방은
배, 심은 심장, 미와 기는 창룡의 꼬리다. 해가 3월 중순 춘분春分날
저녁 6시 서쪽 산등성이로 모습을 감추면 동쪽 지평선에서 창룡의 뿔이
모습을 드러내기 시작한다. 자정이 되면 창룡이 남쪽 하늘 높이 날아가

듯 가로지르고, 새벽 6시가 되면 서쪽 하늘로 내려 꽂히며 하늘을 일주한다. 창룡은 계절 주기로도 구분된다. 춘분부터 매일 1도씩 솟구쳐 올라 청명淸明·곡우穀雨·입하立夏·소만小滿을 거쳐 3개월이 지난 6월 초순 망종芒種이 되면 용의 완전한 자태를 밤하늘에 드러낸다. 3개월이 지난 하짓날 저녁 6시 해가 기울 때면 창룡은 이미 남쪽 하늘 높이 떠올라 있고, 다시 3개월이 되는 추분날 저녁 6시가 되면 창룡이 서산 마루로 떨어지는 해를 잡을 듯 곤두박질치는 모습이 보인다. 동짓날 이후부터 3개월간 자취를 감추었던 창룡은 다시 춘분이 되면 한 해의 새로운 주기를 시작한다. 동방 창룡이 하지 때 남쪽 하늘에 걸릴 때면 북방 현무 7수가 동쪽 지평선에 모습을 드러낸다. 또 추분이 되면 현무가 남쪽 하늘에 높이 솟아 있고, 서방 백호 7수가 동쪽 하늘에 출현한다. 동방·북방·서방·남방의 각 별자리들은 2분2지二分二至·춘추분 하동지를 기점으로 차례를 바꿔가며 하늘을 순환한다.

3원三垣 28수二十八宿

四장
동방 창룡 7수 東方蒼龍七宿
봄철 별자리

천문류초天文類抄를 기준으로 7개 수거성에 30개 별, 41개 부속 별자리에 156개의 별이 포함된다. 주천도수로는 75도의 영역을 관할한다. 서양 황도 12궁으로는 천칭자리天秤宮, 전갈자리天蝎宮, 궁수자리人馬宮의 세 별자리 영역과 겹친다.[38] 12진辰으로는 동쪽 방위인 진辰 · 묘卯 · 인寅에 해당한다. 세성이 운행하는 12차次로는 수성壽星, 대화大火, 석목析木을 차례로 지난다.[39]

---

38 천상열차분야지도와 천문류초 등 고천문도에 그려진 동양 28수와 서양 황도 12궁은 정확하게 대응하지 않는다. 정밀한 관측도구가 없던 시기 이슬람의 천문 지식이 중국에 유입되면서 체계가 다른 동양과 서양의 별자리를 개략적으로 맞췄기 때문이다. 황도 12궁은 돈황(敦煌)석굴에서 발견된 천문도 제작 시기 등을 고려했을 때 수당(隋唐) 시기 이후 중국에 전래된 것으로 추정된다. 동양의 고천문도 테두리에 12분야와 황도 12궁을 기입한 것은 정확한 좌표 대신 경도를 표기하는 방법으로 사용한 것으로 분석된다. 동양의 28수와 서양 별자리를 정확히 일치시킨 동정(同定) 결과는 1998년 서울대 천문학과 박창범 교수의 논문으로 발표됐다. 이 책의 동양과 서양 별자리 비교는 박창범의 동정 자료에 따른다. 박창범, 『하늘에 새긴 우리역사』, 김영사, 2002, 226~235쪽; 양홍진, 『디지털 천상열차분야지도』, 경북대학교출판부, 2014, 114~116쪽

39 이순지 편찬, 김수길 · 윤상철 공역, 『天文類抄』(전정판), 대유학당, 2013, 106쪽

동방 창룡 7수

주역 건乾괘와 창룡

동방 창룡의 계절별 움직임에 대해서는 문헌적 해석이 많다. 설문해자說
文解字는 용龍에 대한 자해字解에서 '용은 춘분에 하늘로 솟아오르고, 추
분에 연못으로 잠긴다春分而登天 秋分而潛淵'[40]고 썼다. 천문의 실제 운행
을 보고 용에 대한 글자 풀이를 한 것이다. 주역周易 64
괘 중 첫 괘인 건乾괘는 천문을 모르고는 해석할 수 없
다.[41] 건괘의 여섯 효六爻 중 제일 아래의 첫 효初爻는
잠룡물용潛龍勿用이다. 연못에 잠긴 용이니 쓰지 말라

주역의 건괘

---

40 段玉裁,『說文解字注』, 臺北, 黎明文化事業股份有限公司, 中華民國73年·1984, 588쪽.
   설문해자는 후한(後漢)의 경학자인 허신(許愼·58~147)이 필생을 기울여 쓴 중국 최
   초의 문자학 서적으로 한자와 고전 연구를 위한 필독서다. 청(淸)대의 음운 문자학자
   인 단옥재(1735~1815)가 설문해자에 주를 달았다.

41 "龍字的來源, 以及十二地支文字來源−牧夫天文論壇",『個人圖書館』, 2010.12.13,
   〈http://www.360doc.com/content/〉

는 뜻이다. 동방 창룡 7수의 첫 별로 용의 뿔인 각角수가 해가 진 초봄 동쪽 지평선에 모습을 드러낼 때는 음력 2월로 한기가 남아 있을 때다. 아직 농사를 지을 때가 아니라는 의미다. 두 번째 효는 현룡재전見龍在田이다. 용이 밭에 나타났다는 뜻이다. 창룡 7수의 두 번째 별인 항亢수가 관측될 때는 음력 3월이다. 용의 목인 항수가 각수의 부속별인 천전天田과 함께 보일 때가 현룡재전인 것이다. 하늘 밭에 용이 머물고 있으니 땅에서도 농사를 시작하라는 뜻이다.

세 번째 효는 종일건건終日乾乾이다. 하루 종일 근면 노력한다는 뜻이다. 음력 4월 창룡 7수의 세 번째 별인 저氐수가 보일 때는 용이 동쪽 지평선 위로 몸을 반 이상 드러내며 서서히 솟아오르는 모습을 나타낸다. 용이 하늘로 계속 솟구쳐 오르는 모양을 쉬지 않고 근면 노력하는 것에 비유한 것이다. 네 번째 효는 혹약재연或躍在淵이다. 음력 5월에는 창룡 7수의 방房·심心·미尾수가 잇따라 나타나면서 용은 동쪽 지평선에 완전한 자태를 드러낸다. 혹약재연은 연못 밖으로 용이 뛰어오르는 모습을 묘사한 것이다. 다섯 번째 효는 비룡재천飛龍在天이다. 여름이 되면서 해가 지면 동방 창룡 7수가 남쪽 하늘을 가로지르며 날아가는 모습을 볼 수 있다. 용의 전성시대다. 농사 작물도 무성해지는 시기다. 여섯 번째 효는 항룡유회亢龍有悔다. 항룡유회는 높이 올라 거만해진 용이 후회한다는 뜻이다. 여름을 지나 가을로 계절이 바뀌면 용은 해진 뒤 서쪽 하늘 아래로 곤두박질치기 시작한다. 정상에 오르면 반드시 내려오게 된다는 의미다. 여섯 양효가 모두 음효로 바뀐 용구用九의 효사는 군룡무수群龍无首다. 용의 머리가 없다는 뜻이다. 가을이 깊어 가면 서쪽 하늘에서 각수의 모습이 사라진다. 군룡무수는 용이 음의 계절을 맞아 동면冬眠에 들어가기 위해 연못으로 내리꽂히면서 용의 머리 부분인 각수의 모습이 보이지 않는 것을 형상한 것이다.

용은 고대에 농사와 직결되는 영물靈物로 여겨졌다. 특히 용은 바람과 비를 부른다호풍환우 · 呼風喚雨고 해서 가뭄이 들면 용왕에게 기우제를 지냈다. 전국 시대 편찬된 좌전左傳에는 봄에 용이 모습을 보이면 기우제를 지낸다용현이우 · 龍見而雩[42]고 기록했다. 봄에 오는 비는 작물의 성장에 결정적인 영향을 미친다. 여기서 용은 동방 창룡 7수를 말한다.

---

42 張超, "蒼龍七宿: 古人農耕農種的座標尺", 『城市快報』, 2015.6.21

하늘의 관문

각수角宿

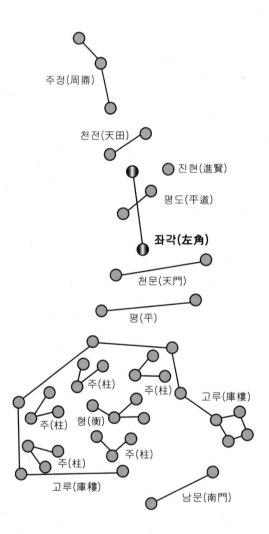

서양 별자리	처녀자리 ※ 이하 서양 별자리는 박창범의 동정 자료 기준
관측 시기	춘분(3월 21일경), 동쪽 하늘 ※ 이하 28수 모두 동쪽 하늘 기준
주천도수	12도(평균 13도보다 약간 작음)
12지	진(辰)
분야(分野)	수성(壽星)
중국 지역	연주(兗州), 정(鄭)나라
한국 지역	전남 북부

각수의 보천가

홍색 별 둘이 남북으로 곧게 섰네	兩紅南北正直著
가운데로 평도가 지나고 위로 천전이 펼쳐지니	中有平道上天田
모두 검은 별 둘씩 서로 이었지	總是黑星兩相連
따로 까마귀별 하나 있어 이름이 진현이라	別有一烏名進賢
평도 오른쪽 두둑에 외딴 연못처럼 있네	平道右畔獨淵然
꼭대기의 세 별은 주정 모양이라	最上三星周鼎形
각수 아래 천문은 홍색이고 왼쪽은 평인데	角下天門紅左平
쌍쌍이 고루 위에 가로 누웠네	雙雙橫於庫樓上
고루의 홍색 별 열은 굽이지며 밝고	庫樓十紅屈曲明
누 안에 다섯 주 있어 별이 열다섯이라	樓中五柱十五星
셋셋 붙어서 솥 모양을 이뤘지	三三相屬如鼎形
가운데 붉은 별 넷은 따로 형이라 이름하네	中有四赤別名衡
남문은 고루 밖에 가로놓인 두 별이지	南門樓外兩星橫

각 별의 역할과 의미

– 봄을 맞아 천지에 생명의 기운이 감돌면 각수兩紅가 한 해의 시작을 알린다

- 안으로는 농사를 시작하기 전에 나라의 제사용 솥인 주정周鼎에 조촐한 음식을 담아 천지신명께 새해를 알리며 복을 비는 고사를 지낸다
- 임금은 궁중 전답인 천전天田에서 농사의 시범을 보이며 한 해의 풍년을 기원한다
- 사통팔달의 큰 길인 평도平道에서, 널리 어진 인재를 구하는 진현進賢의 방을 붙여 나랏일에 힘쓴다
- 형벌을 집행하는 평平은 공정하게 법을 운용한다
- 밖으로는 대궐의 문인 천문天門을 열어 외교 사절이 오가도록 한다
- 국방에도 힘써 전차 등의 무기고인 고루庫樓를 확충해 전쟁에 대비한다
- 병사들은 주둔지인 주柱와 전차 집결지인 형衡에서 훈련을 게을리하지 않고, 하늘의 바깥 성문인 남문南門을 수비한다

별자리 이름		개수	서양 별자리	의미
수(宿)	각(角)	2	처녀자리	창룡의 뿔. 만물의 조화 주관. 임금의 위엄. 일·월식 국가 불안. 각성에 금성과 화성 침범하면 전쟁 발발. 금성 머물면 군인 정치 관여
부속 별자리 (10개)	평도(平道)	2	처녀자리	천자가 다니는 팔달의 길
	천전(天田)	2		천자의 직할 영역. 금성 머물면 병란(兵亂), 화성은 가뭄, 수성은 장마
	진현(進賢)	1		인재 추천
	주정(周鼎)	3		국가의 신기(神器). 안보이면 흉(凶)
	천문(天門)	2		하늘의 문. 안 보이면 병란
	평(平)	2		법과 형벌 주관
	고루(庫樓)	10	켄타우루스자리, 이리자리	하늘의 곳집 겸 무기고. 여섯 개의 큰 별은 고(庫), 남쪽의 네 별은 누(樓)
	주(柱)	15(3×5)		병사의 주둔. 보이지 않으면 병란
	형(衡)	4	켄타우루스자리	주와 같음
	남문(南門)	2		하늘의 바깥문. 밝으면 조공. 어두우면 변방 반란. 객성 머물면 병란

28수의 기점起點

동방 창룡의 뿔 각수는 28수의 시작점이다. 식물의 싹이 뿔처럼 땅을 뚫고 나오면서 봄이 시작되듯이 하늘에서도 뿔 모양의 각수가 하늘의 문을 열어 봄을 알린다. 각수는 좌각左角과 우각右角의 두 별이다. 둘 중 남쪽 별이 좌각이다. 좌각은 서양 황도 12궁의 제6궁인 처녀자리 알파α 별이고, 우각은 처녀자리 제타ζ별이다. 동물의 뿔은 힘과 권위를 상징한다. 창룡의 뿔인 각수도 조화와 신통력의 의미다. 좌각은 문文의 위엄을, 우각은 무武의 힘을 의미한다. 사마천司馬遷·기원전 145~기원전 86의 사기史記 천관서天官書는 좌각은 법관李이고 우각은 장군將이라고 했다.[43]

봄철의 밤하늘에서 각수를 찾으려면 북두칠성의 손잡이를 따라 호弧를 그리며 남쪽으로 내려가면 목동자리의 알파α별 아르크투루스를 만난다. 창룡의 목에 해당하는 항수亢宿의 대각大角이다. 이른바 봄철의 대곡선the great spring curve을 따라 남쪽으로 더 내려가면 처녀자리의 알파별 스피카를 만난다. 스피카가 바로 각수의 좌각이다. 좌각스피카과 대각아르크투루스은 모두 1등성으로 봄철 밤하늘에서 가장 눈에 띄는 별들이다. 각수는 동·서양을 가리지 않고 천문학자들이 줄곧 눈여겨본 별자리다. 좌각과 우각 사이로 해의 길인 황도가 지나고 우각 위로는 달이 다니기 때문이다. 그래서 28수의 기점이자 해와 달, 오성이 지나는 각수를 하늘의 관문인 천문天門 또는 천관天關이라 부른다.[44]

그리스의 천문학자 히파르코스는 좌각과 해의 위치가 과거 기록과 차이가 생기는 까닭을 연구하다가 세차 운동을 발견했다. 지동설地動說을 주장한 폴란드 천문학자 코페르니쿠스Nicolaus Copernicus·1473~1543도 세차

동방 창룡 7수 東方蒼龍七宿

---

43 사마천, 신동준 옮김, 『사기 서』「천관서」, 125쪽과 130쪽.
44 앞의 "中國古代星空區劃之星官, 三垣, 四象, 二十八宿" 참조

운동을 검증할 때 좌각을 집중적으로 관측했다. 좌각이 황도에서 가장 가까운 별이기 때문이다.[45]

틸라카Tilaka와 스피카Spica

각수는 해와 달, 오성 등 칠정七政이 지나는 만큼 점성술적인 해석도 풍부하고 얽힌 신화도 많다. 동양의 각수는 인도 천문에서도 각수다. 범어梵語로 치트라Citra라고 한다. 치트라는 '그림에 색칠을 한다彩畵'는 뜻이다. 인도에서도 각수가 뜨면 풀들이 돋아나 대지가 푸르게 변하고 마치 그림을 그린 것처럼 여러 꽃들로 아름답게 물들기 때문이다. 특히 각수에서 가장 밝은 별인 좌각은 인도 여인의 틸라카Tilaka의 상징이다.[46] 틸라카는 힌두교를 믿는 인도 여인들이 이마 한복판에 장식으로 찍는 점點이다. 틸라카는 우리 나라의 연지 곤지 중 이마에 찍는 붉은 점인 곤지와 같다.

좌각은 서양에서는 처녀자리 1등성인 스피카Spica다. 스피카와 관련된 여러 이야기 가운데 가장 널리 알려진 것이 대지의 여신 데메테르Demeter의 딸 페르세포네Persephone에 얽힌 신화다. 어느 맑은 날 꽃밭을 산책하던 페르세포네는 평소 그녀의 아름다움을 흠모하던 지하 세계의 지배자 하데스Hades에게 납치되어 강제로 그의 아내가 되었다. 딸을 잃은 데메테르는 슬픔에 빠져 대지를 돌보지 못하게 되었다. 땅은 메말라갔고 식물들은 말라 죽으면서 지상의 생명체들이 살기 힘들어졌다. 보다 못한 제우스가 그의 형인 하데스를 설득해 페르세포네를 데메테르에게 돌려

45 "角宿一", 『百度百科』, 〈https://baike.baidu.com/〉

46 張超, "角宿-刺破隆冬春來到", 『中國國家地理』, 2010年 第03期, 〈http://www.dili360.com/nh/article/〉

보내도록 설득했다. 그러나 페르세포네가 하데스의 권유로 지하의 음식인 석류를 먹는 바람에 1년 중 석 달은 땅 밑에서 지내야 했다. 페르세포네가 땅 위로 돌아오면 데메테르의 슬픔이 가시면서 봄이 시작되고, 그녀가 지하 세계로 다시 돌아가면 겨울이 된다고 한다. 스피카는 처녀가 손에 쥔 밀 이삭 또는 보리 이삭이다.

이집트에서는 스피카를 풍요의 여신 이시스Isis와 연결시킨다. 남편이자 오빠인 오시리스Osiris는 형을 시기한 동생 세트Seth의 손에 죽음을 당해 시신이 갈가리 찢긴 채 나일강에 뿌려진다. 이시스는 오시리스의 시신을 수습해 부활시켰으나 이미 이승을 떠난 상태여서 지상으로 나올수 없었다. 이집트에서는 하지 무렵 비가 오면서 나일강이 범람한다. 하지에 내리는 비를 남편을 잃은 이시스의 눈물이라고 한다.

소통의 별

항수亢宿

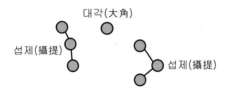

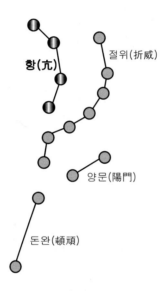

서양 별자리	처녀자리
관측 시기	청명(4월 5일경)
주천도수	9도(평균 13도보다 작음)
12지	진(辰)
분야(分野)	수성(壽星)
중국 지역	연주(兗州), 정(鄭)나라
한국 지역	전북 중동부

항수의 보천가

홍색 별 넷이 팽팽히 당긴 활꼴인데	四紅却似彎弓狀
대각이란 홍색 별 하나는 바로 위에서 밝지	大角一紅直上明
절위는 검은 별 일곱으로 항수 아래 가로놓였고	折威七黑亢下橫
대각 좌우는 섭제 별로	大角左右攝提星
셋셋 붉은 별이 솥 모양으로 섰지	三三赤立如鼎形
절위 아래 왼쪽은 돈완 별인데	折威下左頓頑星
비껴 누운 두 별이 노란색 정기라	兩箇斜安黃色精
돈완 아래 두 별은 양문인데	頑下二星號陽門
돈완과 같은 색깔로 바로 아래 쭈그려 앉았네	色若頓頑直下蹲

각 별의 역할과 의미

– 항수四紅는 조공, 상주上奏, 송사訟事, 포상, 형벌, 역병疫病 등의 일을 도맡는다

– 천자의 자리인 대각大角이 가장 높은 곳에 위치하고

– 좌의정 좌섭제左攝提와 우의정 우섭제右攝提가 양쪽에서 임금의 정사를 보좌한다

– 항수 아래에는 죄인의 목을 베는 형집행관 절위折威가 임금의 위엄을 세우고

– 교정矯正 시설을 책임지는 교도관 돈완頓頑이 죄수들의 교화를 위해 노력한다

– 국경 요새인 양문陽門을 세워 이민족의 동향을 살핀다

별자리 이름		개수	서양 별자리	의미
수(宿)	항(亢)	4	처녀자리	창룡의 목. 밝으면 천하 내조(來朝). 안 보이거나 어두우면 천하 난리, 가뭄 홍수, 질병 창궐
부속 별자리 (6개)	대각(大角)	1	목동자리	천왕(天王)의 자리로 통수권과 기강을 상징. 일식은 임금에게 흉(凶). 금성이 머물면 병란
	절위(折威)	7		참형. 금성과 화성이 머물면 오랑캐가 변방을 침입
	좌섭제 (左攝提)	3	목동자리	사시와 절기를 세움. 대각을 옹호하는 방패. 너무 밝고 크면 정사(政事) 전횡
	우섭제 (右攝提)	3		좌섭제와 같음
	돈완(頓頑)	2		죄수의 참과 거짓을 살핌
	양문(陽門)	2		변방 험지의 요새. 객성 출현 시 오랑캐가 침입

하늘나라 도승지

항수는 창룡의 목이다. 목은 머리와 몸을 이어준다. 마찬가지로 임금과 백성을 이어주는 가교가 항수다. 항수가 제 역할을 못하면 임금이 나라를 다스릴 수 없고 백성은 임금을 따르지 않게 된다. 항수는 하늘나라의 도승지都承旨라 할 수 있다. 임금의 명령을 아래로 내려보내고 신하와 백성이 원하는 내용을 임금에게 보고하는 일을 한다. 임금과 백성 간 소통의 역할을 하는 것이다. 오늘날의 대통령 비서실이다.

대각은 하늘의 임금이 앉는 자리다. 옥좌玉座나 보좌寶座와 같은 개념이다. 평소에 비어 있다가 항수가 나랏일을 보고할 때 임금이 자리에 앉는다. 대각은 목동자리 알파α별 아르크투루스다. 각수와 같은 뿔 각角자를 쓰는 대각이 항수에 속해 있는 것은 까닭이 있다. 옛날 각수를 처음 만들 때는 봄 하늘에서 가장 밝은 두 별인 각수의 좌각과 항수의 대각이 용의 두 뿔이라고 생각했다. 하지만 대각이 각수에서 너무 멀리 떨어져 용의 두 뿔을 만들기에는 어려운 점이 많았다. 어쩔 수 없이 어두운 별인 우각을 좌각과 함께 용의 뿔로 정했다. 이에 따라 대각은 항수에 포함됐지만 처음 각성으로 불렸기 때문에 항수에 속한 뒤에도 그 이름을 계속 유지하게 됐다.[47]

항수의 역할 중에는 질병을 담당하는 일도 있다. 목은 인후咽喉를 뜻한다. 목에 문제가 있어 음식을 섭취하지 못하면 결국 병으로 이어지기 때문이다. 항수의 부속별 중 섭제는 절기를 알리는 별이어서 무척 중요하다. 사기史記 천관서天官書는 '섭제는 북두칠성의 자루가 가리키는 곳과 직선으로 연결되어 사계절의 변화를 나타내므로 섭제격이라고 한다'고 설명했다.[48] 북두의 자루는 별의 연주 운동에 따라 시계 방향동 → 서으로 1년에 한 바퀴 돈다. 하루에 1도씩 한 달에 30도를 돌아 절기를 나타낸다. 3개월이 지나 90도를 돌면 계절이 바뀐다. 이처럼 북두의 자루 이동으로 사계절을 파악하는 것을 두병소지斗柄所指 또는 두표소지斗杓所指라고 한다.

---

47 "亢宿", 『中文百科在線』, 2011.12.6, ⟨http://www.zwbk.org/⟩

48 "攝提者 直斗杓所指 以建時節 故曰攝提格", 사마천, 신동준 옮김, 『사기 서』, 위즈덤하우스, 2015, 125쪽과 130쪽

하늘 임금의 밤 생활

저수氐宿

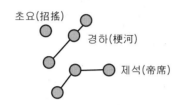

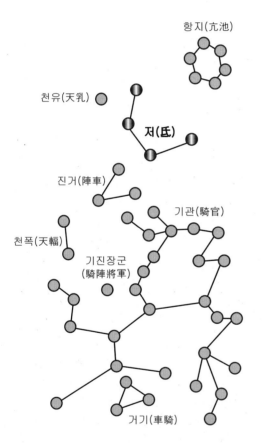

서양 별자리	천칭자리
관측 시기	곡우(4월 20일경)
주천도수	15도(평균 13도보다 큼)
12지	묘(卯)
분야(分野)	대화(大火)
중국 지역	예주(豫州), 송(宋)나라
한국 지역	전북 서부, 충남 남부

저수의 보천가

홍색 별 넷이 말박으로 쌀을 재는 듯하지	四紅似斗側量米
천유는 저수 위 검은 별 하나로	天乳氐上黑一星
세상 사람이 알지 못해 이름조차 없네	世人不識稱無名
붉은 별 하나 초요는 경하 위에 있고	一赤招搖梗河上
경하는 가로 늘어선 별 셋의 모습이지	梗河橫列三星狀
제석은 검은 별 셋으로 경하 서쪽에 있고	帝席三黑河之西
항지는 검은 별 여섯으로 섭제와 가깝지	亢池六黑近攝提
저수 아래 무리 별은 기관인데 붉고	氐下衆星騎官赤
기관 별은 스물 일곱으로	騎官之星二十七
셋셋 이어졌는데 열에서 하나 모자라네	三三相連十次一
진거는 검은 별 셋으로 저수 아래고	陣車三黑氐下是
거기는 까마귀별 셋으로 기관 아래지	車騎三烏官下位
천폭은 노란 별 둘로 진거 곁에 섰고	天輻兩黃立陣傍
기진장군은 진속에서 서릿발 같은 위엄을 떨치네	將軍陣裏振威霜

각 별의 역할과 의미

- 저수四紅는 임금이 밤에 휴식을 취하는 곳이다
- 임금의 연회 자리인 제석帝席이 위에 있고

- 연회가 열리는 동안 선봉대장 초요招搖와 경호대장 경하梗河가 임금을 호위한다
- 임금은 감로수인 천유天乳를 신하와 백성들에게 내린다
- 손님을 떠나보내는 포구인 항지亢池는 연회장과 가깝다
- 밤일수록 경호는 더욱 철저해야 하는 만큼 황실 기마대 기관騎官, 전차대 진거陣車, 기마대와 전차대를 지휘하는 친위대장 거기車騎, 임금의 수레천폭·天輻, 기마대장 기진장군騎陣將軍 등이 철통같이 지킨다

별자리 이름		개수	서양 별자리	의미
수(宿)	저(氐)	4	천칭자리	창룡의 가슴. 천자가 침소로 드는 길. 밝으면 신하와 후비(后妃) 절개 지킴. 안 보이면 반란. 일월식 내란. 목성 침범 시 후비 우환
부속 별자리 (10개)	천유(天乳)	1		백성에게 감로수를 내림
	초요(招搖)	1		무성(武星). 변방의 병란 주관
	경하(梗河)	3	목동자리	황실의 창. 변방의 병란 주관
	제석(帝席)	3		천자의 연회장. 안 보이면 임금 자리 잃음
	항지(亢池)	6		배의 노. 손님 영접과 환송 주관
	기관(騎官)	27	이리자리, 켄타우루스자리	황실 기마대. 궁궐을 숙직하며 지키는 숙위(宿衛) 담당
	진거(陣車)	3		기마가 이끄는 전차
	거기(車騎)	3		전차와 기마대 지휘 장수. 금성과 화성이 침범하면 재앙 발생
	천폭(天輻)	2		천자의 수레
	기진장군 (騎陣將軍)	1		기마대의 장수

우주 음양의 조화

저氐는 근본의 뜻이다. 씨앗氏보다 더 밑에 한 점이 있는 글자 모양이다. 동양 천문에서는 저를 하늘의 뿌리天根라고 한다.[49] 하늘의 바닥과 맞닿

---

49 "氐宿", 『百度百科』, 〈https://baike.baidu.com/〉

는 창룡의 가슴이다. 밑바닥은 고요히 가라앉는 곳이다. 바닥은 휴식을 취하거나 만물을 길러내는 일을 한다. 저수에 대한 천문류초天文類抄의 설명에 따르면 저수의 두 자尺 아래로 해·달·오성이 지난다. 해는 천자를 상징한다. 저수는 천자가 휴식을 위해 침소로 드는 길이

지천태괘

다. 저수가 밝으면 신하와 후비后妃가 절개를 잃지 않는다. 저수는 황후와 비빈의 거소居所다. 벗고 쉬는 방이다. 위의 두 별은 적실이고 아래 두 별은 첩실이다. 저수는 경복궁에 있는 왕과 왕비의 침전인 교태전交泰殿을 연상시킨다. 교태전은 주역 64괘의 11번째 괘인 지천태地天泰괘에서 이름을 땄다. 하늘과 땅이 교합하고, 음과 양이 조화를 이룬다는 괘다. 저수는 하늘 임금의 내밀한 침실 생활을 의미한다. 저수는 음양의 화합과 조화, 만물의 생육 번식과 관련된다. 백성에게 감로수를 내려주는 천유天乳가 저수에 포함된 것도 기르는 일과 연관된다. 저수는 묘卯월에 해당한다. 묘라는 글자는 음양이 드나드는 외짝문 2개의 모양이다. 봄은 양기와 음기가 조화롭게 어울리는 계절이다.

　저수는 서양 별자리로는 황도 12궁의 제7궁인 천칭자리다. 저울은 선과 악의 평형을 재는 기구다. 저수는 쌀을 재는 말박斗 모양이다. 동·서양 모두 무엇인가를 잰다는 의미를 갖는 별자리다.[50] 천칭자리는 다소 곡절을 겪었다. 고대 이집트와 메소포타미아에서는 저울별이었다. 그러다 그리스 시대에는 전갈자리의 집게발로 여겨졌다. 오늘날 천칭자리가 된 것은 기원전 46년 로마의 카이사르가 율리우스력을 제정하면서 집게발을 떼어내 정의의 여신 아스트라에아가 손에 쥔 저울로 묘사한 데

---

50 앞의 "中國古代星空區劃之星官, 三垣, 四象, 二十八宿" 참조

따른 것이다. 저수는 천칭자리의 알파α별 주벤엘게누비Zubenelgenubi, 베타β별 주벤에샤말리Zubeneschamali, 요타ι별, 람다λ별의 4개로 이뤄진다. 주벤엘게누비가 남쪽 집게발이고, 주벤에샤말리가 북쪽 집게발의 뜻을 갖고 있는 것은 전갈자리에서 떨어져 나왔기 때문이다. 주벤에샤말리는 맨눈으로도 볼 수 있는 유일한 녹색 별로 유명하다.

밝은 정치와 천하의 길흉

방수 房宿

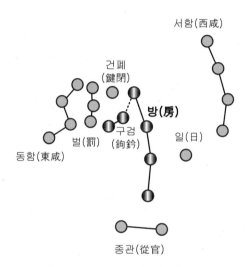

서양 별자리	전갈자리
관측 시기	입해(5월 5일경)
주천도수	5도(평균 13도보다 많이 작음)
12지	묘(卯)
분야(分野)	대화(大火)
중국 지역	예주(豫州), 송(宋)나라
한국 지역	전북 북서부, 충남 서남부

방수의 보천가

홍색 별 넷이 곧장 아래로 뻗어 명당을 주관하지	四紅直下主明堂
건폐는 노란 별 하나인데 위로 비꼈고	鍵閉一黃斜向上
구검은 붉은 별 둘로 방수에 가깝네	鉤鈐兩赤近其旁

벌은 노란 별 셋으로 건폐 위에 심겼고　　　　罰有三黃植鍵上

동함 서함이 벌을 낀 게 방수 모양일세　　　　兩咸夾罰似房狀

방 아래 까마귀별 하나는 일이라 부르고　　　　房下一烏號爲日

종관은 노란 별 둘로 일 아래서 나오지　　　　從官兩黃日下出

각 별의 역할과 의미

－ 방수四紅는 임금이 정치를 하는 곳明堂으로, 백성을 간섭하지 않는 작
　은 정부를 지향한다

－ 부하 별자리도 적어 죄를 용서하는 사면령 벌罰이 위에 있고

－ 백성의 건전한 풍속을 담당하는 좌의정인 동함東咸과 우의정인 서
　함西咸이 임금의 정사를 돕는다

－ 궁궐 대문을 여닫는 빗장 자물쇠 건폐鍵閉와 방문을 여닫는 갈고리 자
　물쇠 구검鉤鈐이 임금과 백성을 나누는 최소한의 장치다

－ 임금은 일日을 통해 백성들에게 덕치德治를 펼치고

－ 시종 종관從官은 임금의 건강을 보살피고 나라의 앞날을 점치며 하늘
　에 제례를 올린다

제二부 하늘을 거닐며 노래하다

별자리 이름		개수	서양 별자리	의미
수(宿)	방(房)	4	전갈자리	창룡의 배. 천자가 정치를 펴는 명당. 칠요가 지나는 경로로 길흉 해석. 네 필의 말이 끄는 임금의 수레 천사(天駟)
부속 별자리 (7개)	건폐(鍵閉)	1		궁궐문 자물쇠
	구검(鉤鈐)	2	전갈자리	방 자물쇠
	벌(罰)	3		법령의 집행과 사면
	동함(東咸)	4		음란한 풍속 방지
	서함(西咸)	4		동함과 같음
	일(日)	1		해의 정수로 덕을 밝힘
	종관(從官)	2		의(醫)·무(巫)·점(占) 등 제사장의 일

작은 정부를 지향하다

방수房宿는 창룡의 배다. 배는 소화 기관이다. 외부에서 들어오는 음식물을 소화시켜 몸에 영양분을 공급하는 기능을 한다. 정치도 같은 이치다. 백성이 원하는 바를 소화해 정책으로 펼쳐 백성의 삶에 도움이 되도록 하는 것이다.[51] 천문류초는 방수가 명당明堂이라고 했다. 명당은 임금과 신하가 밝은 정치를 펴기 위해 어전회의를 하는 곳이다. 방수는 28수의 평균 영역인 13도의 절반에 못 미치는 5도를 다스린다. 천자가 정치를 펼치는 궁궐치고는 아주 작은 영역이다. 부하 별자리도 7개에 불과하다. 방수는 정치의 요체를 시사한다. 백성에 대한 간섭을 최소화하는 작은 정부를 지향하는 것이다. 관官이 비대해지고 백성에 대한 규제가 많을수록 좋은 정치가 아니라는 뜻이다. 밝은 정치를 의미하는 명당明堂은 요순 시절처럼 백성이 관을 몰라도 되는 정치를 하늘에서 펼친다는 의미다.

　방房에 들어가려면 열고 닫는 행위를 해야 한다. 방수의 7개 부하별 중에 문을 여닫는 역할을 하는 별이 4개다. 사립문 두 짝東咸 西咸과 문빗장鍵閉, 방문 자물쇠鉤鈴 등이다. 천자의 궁궐치고는 너무 허술하다. 궁궐 문이 단촐한 것은 백성들과의 단절을 원하지 않는다는 뜻이다. 방수의 바로 위에는 백성들이 살아가는 천시원天市垣이 있다. 방수의 허술한 문은 백성들과 접촉을 많이 하겠다는 임금의 의지를 나타낸 것이다.

한 해의 풍흉을 점치는 큰 길 大道

방수는 동양 천문에서 한 해의 길흉을 가늠하기 위해 늘 주시하는 별자

---

51 "房宿", 『百度百科』, 〈https://baike.baidu.com/〉

리었다. 해와 달이 이 곳을 어떻게 지나느냐에 따라 세상의 안녕 여부를 파악할 수 있다고 생각했다. 천문류초에 따르면 해가 다니는 길인 황도 가 방수의 한가운데를 가로지른다. 천자의 상징인 해가 방수의 중간을 지나는 것을 우주의 음양이 조화된 가운데 해가 하늘을 평화롭게 순행 하는 것으로 보았다. 따라서 해를 비롯한 칠요가 본래 지나야 할 길이 아 닌 방수 남쪽 두 별 사이의 양기가 성한 양도陽道나, 방수 북쪽 두 별 사 이의 음기가 성한 음도陰道 등 치우친 길을 지나가면 세상에 재앙이 찾 아온다고 생각했다.

'(방수로) 네 개의 표지를 삼을 수 있으니, 중간은 하늘의 큰 거리 중에서 도 큰 길로 황도가 지난다. 남쪽 사이는 양도라 하고 북쪽 사이는 음도라 한다. 칠요가 큰 길을 지나면 천하가 평화롭다. 양도를 거치면 가뭄과 초 상이 나고, 음도를 거치면 물난리와 병란이 일어난다'[52]

제2부 하늘을 거닐며 노래하다

52 "爲四表 中間爲天衢之大道 黃道之所經也. 南間曰陽道 北間曰陰道. 七曜由乎天衢則天 下平和 由陽道則主旱喪 由陰道則主水兵", 韓國科學史學會 編, 『諸家曆象集·天文類 抄』, 誠信女子大學校 出版部, 1984, 394쪽

삼상지탄과 형혹수심

심수心宿

심(心)

적졸(積卒)

서양 별자리	전갈자리
관측 시기	소만(5월 21일경)
주천도수	5도(평균 13도보다 작음)
12지	묘(卯)
분야(分野)	대화(大火)
중국 지역	예주(豫州), 송(宋)나라
한국 지역	전북 북서부

심수의 보천가

별 셋 중에 가운데가 가장 붉다네	三星中央赤最深
아래는 적졸로 홍색 별 열둘인데	下有積卒紅十二
셋셋 모여 심수 밑에 있지	三三相聚心下是

각 별의 역할과 의미

– 심수三星는 하늘 임금의 자리다

– 부하는 보병 친위대 적졸績卒뿐으로 단촐하다

별자리 이름		개수	서양 별자리	의미
수(宿)	심(心)	3	전갈자리	창룡의 심장. 천왕의 자리. 화성 머물면 나라의 주인이 없어짐. 금성과 화성 침범하면 나라가 피로 물듦
부속 별자리 (1개)	적졸(績卒)	12		오영(五營)의 군사. 다른 별 머물면 병란

왕자들의 불화 – 삼상지탄 參商之歎

춘추좌전春秋左傳에 따르면 옛날 제곡帝嚳 고신씨高辛氏 황제에게 두 아들이 있었다. 형은 알백閼伯, 아우는 실침實沈이라 했다. 광림曠林에 살면서 서로 사이가 나빠 날마다 창과 방패를 들고 싸웠다. 요堯 임금이 이를 안 좋게 여겨 둘을 떼어놓았다. 알백을 상구商邱로 옮기고 진성辰星에게 제사 지내게 했다. 상商나라 사람이 이를 따르므로 진성을 상성商星이라 했다. 실침은 대하大夏로 옮겨 삼성參星에게 제사토록 했다. 당唐나라 사람들이 이를 따랐다.[53] 상구商邱는 오늘날 동쪽의 하남성河南省이고, 대하大夏는 서쪽의 산서성山西省이다. 방위로는 상구가 정동의 묘방卯方이고, 대하는 서남의 신방申方이다. 상나라의 상징 별은 진성辰星 또는 상성商星으로 불렸다. 당나라의 상징 별은 삼성參星이 되었다. 당은 산서성 일대의 당시 지명地名이다.[54]

상성商星은 심수의 세 별 가운데 중간별인 대화大火다. 서양 별자리로

---

53 좌구명, 신동준 역, 『춘추좌전』 2, 올재, 2015, 142쪽

54 "心宿", 『百度百科』, 〈https://baike.baidu.com/〉

는 전갈자리다. 삼성參星은 서방 백호 7수의 삼수다. 서양 별자리의 오리온자리다. 상성은 여름에 뜨고 삼성은 겨울에 뜬다. 두 별 중 한 별이 뜨면 다른 별은 볼 수 없다. 알백과 실침의 이런 고사故事로 인해 삼상지탄이라는 말이 생겼다. 상성과 삼성이 동과 서의 정반대 방향에 떨어져 있듯이 형제가 서로 화목하지 못한 것을 빗대 삼상지탄參商之歎이나 삼진지탄參辰之歎이라고 한다. 글자의 의미가 넓어져 친한 벗끼리 헤어져 다시 만나지 못하는 것도 삼상지탄이라고 한다.

　하지만 삼상지탄을 요 임금에 의한 역사 왜곡으로 보는 시각도 있다. 제곡 황제 이후 알백과 실침이 임금이 될 차례였지만 요堯가 임금 자리를 빼앗았다는 것이다. 또 형제가 힘을 합쳐 반란을 일으킬까 두려워 두 사람이 사이가 좋지 않다는 소문을 퍼뜨리고 정반대 방향으로 떼놓았다는 주장이다. 실제 알백은 후덕한 정치를 펼쳐 자손인 성탕成湯이 상 왕조를 세웠고, 실침의 후손도 춘추 시대 강성했던 진晉나라를 세웠다.

불의 재앙이 겹치다 – 형혹수심 熒惑守心

동방 창룡 7수 중 방房, 심心, 미尾, 기箕의 네 별자리는 부속별이 많지 않다. 하늘의 세 궁궐 가운데 하나인 천시원天市垣이 바로 위에 있어 북쪽 영역이 좁아졌기 때문이다. 방, 심, 미의 세 별자리는 서양 황도 12궁의 제8궁인 전갈자리에 속한다. 심수는 창룡의 심장이다. 심수의 세 별 가운데 중간별이 특히 붉어서 대화大火라 한다. 대화는 천왕天王의 자리다. 세 별 가운데 위의 북쪽 별은 태자太子 별이고, 아래 남쪽 별은 서자庶子 별이다. 임금과 왕위 계승자가 심수에 함께 자리하고 있는 것이다. 동양 천문에서는 태자 별과 서자 별의 밝기와 형태를 보고 왕위 계승을 위한 권력 다툼을 점쳤다. 태자 별이 밝지 않으면 임금 자리를 계승하지 못한다고 풀이했다. 또 세 별이 일직선이 되면 태자와 서자의 세력이 비슷해져 왕권 쟁탈이 심해지거나 지진이 일어난다고 해석했다.

창룡의 심장인 심수의 대화는 서양 전갈자리의 심장이기도 하다. 심장은 피처럼 붉은색이다. 대화가 이처럼 붉은 것은 별의 일생에서 마지막 단계에 도달한 적색 거성이기 때문이다. 반지름이 약 2억 km로 태양을 화성 궤도까지 부풀려놓은 것만큼 비대한 별이다. 대화는 피처럼 붉은색 때문에 안타레스Antares로 불린다. 화성인 아레스Ares에 대적한다는 뜻이다. 동양 천문에서는 대화와 화성의 움직임을 전쟁과 불길의 징조로 읽었다. 동양에서 형혹성熒惑星이라 불리는 화성은 전쟁, 죽음, 살육, 가뭄을 상징하는 별이다. 형혹성이 순행을 하다 역행을 하면서 대화에 머무는 것을 형혹수심熒惑守心이라 해서 불火의 재앙이 겹치는 대흉조로 보았다.[55] 천문류초에 따르면 형혹성이 대화에 머물면 나라에 임금이 없어진다. 또 금성과 화성이 같이 침범하면 온 나라에 핏빛이 그치지 않는다. 금성은 쇠로 된 병장기를 상징한다. 형혹수심은 땅에 무서운 재앙을 몰고 오는 천문 현상으로 해석했다.

천왕 天王과 자미대제 紫微大帝

하늘의 세 궁궐 가운데 중앙에 있는 것을 자미원紫微垣이라고 한다. 자미원을 다스리는 임금 별이 북극오성北極五星이다. 북극오성의 첫 번째 별이 태자고, 두 번째 별이 자미대제紫微大帝다. 세 번째 별은 서자고, 네 번째는 후궁後宮이며, 다섯 번째가 천추天樞다. 심수도 북쪽 별은 태자고, 가운데 별은 천왕天王이며, 남쪽 별은 서자다. 후궁은 심수 바로 곁

55 "心宿", 『中文百科在線』, 2011.12.6, 〈http://www.zwbk.org〉

의 미尾수에 있다. 천왕과 자미대제는 똑같이 붉은색이다. 자미원의 핵심인 북극오성은 하늘의 심장 또는 하늘의 마음이라는 뜻으로 천심天心이라고 한다. 심수의 세 별은 온 세상 백성의 마음을 대변한다고 해서 천하동심天下同心이라고 부른다.[56] 두 별자리 모두 마음 심이 붙는다. 북극오성과 심수의 별자리 체계는 대단히 비슷하다. 이 때문에 두 별자리를 같은 시대의 산물로 보는 천문학자들이 많다.[57] 28수의 일원인 심수의 별자리가 갖춰진 시기를 기원전 2600~기원전 2000년으로 보는 만큼 북극오성도 이때 만들어진 것으로 추정한다.

심수의 가운데 별 대화大火와 관련해 '칠월유화七月流火 구월수의九月授衣'라는 유명한 말이 전해진다.[58] '칠월에 대화성이 흐르면 구월에는 겨울옷을 주어야 한다'는 뜻으로 시경詩經 빈풍豳風의 칠월이라는 시에 나온다. 대화는 음력 7월이 되면 초저녁에 서쪽 하늘로 흘러내리는 듯한 모습을 보인다. 가을이 되어 동방 창룡이 서쪽 하늘로 곤두박질치기 때문이다. 칠월유화는 여름에서 가을로 계절이 바뀌어 곧 추워지니 두꺼운 옷과 식량 장만 등 겨울 준비를 하라는 뜻이다. 구월수의는 날씨가 추워진 9월에는 따뜻한 옷을 식구들에게 입혀야 한다는 의미다.

56 앞의 "心宿", 『百度百科』 참조
57 앞의 "心宿", 『百度百科』 참조
58 앞의 "心宿", 『中文百科在線』 참조

여인의 별

미수 尾宿

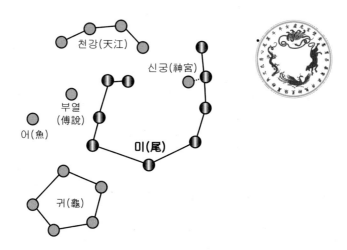

서양 별자리	전갈자리
관측 시기	소만(5월 21일경)
주천도수	18도(평균 13도보다 큼)
12지	인(寅)
분야(分野)	석목(析木)
중국 지역	유주(幽州), 연(燕)나라
한국 지역	함경남도

제2부 하늘을 거닐며 노래하다

미수의 보천가

갈고리 같은 붉은 별 아홉이 창룡의 꼬리일세	九赤如鉤蒼龍尾
아래 붉은 별 다섯은 귀 별이라 하고	下頭五赤號龜星
미수 위 천강은 홍색 별 넷이라네	尾上天江四紅是
미수 동쪽의 붉은 별 하나는 부열이라	尾東一赤名傳說

부열 동쪽의 홍색 별 하나는 어라네   傅說東紅一魚子
귀 서쪽의 붉은 별 하나는 신궁이건대   龜西一赤是神宮
후와 비의 가운데 놓인 까닭일지니   所以列在后妃中

각 별의 역할과 의미

- 미수九赤는 황후나 후궁 등 궁궐의 여인이 있는 곳이다. 하늘의 비교
  적 넓은 영역을 후원으로 정했는데, 여인들의 시기 질투를 감안해 일
  부러 전각들을 떼어놓은 것이라 한다
- 부하 별자리는 다섯인데 통행과 출입을 맡는 천강天江이 위에 있고
- 운우雲雨·구름과 비를 다스려 음양 화합을 돕는 어魚와
- 후비后妃와 무당이 자손의 잉태를 비는 부열傅說이 미수의 동쪽에 있
  다
- 미수 아래 귀龜는 임금과 비빈妃嬪이 합궁하는 날짜의 길흉을 점치고
- 후비들이 쉬면서 옷도 갈아입는 내실 신궁神宮은 여인들의 바로 곁에
  있다

별자리 이름		개수	서양 별자리	의미
수(宿)	미(尾)	9	전갈자리	창룡의 꼬리. 후비들이 있는 곳
부속 별자리 (5개)	귀(龜)	5		임금과 비빈의 합궁 날짜 선정
	천강(天江)	4		태음(달)을 주관, 육상과 수상 교통 관장
	부열(傅說)	1		자손의 잉태 기도
	어(魚)	1		운우와 음사를 주관
	신궁(神宮)	1		후궁의 내실

궁중의 여인들

미수尾宿는 창룡의 꼬리다. 남정네의 뒤에서 다소곳이 뒤따르는 여인의

별이다. 9개의 별은 궁중 서열에 따라 꼬리처럼 몸을 말고 있다. 오른쪽 맨 위가 황후고, 아래의 세 별은 임금의 부인夫人이다. 꼬리가 말려 올라가는 왼쪽의 세 별은 빈嬪이며, 마지막 8, 9번째 별은 첩妾이다.[59] 미수는 서양 전갈자리의 휘말려 올라간 꼬리 부분과 같다. 이 중 8번째인 람다λ별 샤울라Shaula와 9번째인 웁실론ν별 레사트Lesath가 전갈의 독침이다. 특히 샤울라가 내뿜는 독은 치명적이다.

궁중 여인네들의 피비린내 나는 암투는 대개 첩실에서부터 시작된다. 막 피어나는 젊음과 아름다움, 치명적인 마력魔力을 무기로 임금의 총애를 독차지하려 한다. 임금이 자칫 첩실이 내뿜는 파멸의 독침에 쏘이면 내명부內命婦의 기강이 흐트러지는 것은 물론 나라의 운명마저 기울 수 있다. 미수의 동향과 길흉에 대해 고대 천문 서적들은 이례적이라 할 정도로 자세히 설명한다. 경국지색傾國之色이라는 말이 있듯이 임금이 여인에게 미혹되어 정사를 내팽개치면 비극적인 결과를 낳을 수 있기 때문에 경고하는 의미를 담고 있다. 천문류초에 따르면 별 색깔이 고루 밝고 별들이 잘 이어져 있으면 후비后妃 간에 시기와 질투가 없다. 이럴 경우 후궁의 서열이 바로 서며 자손도 많게 된다. 그러나 별이 작아지고 어두우면 황후에게 근심과 병이 생기고, 별이 서로 떨어져 성기면 황후가 세력을 잃는다. 목성이 범하거나 달무리가 생기면 후비가 죽게 되고 화성이 범하면 궁중에 내란이 발생한다. 금성과 화성이 머물면 후궁끼리의 세력 다툼으로 병란이 일어난다.

59 韓國科學史學會 編, 『諸家曆象集 · 天文類抄』, 誠信女子大學校 出版部, 1984, 397~398쪽

은하수에 빠뜨린 천국의 열쇠

미수尾宿는 동쪽 묘卯방의 은하수가 시작하는 지점에 있는 별자리다. 그래서 천강天江, 어魚, 귀龜 등 물과 관련된 별이 많다. 물과 여인은 모두 음陰을 상징한다. 따라서 미수는 음기를 품은 별이라 할 수 있다. 천강은 태음太陰·달을 주관하며 도로, 나루터 등 육상과 수상 통행을 관장한다. 귀는 남녀의 합환合歡 날짜와 길흉을 점친다. 어는 남녀의 밤일인 운우雲雨와 겉으로 드러나지 않는 일인 음사陰事를 맡는다.

미수의 8, 9번째 별을 고수성姑嫂星 또는 답차성踏車星이라고 한다. 고수는 시누이와 올케라는 뜻이다. 답차는 물레바퀴를 밟아서 물을 퍼 올리는 수차水車다. 아주 먼 옛날 시누이와 올케가 하늘에 오르기 위해 은하수를 건너려 했다. 하지만 조심성 없는 어린 시누이가 하늘의 문인 천문天門을 여는 황금 열쇠를 그만 은하수에 빠뜨리고 말았다. 시누이와 올케는 천국의 열쇠를 찾기 위해 은하수 물을 퍼내는 답차를 밟았지만 물은 줄어들지 않았다. 두 여인이 열쇠를 잃어버려 하늘의 문을 열지 못하자 사람들은 번뇌와 빈곤, 질병 등 고통에 시달리다 짧은 생을 마치게 되었다. 하늘에서 내뿜는 생명의 기운을 천국의 문이 닫히는 바람에 사람들이 받을 수 없게 됐기 때문이다. 그래서 이들은 열쇠를 찾을 때까지 은하수를 퍼 올리기 위해 답차를 밟고 있다고 한다.[60]

자손 잉태의 별 부열 傳說

미수가 여인의 별로 상징되는 것은 미수 왼쪽의 붉은 별 부열傳說 때문이라고도 할 수 있다. 옛날부터 여인의 가장 큰 염원은 자식을 갖는 것이

---

60 "傳說", 『百度百科』, 〈https://baike.baidu.com/〉

다. 이런 여인의 바람을 들어주는 별이 부열이다. 오늘날에도 자식이 없는 여인들은 부열에게 기도를 올린다. 여인에게는 하늘의 수많은 별 가운데 가장 중요한 별이 부열이라고 할 수 있다. 부열을 '긍고일성亘古一聖'이라고 부른다.[61] 옛날亘부터 지금까지 이어져 내려오는亘 단 한 사람의 성인一聖이라는 뜻이다. 부열은 중국 역사상 최초의 성인 칭호를 받았다. 살아있을 때 이미 임금으로부터 성인으로 인정받았다. 공자도 성인의 칭호를 받았지만 그가 죽고 나서 후인들의 추존追尊을 받은 것이다.

부열은 은殷나라 고종高宗 무정武丁의 재상이었다. 사기史記 은본기殷本紀에는 무정이 부열을 얻어 기울어가던 은나라를 다시 일으켜 세우는 과정이 담겨 있다.[62] 나라의 힘이 쇠퇴해가는 시점에 임금 자리를 물려받은 무정은 은나라 중흥에 온몸을 바쳤으나 혼자로는 역부족이었다. 마땅한 조력자를 찾지 못한 채 삼 년 동안 전전긍긍하던 무정은 어느 날 꿈에서 성인을 만났다. 성인은 자신의 이름을 열이라고 했다. 무정은 꿈에서 본 성인이 신하 속에 있을까 해서 두루 찾았으나 허사였다. 그러자 열의 초상화를 그려 나라 곳곳을 뒤지게 했다. 마침내 부험傅險이라는 곳에서 열을 찾아냈다. 당시 열은 죄를 짓고 노역에 동원돼 길을 닦고 있었다. 부열과 이야기를 나눠본 무정은 세상에 대한 그의 안목과 경륜에 감탄했다. 무정은 즉석에서 그를 발탁해 재상으로 삼았다. 또 부험이라는 지명에서 성姓을 따 부열이라 했다.

무정이 재위했던 약 60년은 은나라가 가장 번성했던 시기로 사마천은 사기에서 '은국대치殷國大治'라고 칭송했다. 부열은 이 시기 쇠퇴해가던 은나라를 안정시키고 경제를 부흥시켰으며 국경을 확장했다. 그러면서

---

61 앞의 "傳說", 『百度百科』 참조
62 사마천, 신동준 옮김, 『사기 본기』, 위즈덤하우스, 2015, 102~103쪽과 109~110쪽

제二부 하늘을 거닐며 노래하다

도 출신을 잊지 않고 늘 겸손한 자세를 보였다. 부열은 동양 천문에서 천책성天策星으로 불린다. 하늘의 정책을 펴는 별이라는 의미다. 천책성이라는 이름이 붙을 만큼 부열의 치국방략治國方略은 독보적이었다. 유비무환有備無患이라는 말도 부열이 처음 한 말이라고 한다. 후세 사람들이 모두 부열의 어진 덕을 칭송했다.

부열

특히 장자莊子는 그가 죽은 뒤 별이 되었다고 장자의 대종사大宗師 편에 기록했다.[63] 부험은 오늘날 산서성山西省 평륙현平陸縣이다. 부열은 부씨의 시조이기도 하다. 부열은 동양에서 큰 추앙을 받을 뿐 아니라 천문으로도 3등성의 비교적 밝은 별이다. 하지만 서양에서는 마땅한 이름이 없다. 부열이 전갈자리와 궁수자리의 경계에 있어서 어느 쪽에도 속하지 못하고 사각 지대에 빠져 있기 때문이다.[64]

동방 창룡 7수 東方蒼龍七宿

---

63 장주 지음, 김학주 옮김, 『장자』 상, 을유문화사, 2000, 160쪽
64 앞의 "傳說", 『百度百科』 참조

바람의 별

기수 箕宿

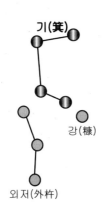

서양 별자리	궁수자리
관측 시기	망종(6월 6일경)
주천도수	11도(평균 13도보다 작음)
12지	인(寅)
분야(分野)	석목(析木)
중국 지역	유주(幽州), 연(燕)나라
한국 지역	함경북도

기수의 보천가

홍색 별 넷이 곡식 까부르는 키 모양이네	四紅其狀似簸箕
기 아래 홍색 별 셋은 나무 절구공이 저고	箕下三紅名木杵
기 앞의 검은 별 하나는 겨인 강이라네	箕前一黑是糠皮

각 별의 역할과 의미

- 기수四紅는 후궁이 있는 곳이다. 네 별이 만드는 사변형四邊形은 곡식을 까부르는 키 모양이다. 여인들이 키를 까부르며 양식을 준비한다
- 나무 절구공이인 저로 곡식을 찧고
- 키를 까불어 곡식 껍질인 강과 쭉정이, 검불은 버린다

별자리 이름		개수	서양 별자리	의미
수(宿)	기(箕)	4	궁수자리	창룡의 항문. 후궁을 주관. 천계(天鷄). 구설(口舌)과 오랑캐(蠻夷)를 주관. 크고 밝으면 곡식이 잘 익고 어둡고 성기면 난세에 흉년
부속 별자리 (2개)	목저(木杵)	3		곡식을 도정하는 일
	강(糠)	1		밝으면 풍년, 어두우면 기근

절구공이가 바로 서야

기수箕宿는 창룡의 항문이다. 알맹이는 취하고 껍질은 버리는 것이 항문의 역할이다. 옛날 사람들은 한 해의 풍흉豊凶을 점칠 때 기수의 모양을 보았다. 기수가 밝고 일직선이면 오곡이 잘 익어 풍년이 된다. 기수가 어두우면 흉년이 들어 오곡이 귀하게 된다.

곡식을 찧는 나무절구인 목저가 세로로 서면 풍년이 들고, 가로누우면 기근이 든다. 절구공이가 세로로 서는 것은 곡식 찧을 일이 많은 것이고, 가로누우면 찧을 곡식이 없다는 뜻이다. 또 곡식 껍질인 강이 밝으면 풍년이고 어두우면 기근이다. 아예 안 보이면 사람들이 식량이 없어 인육人肉을 먹는다. 강이 밝다는 것은 키질을 대충한다는 뜻이다. 풍년이 들면 먹을 것이 많기 때문에 곡식을 대충 까불어도 된다. 키질을 대충하고 버려야 불쌍한 사람이나 짐승들이 먹을 것이 생긴다.

동양학의 핵심 코드, 바람_風[65]

기수箕宿는 동양 천문에서 중요한 의미를 갖는 별자리다. 기氣를 풍風과 동일시하면서 풍을 통해 천天과 인人이 상응相應한다는 사상이 바탕에 깔려 있기 때문이다. 바람은 하늘의 기운이 땅에 전해진 것이고, 인간은 바람을 통해 하늘의 뜻을 헤아린다는 인식 체계다. 주역에서 양은 건乾·☰괘, 음은 곤坤·☷괘로 나타낸다. 건은 순양純陽의 하늘이고, 곤은 순음純陰의 땅이다. 순음과 순양만 있는 상태는 태극이다. 바람은 손巽·☴괘로 나타낸다. 손괘의 맨 아래가 음효인 것은 하늘의 양 기운이 내려와 땅의 음 기운과 접촉한 모습이다. 하늘 기운과 땅 기운이 어울리면서 만물이 생성된다. 태극이 사상, 8괘, 64괘로 분화하는 것이다.

하늘과 땅이 맞닿으면서 바람이 인다. 동양학에서 바람은 여덟 방위에서 불어오는 것으로 상정한다. 여덟 방위는 주역의 후천 팔괘文王 八卦방향을 쓴다. 후천 팔괘는 땅에서 일어나는 현상을 설명할 때 사용한다. 가운데 방위와 여덟 방위를 합쳐 구궁九宮이라 한다. 바람은 계절이 바뀌면서 여덟 방위를 옮겨가며 분다. 이를 구궁팔풍九宮八風이라고 한다. 팔풍의 명칭은 문헌에 따라 다소 다르지만 회남자淮南子 천문훈天文訓과 사기史記 율서律書에 기록된 것이 일반적으로 알려진 이름이다.

'무엇을 팔풍이라 하는가. 해가 동지를 지나 45일째 조풍이 이른다. 조풍이 이른 지 45일째 명서풍이 이른다. 명서풍이 이른 지 45일째 청명풍이

---

65 韓國科學史學會 編, 『諸家曆象集·天文類抄』, 誠信女子大學校 出版部, 1984, 399쪽; 蕭吉 撰, 김수길·윤상철 공역, 『五行大義』 下, 대유학당, 2016, 532~540쪽; 韓東錫, 『宇宙 變化의 原理』(개정판), 대원출판, 단기 4344, 162~165쪽; 김일권, 『동양 천문사상, 하늘의 역사』, 예문서원, 2012, 118~130쪽

168

제
二
부
하
늘
을
거
닐
며
노
래
하
다

이른다. 청명풍이 이른 지 45일째 경풍이 이른다. 경풍이 이른 지 45일째 양풍이 이른다. 양풍이 이른 지 45일째 창합풍이 이른다. 창합풍이 이른 지 45일째 부주풍이 이른다. 부주풍이 이른 지 45일째 광막풍이 이른다.'[66]

회남자의 설명을 종합하면 팔풍은 하늘의 여덟 방위에서 불어오는 바람이다. 절기가 여덟 번 바뀌면서 방위가 달라질 뿐만 아니라 바람의 기운도 바뀐다. 여덟 방위는 후천 팔괘의 배치에 따라 감坎·☵괘인 북은 광막풍, 간艮·☶괘인 동북은 조풍, 진震·☳괘인 동은 명서풍, 손巽·☴괘인 동남은 청명풍, 리離·☲괘인 남은 경풍, 곤坤·☷괘인 서남은 양풍, 태兌·☱괘인 서는 창합풍, 건乾·☰괘인 서북은 부주풍이다. 여덟 방위에서 부는 바람은 2분2지二分二至와 4입四立의 여덟 절기와 연결된다. 동지의 광막풍, 입춘의 조풍, 춘분의 명서풍, 입하의 청명풍, 하지의 경풍, 입추의 양풍, 추분의 창합풍, 입동의 부주풍이다. 팔풍은 단순한 바람이 아니라 방위와 절기를 엮는 하늘의 기운으로 본다. 바람은 시간과 공간을 일치시키는 매개체라는 것이다. 하늘에서 불어오는 바람의 운율을 시간의 질서로 바꿔낸 것이 역법曆法이다.

동양에서는 하늘의 뜻을 해석하기 위해 바람을 인간의 감각으로 느낄 수 있는 유형의 존재로 치환했다. 바람을 소리로 바꾼 다음 소리를 질서 있게 담아내려고 노력했다. 바람의 질서가 바로 율律이다. 율이 기器에

---

66 "何謂八風. 距日冬至四十五日 條風至. 條風至四十五日 明庶風至. 明庶風至四十五日 淸明風至. 淸明風至四十五日 景風至. 景風至四十五日 凉風至. 凉風至四十五日 閶闔風至. 閶闔風至四十五日 不周風至. 不周風至四十五日 廣莫風至", 劉安 編著, 安吉煥 編譯, 『淮南子』上, 明文堂, 2013, 127~128쪽; 사마천, 신동준 옮김, 『사기 서』, 위즈덤하우스, 2015, 90~97쪽

담긴 것이 음악이고, 도량형度量衡이다. 공자가 악樂을 중시한 이유는 바람이 율을 짓고, 율이 악과 예禮를 만든다고 생각했기 때문이다. 따라서 바람은 역법과 음률, 예악 등 동양 문화 전반의 바탕이 되는 핵심 코드였다.

후천 8괘

팔풍과 방위와 절기		
손(동남)	리(남)	곤(서남)
청명풍 입하	경풍 하지	양풍 입추
진(동)		태(서)
명서풍 춘분		창합풍 추분
간(동북)	감(북)	건(서북)
조풍 입춘	광막풍 동지	부주풍 입동

명칭	의미
광막풍(廣莫風)	광막(廣莫)은 넓은 사막. 넓은 사막에서 불어오는 찬 기운
조풍(條風)	조(條)는 가지가 뻗어나는 것. 만물을 뻗어나게 함
명서풍(明庶風)	서(庶)는 무리(衆)의 뜻. 양기(陽氣)를 받아 만물을 눈에 띄게 나오도록 함
청명풍(淸明風)	맑고 깨끗하며 서늘한 바람. 만물이 번성하고 커지며 밝고 깨끗해져 볼 만함
경풍(景風)	경(景)은 높다(高)와 끝나다(竟)의 뜻. 만물이 높아지고 양기(陽氣)가 다함
양풍(涼風)	가을의 서늘한 바람. 음기(陰氣)가 차고 서늘해져 만물을 성숙시키고 거두는 것
창합풍(閶闔風)	창합(閶闔)은 하늘 문을 닫는다는 뜻. 만물이 성대해져 거두고 저장하는 것
부주풍(不周風)	부주(不周)는 닫혀서 통하지 않는다는 뜻. 양은 없고 순전히 음만 있어서 닫히고 막혀 통하지 않는 것(부주산 신화와 이름이 같음)

동이족 東夷族의 별

기수箕宿는 고조선을 비롯한 동이족을 상징하는 별이다. 백두산을 중심으로 한 만주와 함경북도는 기수가 관장하는 지역이다. 따라서 기수가 밝고 크면 한민족이 잘 된다는 뜻이다. 이 때문에 중국은 기수의 조짐을 항상 주의 깊게 살핀 것으로 전해진다.

제二부 하늘을 거닐며 노래하다

고조선 건국 신화인 단군 신화에서는 환웅桓雄 천황이 풍백風伯·바람,
우사雨師·비, 운사雲師·구름와 무리 삼천을 거느리고 태백산 신단수 아
래로 내려와 신시神市를 열었다고 한다. 풍백을 상징하는 별이 기수다.
중국의 신화 전설 모음집인 수신기搜神記는 "풍백과 우사는 별자리로서,
기수는 풍백이고 필수畢宿는 우사"[67]라고 기록하고 있다.

동양 천문에서는 기수를 천계天鷄라고 한다. 주역周易 설괘전說卦傳은
바람을 뜻하는 손巽괘의 상징 동물을 닭이라고 설명한다.[68] 기상청이나
학교 건물, 일반 가정의 지붕에 설치된 풍향계風向計의 꼭대기에 닭을 장
식물로 단 것은 바람과 닭을 같은 개념으로 생각했기 때문이다.

---

67 "風伯雨師星也. 風伯者箕星也 雨師者畢星也", 干寶, 全秉九 解譯, 『搜神記』(재판), 자
　유문고, 2003, 97쪽
68 南東園, 『주역해의』Ⅲ (개정판), 나남출판, 2005, 314쪽과 353쪽

五장

북방 현무 7수 北方玄武七宿
여름철 별자리

천문류초天文類抄를 기준으로 7개 수거성에 25개 별, 60개 부속 별자리에 384개의 별이 포진한다. 주천도수로는 98과 4분의 1도의 영역을 관할한다. 서양 황도 12궁으로는 염소자리磨羯宮, 물병자리寶瓶宮, 물고기자리雙魚宮의 세 별자리 영역과 겹친다. 12진辰으로는 북쪽 방위인 축丑·자子·해亥에 해당한다. 세성이 운행하는 12차次로는 성기星紀, 현효玄枵, 추자娵訾를 차례로 지난다.[69]

북방 현무 7수는 거북을 뱀이 감고 있는 형상이다. 두수는 뱀과 거북, 우수는 뱀, 녀수는 거북이다. 허수, 위수, 실수, 벽수는 거북과 뱀이 엉킨 모습이다. 현무는 춘추 전국 시대까지는 거북만 있었으나 한漢나라 이후 뱀이 추가돼 지금의 모습이 됐다고 한다. 북방 현무 7수는 절기상으로는 6월 중순 하지부터 소서, 대서, 입추, 처서를 지나 8월 중순 백로까지 여름 밤하늘에서 볼 수 있는 별자리다. 여름철 별자리를 북방에 둔 것은 땅에서 하늘을 올려보는 앙관仰觀 천문의 방위이기 때문이다.

---

69 이순지 편찬, 김수길·윤상철 공역, 『天文類抄』(전정판), 대유학당, 2013, 157쪽

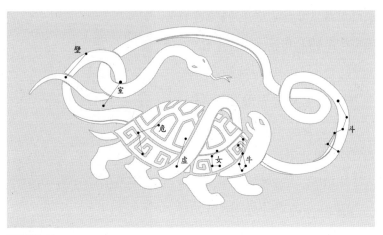

북방 현무 7수

도교 최고신과 현무

현무玄武는 현명玄冥과 같은 뜻이다. 고대에 무武와 명冥은 의미가 서로
통하는 글자였다. 무는 검은색黑, 거북 껍질처럼 딱딱하고 굳셈 등의 뜻
이다. 명도 음陰, 어둡다, 밤, 저승冥府 등의 의미를 갖는다. 현명은 본래
거북점龜卜을 의미했다. 처음에 거북점을 칠 때는 검은 거북인 오귀烏龜
의 등껍질을 이용했다. 현玄은 거북의 등껍질이 검다는 뜻이다. 거북점
은 은상殷商 시대에 궁궐에서 어떤 사안에 대한 길흉을 묻기 위해 쳤다.
신령스런 동물인 거북이 저승冥間으로 가서 조상에게 물어 대답을 갖고
오라는 뜻이었다. 거북점을 칠 때는 반드시 북쪽을 향했다. 북쪽에 저승
이 있다고 생각했기 때문이다.[70] 거북은 물에 사는 동물이다. 모든 생명
체는 물에서 태어나는 만큼 물은 생명의 상징이기도 하다. 겨울에 사람

---

70 "北方玄武", 『互動百科』, 〈http://wiki.baike.com/〉; "玄武", 『百度百科』,
    〈https://baike.baidu.com/〉

들이 함께 모여 쉬다 보면 생명체가 탄생하기도 한다. 이런 상징들이 합쳐져 현무는 검은색黑, 북방, 겨울, 물, 음陰의 뜻을 갖게 됐다. 북방 현무 7수도 제사, 죽음, 휴식, 겨울 등 음의 문화와 관련되는 별자리들로 구성된다.

특히 현무는 도교에서 무척 중시하는 영물靈物이다. 장수의 상징인 거북은 도교의 이상인 장생불사와 맞아떨어지는 동물이기 때문이다. 도교에서 북방을 다스리는 신神은 진무대제眞武大帝다. 진무대제는 현천상제玄天上帝,

거북과 뱀을 발로 디디고 검을 든 모습의 진무대제

현무대제玄武大帝 등으로도 불린다. 본래는 진무대제가 아니라 현무대제였다. 도교를 극도로 추종했던 송宋나라 진종眞宗의 어릴 적 이름이 현휴玄休 또는 현간玄侃이어서 임금의 이름 글자를 피해 현무를 진무로 바꾸었다고 한다. 도교의 성지로 유명한 호북성湖北省 무당산武當山에서 모시는 주신主神이 진무대제다. 진무대제는 도교 3존인 태상노군太上老君의 82번째 화신化神이라고 한다.[71] 진무대제는 거북과 뱀을 발로 디딘 채 검劍을 무기로 든 모습으로 그려진다. 무협武俠소설에서 소림사와 함께 무림의 쌍벽으로 꼽히는 무당파는 검술로 유명하다. 진무대제를 숭상해 검을 주무기로 삼기 때문이다.

제2부 하늘을 거닐며 노래하다

---

71 "眞武大帝", 『百度百科』, 〈https://baike.baidu.com/〉; 마서전, 윤천근 옮김, 『중국의 삼백신』, 민속원, 2013, 308~311쪽

생명 탄생의 별

두수斗宿

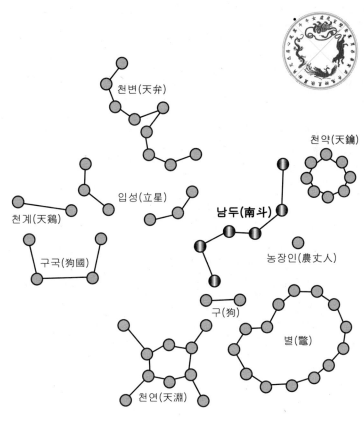

천변(天弁)

천약(天鑰)

천계(天鷄)

입성(立星)

남두(南斗)

구국(狗國)

농장인(農丈人)

구(狗)

별(鼈)

천연(天淵)

서양 별자리	궁수자리
관측 시기	하지(6월 21일경)
주천도수	26과 1/4도 (28수 중 남방의 정수에 이어 두 번째로 큼)
12지	축(丑)
분야(分野)	성기(星紀)
중국 지역	양주(揚州), 오(吳)와 월(越)나라
한국 지역	경남 서남부

두수의 보천가

홍색 별 여섯이 북두칠성과 비슷하다네	六紅其狀似北斗
남두 바가지 위의 입은 홍색 별 셋씩 마주보고	魁上立紅三相對
천변은 입 위에 홍색 별 셋씩 아홉이지	天弁立上三紅九
남두 아래 둥근 홍색 별 열넷	斗下圓紅十四星
이름은 별이지만 새끼 꿴 모양일세	雖然名鼈貫索形
천계는 입 뒤 검은 별 둘이고	天鷄立背雙黑星
천약은 남두 자루 앞 노란 정기 여덟이라	天鑰柄前八黃精
구국은 까마귀별 넷으로 천계 아래서 나고	狗國四烏鷄下生
천연은 노란 별 열로 별 동편에 있네	天淵十黃鼈東邊
검은 별 둘인 구는 남두 바가지 앞이고	更黑兩狗斗魁前
농장인 검은 별은 구 아래서 잠자며	農家丈黑狗下眠
천연은 노란색이고 구는 검은색일세	天淵十黃狗色玄

각 별의 역할과 의미

- 홍색 별 여섯六紅인 두수는 물이나 곡식을 뜨는 말박斗 모양이다
- 천시원天市垣 옆의 고깔 쓴 시장 관리 천변天弁은 물건의 품목과 가격을 책임진다

- 입立은 건建이라고도 하는데 도성을 출입하는 관문인 솟을대문이고, 천약天鑰은 자물쇠와 열쇠다
- 북쪽은 물이 많은 곳이어서 별鼈주부와 저수지 천연天淵은 물 관리를 하고
- 겨울에 자주 침범하는 외적의 동태를 구국狗國과 천계天鷄가 살피고, 구狗는 도적을 막는다
- 봄을 맞기 전 농사 경험이 많은 농장인農家丈은 농사 기술을 가르친다

별자리 이름		개수	서양 별자리	의미
수(宿)	두(斗)	6	궁수자리	거북과 뱀 엉킴. 하늘의 사당(天廟), 하늘의 기틀(天機)
부속 별자리 (9개)	입(立)	6	궁수자리	하늘 수도의 관문, 하늘의 북(天鼓), 하늘의 말(天馬)
	천변(天弁)	9		시정(市政)을 맡은 관리. 시장 품목과 보배 관리
	별(鼈)	14		물 관리
	천계(天鷄)	2		기후와 때를 관장
	천액(天鑰)	8		하늘 관문의 문단속 주관
	구국(狗國)	4		중국 변방 부족인 선비(鮮卑)·오환(烏丸)·옥저(沃沮)를 관장
	천연(天淵)	10		관개를 관장
	구(狗)	2		도둑을 지키고 간사한 무리의 준동을 막음
	농장인 (農丈人)	1		농사짓는 일을 장려

177

북방 현무 7수
北方玄武七宿

말린 사슴 고기는 신선이 좋아하는 뇌물 – 남두와 북두

중국 삼국 시대 위魏나라에 관로管輅·209~256라는 방사方士가 있었다. 산동성山東省 평원平原 사람으로 얼굴이 못생기고 술을 좋아했지만 주역과 천문에 통달하고 점과 관상을 잘 보았던 당시 최고의 방사였다.[72] 어

---

72 干寶, 全秉九 解譯, 『搜神記』(재판), 자유문고, 2003, 76~82쪽; 간보, 임대근·서윤정·안정은 옮김, 『수신기』, 동아일보사, 2016, 74~78쪽

느 날 하남성河南省 남양현南陽縣을 지나다 안초顔超라는 잘생긴 소년과 마주쳤다. 관상 보는 것이 버릇이 된 관로는 대뜸 혀를 차며 "죽음의 기운이 이마에 서렸구나. 사흘을 못 넘기겠네"라고 중얼거렸다. 겁이 덜컥 난 안초는 집으로 달려가 아버지에게 관로로부터 들은 말을 전했다. 안초 부자는 부리나케 관로를 뒤쫓아가 무릎을 꿇고 목숨을 살려달라고 애원했다. 관로는 천기를 누설할 수 없다며 난색을 표했으나 이들이 워낙 간곡하게 매달리자 안초에게 한 가지 방도를 알려줬다.

"맑은 술 한 통과 말린 사슴 고기를 준비하게. 묘卯일에 남쪽 보리를 벤 땅의 뽕나무 아래에서 두 노인이 바둑을 두고 있을 거야. 그대는 옆에서 가만히 술을 따르고 안주를 대접토록 하게. 술을 다 먹을 때까지 절대 말하면 안 되네. 바둑이 끝나거든 목숨을 살려달라고 빌게. 내가 일러주었다는 말은 절대 하지 말고."

안초가 묘일에 관로가 알려준 곳으로 가보니 과연 두 노인이 바둑을 두고 있었다. 하지만 바둑에 정신이 팔려 안초가 온 줄도 몰랐다. 이윽고 바둑이 끝나 주위를 돌아본 두 노인은 깜짝 놀라 "웬 사람이냐"고 야단을 쳤다. 하지만 상황을 보니 자신들이 예기치 않은 술대접을 받았음을 깨닫게 됐다. 안초는 무릎을 꿇고 눈물을 흘리며 "제가 곧 죽게 되어 무례를 범했습니다. 제발 살려주세요"라며 통사정을 했다. 북쪽의 검은 도포를 입은 노인이 "안 된다"고 잘라 말했으나, 남쪽의 붉은 도포를 입은 노인은 "술과 안주를 실컷 얻어먹었으니 그만 빚지고 말았네. 방도를 강구해 보세"라고 딱한 표정을 지었다.

그러자 검은 도포 노인이 "수명은 정해진 것인데, 명부를 맘대로 고친다면 세상이 엉망이 될 걸세"라며 반대했다. 하지만 붉은 도포 노인이 끈질기게 설득하자 "틀림없이 관로 짓이야. 할 수 없지"라며 자신의 명부를 내놓았다. 붉은 도포 노인이 명부를 받아 소년의 이름을 찾아보니 십구十九로 적혀 있었다. 노인은 붓을 들어 십구의 십에 획을 하나 더 그어 구십구九九로 만들었다. 그러고는 둘 다 학을 타고 하늘로 훨훨 날아가 버렸다. 안초가 돌아와 관로에게 그동안 벌어진 일을 전했다. 관로는 "둘 다 신선일세. 신선은 사슴 고기를 무척 좋아하지"라며 설명을 이어 갔다.

> "검은 도포에 얼굴이 험상궂은 분은 북두성군北斗星君·북두칠성이고, 붉은 도포에 잘생긴 젊은 분은 남두성군南斗星君·남두육성이야. 북두성 군은 죽음을 주관하고, 남두성군은 삶을 관장하지. 사람이 어머니 뱃 속에 깃들면 남두성군은 태어날 날을 매기고, 북두성군은 죽을 날을 정하지."

그는 이런 말을 덧붙이고는 길을 떠났다. 이후 관로는 천기를 누설한 벌을 받았는지 48살의 젊은 나이에 숨졌다.[73] 삼국지三國志 위서魏書 관로전과 수신기搜神記에 나오는 이야기다. 북두칠성 국자는 죽은 영혼을 떠 담고, 남두육성 국자는 세상에 새로 내려 보낼 영혼을 담는다고 한다. 사람이

북두성군과 남두성군

---

73 마서전, 윤천근 옮김, 『중국의 삼백신』, 민속원, 2013, 204~207쪽

죽으면 관 바닥에 북두칠성 모양의 구멍을 뚫은 칠성판을 까는 것도 영혼을 북두성군에게 보내는 뜻이다. 또 사람이 태어날 때 엉덩이에 푸른 멍자국이 있는 것은 남두성군이 새 생명을 땅에 내려 보내기 전에 엉덩이를 철썩 때려 전생의 기억을 잊도록 한 흔적이라고 한다. 실제 북두칠성과 남두육성은 서로 자루 끝을 마주 하면서 북두 바가지가 뒤집히면 남두 바가지가 바로 서고, 남두가 뒤집히면 북두가 바로 서는 모양으로 북극성을 감싸고 돈다. 남두육성은 중국 북송北宋의 문인 소동파蘇東坡 · 1036~1101가 무척 좋아해 그의 적벽부赤壁賦에도 등장한다.

하늘의 기틀

남두육성에는 해와 달, 오성 등 칠정七政이 다니는 황도가 지난다. 우주 질서를 담당하는 칠정의 운행과 관련되는 만큼 남두육성을 하늘의 기틀인 천기天機라고 부른다. 또 고대 천문서인 감석성경甘石星經은 남두육성이 천자의 수명을 주관한다고 기록했다.[74] 이 때문에 남두육성을 하늘의 사당인 천묘天廟라고도 한다. 천문류초는 남두가 크고 밝으면 임금과 신하가 한 마음이 되고 천하가 평화로워진다고 설명했다. 또 별빛에 까끄라기가 일면서 흔들리면 천자에게 근심이 생기고 병란이 일어난다고 했다.

두수의 부속별인 입立성은 천문도와 문헌에 따라 건建성 또는 입성으로 제각각 표현돼 있다. 진서 천문지에서는 건성, 보천가에서는 입성으로 불렸다. 천상열차분야지도에는 건성으로 새겨져 있다. 천문류초에서

---

74 "二十八星宿專題 (2) 斗宿", 『搜狐』 「星座」, 2016.8.3, 〈http://astro.wemen.sohu.baidu.com〉

는 본문 제목은 입으로 달아놓고, 내용은 건으로 풀이했다.[75] 천문류초에서 건성을 입성으로 표기한 것은 고려 태조 왕건王建의 이름 글자를 쓰지 않으려는 피휘避諱 의식 때문이었다고 한다.[76]

---

75 韓國科學史學會 編,『諸家曆象集·天文類抄』, 誠信女子大學校 出版部, 1984, 403쪽
76 나일성,『한국의 우주관』, 연세대학교 대학출판문화원, 2016, 402~404쪽

해·달·오성의 출발점

우수 牛宿

연도(輦道)

직녀(織女)

점대(漸臺)

좌기(左旗)

천부(天桴)

하고(河鼓)

우기(右旗)

견우(牽牛)

나언(羅堰)

천전(天田)

구감(九坎)

제二부 하늘을 거닐며 노래하다

서양 별자리	염소자리
관측 시기	소서(7월 8일경)
주천도수	8도(평균 13도보다 작음)
12지	축(丑)
분야(分野)	성기(星紀)
중국 지역	양주(揚州), 오(吳)와 월(越)나라
한국 지역	경남 서북부

우수의 보천가

홍색 별 여섯이 은하수 둔덕 가깝네	六紅近在河岸頭
머리 위로는 두 뿔이 났는데	頭上雖然有兩角
배 아래로 내려오면 다리 하나 모자라지	腹下從來欠一脚
우수 아래 검은 별 아홉은 천전이고	牛下九黑是天田
천전 아래 셋셋씩 구감이 이어지네	田下三三九坎連
우수 위 홍색 별 셋은 하고라 부르며	牛上三紅號河鼓
하고 위 홍색 별 셋은 직녀라네	鼓上三紅是織女
좌기와 우기는 각기 아홉 별인데	左旗右旗各九星
하고 양쪽 두둑의 오른편에서 홍색으로 밝네	河鼓兩畔右紅明
또 노란 별 넷은 천부라 하는데	更有四黃名天桴
하고 곧장 아래로 이어진 구슬 같네	河鼓直下如連珠
나언은 까마귀별 셋이 우수 동쪽에 있고	羅堰三烏牛東居
점대는 검은 별 넷이 입 모양 같네	漸臺四黑似口形
연도는 점대의 동쪽 발치에 고무래마냥 다섯 별이 이어지지	輦道東足連五丁
연도와 점대는 어디 있을까	輦道漸臺在何許
알고 싶으면 직녀 곁을 보게나	欲得見時近織女

각 별의 역할과 의미

– 홍색 별 여섯六紅인 우수는 통행通行, 농사, 가축, 제사 등 백성의 운을 주관한다

– 임금이 봄철에 농사 시범을 보이는 천전天田과 관개 시설인 구감九坎, 논밭에 물을 대는 저수지 방죽인 나언羅堰을 관리한다

– 임금은 연도輦道를 따라 수레를 타고 민심을 살핀다

- 직녀織女는 베를 짜고, 물시계 누각 점대漸臺는 백성들에게 시간을 알린다
- 겨울철 외적의 침입에 대비해 군령을 전달하는 깃발 좌기左旗와 우기右旗, 병사의 진군을 명령하는 북인 하고河鼓, 하고를 치는 북채 천부天桴를 점검한다

별자리 이름		개수	서양 별자리	의미
수(宿)	우(牛)	6	염소자리	하늘의 관량(關梁). 일월 오성이 지남. 소의 생명과 희생을 주관
부속 별자리 (10개)	천전(天田)	9		천자가 있는 도성 안의 밭
	구감(九坎)	9		도랑 등 관개 시설
	하고(河鼓)	3	독수리자리	군사를 명령하고 지휘하는 하늘의 북
	직녀(織女)	3	거문고자리	천제의 딸(天女). 베, 과실, 보옥 주관
	좌기(左旗)	9		군율(軍律)을 시행하는 장군의 깃발
	우기(右旗)	9		좌기와 같음
	천부(天桴)	4		북을 두드리는 북채
	나언(羅堰)	3		농사짓는 물가 방죽
	점대(漸臺)	4		물시계가 있는 누각
	연도(輦道)	6		임금이 시찰하는 수레 길

2,000년 전의 동지점

우수牛宿는 밝은 별이 없어 겉보기에 무척 평범한 별자리다. 우수 여섯 별 중에서 가장 밝은 별인 견우가 3등급이고 나머지는 4, 5등급의 어두운 별이다. 남쪽의 세 별은 서로 붙어 있지만 어둡고, 북쪽의 세 별은 다소 떨어졌지만 상대적으로 밝은 편이다. 평범한 외관과 달리 우수는 동·서양 천문에서 가장 주목받은 별자리의 하나였다. 동양 천문의 기틀이 완성되던 전한前漢·기원전 202~기원후 8 때 동지점이 우수에 있었던 까닭이다. 동양에서 동지가 특히 중시된 것은 음기가 물러나고 양기가 되돌아오는 변곡점이자 새로운 한해의 시작점이기 때문이다.

서양에서도 동지를 중시했다. 우수는 서양 별자리로 염소자리 Capricornus다. 추분에 적도에 있던 해가 남쪽으로 내려가 남위 23.5도에 이르면 동지가 되고, 이후 북쪽으로 되돌아간다. 동지점이 있는 선을 남회귀선南回歸線·the Tropic of Capricorn이라고 한다. 지금은 지구의 세차 운동으로 동지점이 궁수자리로 옮겨졌으나 남회귀선의 명칭은 여전히 2,000년 전의 염소별자리 이름을 쓴다.[77] 북회귀선北回歸線·the Tropic of Cancer도 마찬가지다. 고대 그리스 때 게자리Cancer에 있던 북위 23.5도의 하지점이 세차 운동으로 쌍둥이자리로 이동했으나 북회귀선의 명칭은 옛날 그대로 쓰고 있다. 12월 25일 크리스마스도 예수의 생일이 아니라 고대 바빌로니아 천문에서 동짓날을 기념한 것이었다는 해석이 있다.

우수는 해와 달, 오성 등 칠정七政이 지나다니는 길목이어서 하늘의 관량關梁으로 불린다. 관량은 육로와 수로의 관문과 다리를 모두 일컫는 말이다. 우수에서 견우牽牛 별은 서양에서 염소자리 베타β별 다비흐Dabih다. 다비흐는 동양 천문과 달리 무시무시한 뜻을 갖고 있다. 아라비아어인 다비흐는 칼을 휘두르며 사형수의 목을 자르는 망나니 회자수劊子手를 의미한다.[78]

두 개의 견우 별

견우와 직녀 전설의 남자 주인공 견우가 어느 별이냐를 두고 오랫동안 논란이 이어지고 있다. 동양 천문에서 공식적인 견우 별은 서양 염소자리의 다비흐다. 하지만 다비흐는 3등성에 불과해 직녀의 짝인 견우는 다른 별이라는 주장이다. 옥황상제의 딸인 직녀는 거문고자리의 알파α별

77 이태형, 『이태형의 별자리 여행』, 나녹, 2012, 224쪽

78 "牛金牛", 『百度百科』, 〈https://baike.baidu.com/〉

베가Vega로 1등성의 밝은 별이다. 따라서 3등성인 다비흐가 직녀의 배필이 되기에 부족하다는 것이 주장의 근거다. 주로 민간에서 나오는 의견이다. 견우가 다른 별이라는 쪽은 하고河鼓의 세 별 중에서 대장군으로 불리는 가운데 큰 별이라고 주장한다. 하고의 가운데 별은 독수리자리의 알파 α별인 알타이르Altair다. 알타이르와 베가, 백조자리 알파 α별 데네브Deneb · 녀수 부속별 천진는 모두 1등성이다. 세 별은 은하수를 사이에 두고 여름의 대삼각형을 이루면서 다른 별을 찾는 데 도움을 주는 길잡이 별들이다.

하고의 대장군 별이 견우로 지목되는 것은 나름의 근거가 있다. 한漢나라 이전에 편찬된 중국 최초의 백과사전 이아爾雅에는 '하고河鼓는 본래 하고何鼓로 견우牽牛별이다'는 기록이 나온다. 후한後漢 때 허신許愼 · 58?~147?은 설문해자說文解字에서 하何는 '물건을 어깨에 메다'는 뜻의 하荷로 써야 한다고 강조했다.[79] 하고의 세 별 중 남쪽의 좌장군과 북쪽의 우장군 두 별은 견우와 직녀 사이에 태어난 두 아이라고 한다. 견우가 두 아이를 어깨에 올리거나 업고荷 직녀를 뒤따르는 모습이 하고라는 것이다. 중국어에서도 하何, 하荷, 하河는 모두 같은 발음이다. 하고何鼓를 하고河鼓라고 부르게 된 것은 한나라 이후 학자들이 하고何鼓의 의미를 잘 모른 채 은하수의 동쪽 물가에 별이 있다는 의미에서 하河로 고쳐 썼기 때문이라고 한다. 또 하고河鼓로 쓴 지 워낙 오래돼 하고何鼓나 견우牽牛로 다시 고치면 별자리에 혼란이 올까봐 그대로 사용하고 있다는 것이다.[80]

제2부 하늘을 거닐며 노래하다

79 段玉裁, 『說文解字注』, 臺北, 黎明文化事業股 有限公司, 中華民國73年 · 1984, 375쪽
80 "牛宿的故事", 『中國論文網』, 〈http://www.xzbu.com/8/view-3782492.htm〉

직녀가 천제의 노여움을 산 까닭

중국이 28수 체계인 것과 달리 인도에서는 27수와 28수 체계를 병용한다. 중국이나 인도 모두 정수로 정확히 떨어지지 않는 약 27.3일의 항성월을 별자리 체계로 쓰기 때문이다. 우수는 인도 별자리 체계에서 아주 특이한 존재다. 인도어로 아비지트Abhijit라는 이름의 우수는 28수 중 가장 좁은 폭을 다스린다. 각 별자리를 지나는 달月은 27명의 부인을 거느리는데, 우수만 남자라고 한다. 그래서 인도 천문에서는 우수가 별자리 체계의 맨 마지막 순서에 자리한다.[81]

두수와 우수는 봄을 맞기 전에 농사 준비를 하는 별자리다. 두수의 부속별인 농장인農丈人은 노련한 농사꾼으로 주변에 농업 기술을 전수하는 별이다. 또 견우 별과 부속별인 하늘밭 천전天田, 관개 시설 구감九坎, 은하수 물가의 저수지 방죽 나언羅堰 등도 모두 농경의 별이다. 우수의 천전과 각수의 천전은 점성적 해석이 같다.[82] 우수는 임금이 농사를 짓고, 왕비는 길쌈을 하면서 나라에 농업을 장려하는 별자리다. 특히 자미원에 가까이 있는 우수 북쪽의 직녀는 베를 짜고 과실과 보옥寶玉을 관리하는 일을 한다. 직녀는 자신이 일한 성과를 부광扶筐이라는 광주리에 담아 자미원의 임금에게 바친다. 부광은 우수 옆의 녀수女宿에 딸린 별이다. 따라서 직녀의 세 별 중 위 별이 부광을 향하고 있으면 일을 열심히 한 것이고, 그렇지 않으면 일을 하지 않은 것이 된다. 직녀가 일은 하지 않고 견우와 노는 데 정신이 팔려 부광 광주리를 텅텅 비게 하는 바람에 천제의 노여움을 사서 은하수 양쪽으로 둘이 떨어지게 됐다는 해석

---

81 앞의 "牛宿的故事" 참조

82 張超, "斗宿牛宿 桃花源里好耕田", 『中國國家地理』 2010年 第07期, 〈www.dili369.com〉

도 있다.

천문류초에 따르면 우수는 희생犧牲을 주관하는 별이다. 과거 농경 사회에서는 소牛가 가축의 으뜸이었다. 나라나 마을 공동체에서 종교 의례를 지낼 때는 가축 가운데 가장 중요한 소를 잡아 신령에게 제사를 지냈다. 우수가 희생의 별이 된 것은 이 때문이다.

여성 경제 활동의 별

녀수 女宿

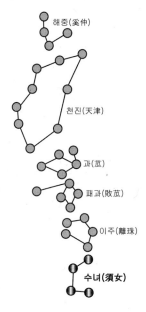

부광(扶筐)

해중(奚仲)

천진(天津)

과(瓜)

패과(敗瓜)

이주(離珠)

수녀(須女)

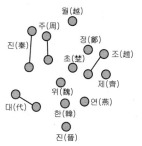

월(越)
주(周)
진(秦)
정(鄭)
초(楚)
조(趙)
위(魏)
제(齊)
대(代)
한(韓)
연(燕)
진(晉)

서양 별자리	물병자리
관측 시기	대서(7월 24일경)
주천도수	12도(평균 13도보다 작음)
12지	재(子)
분야(分野)	현효(玄枵)
중국 지역	청주(靑州), 제(齊)나라
한국 지역	경남 동남부

녀수의 보천가

키처럼 생긴 홍색 별 넷은 시집 장가가는 일을 맡지	四紅如箕主嫁娶
열두 나라가 아래 포진했는데	十二諸國在下陳
앞의 월나라부터 동으로 가며 말하자면	先從越國向東論
동주 서주 두 별에 이어 진이 두 별이고	東西兩周次二秦
옹주 남쪽 아래 안문이 두 별이며	雍州南下雙鴈門
대나라 서쪽으로 별 하나 진이 펼쳐졌지	代國向西一晉伸
한과 위는 별 하나씩 진의 북쪽에서 수레바퀴처럼 돌고	韓魏各一晉北輪
초나라 별 하나는 위나라 서쪽에 진을 쳤네	楚之一國魏西屯
초나라 성곽의 남쪽 두둑에는 연나라 군사만 있고	楚城南畔獨燕軍
연나라 서쪽 한 고을은 이웃 제나라일세	燕西一郡是齊隣
제나라 북쪽 두 고을은 조나라 땅끝이고	齊北兩邑乃趙垠
정나라 있는 곳을 알고 싶다면 월나라 아래지	欲知鄭在越下存
열여섯 노란 별을 자세히 나눠본 것이라네	十六黃星細區分
다섯 점의 이주는 녀수 위에 가로놓였고	五點離珠女上橫
패과 위에 포과가 생겨나며	敗瓜之上匏瓜生
두 별이 각기 다섯씩인데 포과가 밝지	兩星各五匏瓜明
천진의 붉은 별 아홉은 튕긴 활 모양인데	天津九赤彈弓形
별 둘이 우수로 들어가 은하수 속에 비꼈네	兩星入牛河中橫
노란 별 넷인 해중은 천진 위에 있고	四黃奚仲天津上
해중 곁의 까마귀별 일곱이 부광일세	七烏仲側扶筐星

각 별의 역할과 의미

– 네 개의 홍색 별四紅 녀수는 겨울에 옷을 짓거나 먹거리를 보관해 봄
  을 대비한다

- 박과 같은 덩굴 열매 포과鉋瓜와 곡식 씨앗 패과敗瓜를 저장하고
- 광주리 부광扶筐에 뽕잎을 담아 누에 치고 길쌈을 하며, 여인의 구슬 장식 이주離珠를 만든다
- 해중奚仲[83]은 임금의 수레를 잘 관리한다
- 나루터 천진天津은 봄철 수상 교통에 문제가 없도록 겨울에 손본다
- 열두 제후를 맡는 12국十二國[84] 별자리 밝기가 변하면 그 나라에 변고 가 생기므로 잘 살펴야 한다

별자리 이름		개수	서양 별자리	의미
수(宿)	녀(女)	4	물병자리	베 짜고 옷 짓는 부녀자의 일. 혼사와 제례 주관
부속 별자리 (7개)	십이국 (十二國)	16		전국 시대 제후국 이름
	– 월(越)	1		
	– 주(周)	2		
	– 진(秦)	2		
	– 대(代)	2		
	– 진(晉)	1		
	– 한(韓)	1		
	– 위(魏)	1		
	– 초(楚)	1		
	– 연(燕)	1		
	– 제(齊)	1		
	– 조(趙)	2		
	– 정(鄭)	1		
	이주(離珠)	5		여인 물품 보관소. 고관과 후비의 구슬 장식
	포과(鉋瓜)	5		덩굴 열매
	패과(敗瓜)	5		곡식 씨앗
	천진(天津)	9	백조자리	수상 교통 주관
	해중(奚仲)	4		임금의 수레 관리
	부광(扶筐)	7		뽕잎 광주리. 누에 치고 길쌈하는 일

---

83 해중은 하(夏)나라 우(禹) 임금 때 처음 수레를 만든 사람이다.
84 12국은 전국 시대 제후 나라 이름이다

혼사와 제례를 주관한다

녀수女宿는 어두운 별자리다. 가장 밝은 별이 서양 물병자리의 엡실론€ 별로 4등성에 불과하다. 황도 12궁 중 제 11궁인 물병자리는 뚜렷한 특징 없이 밤하늘의 넓은 공간에 흩어져 있어 찾기 어렵다. 녀수는 곡식을 까부르는 키 모양의 기수箕宿와 생김새가 같다. 또 한자의 녀女자와도 모양이 비슷하다. 옛날부터 키질은 부녀자의 몫이었다. 녀수는 수녀須女 또는 무녀婺女라고도 부른다. 천문류초는 수녀에 대해 '천첩賤妾을 부르는 말로 부인의 직책 중에서 낮은 자'라면서 '혼사婚事에 쓸 베와 비단을 마름질해 옷을 짓는다'고 설명했다. 수녀나 무녀婺女는 일하는 여인이라는 뜻이다.[85] 녀수의 부속별들도 일하는 여인의 의미를 담고 있다. 이주離珠는 천자의 면류관에 꿰는 구슬유주 · 旒珠이나 후비后妃들의 고리패옥環佩을 만드는 일을 한다. 포과匏瓜는 과일 등 먹거리를 거둬들이고, 패과敗瓜는 봄에 뿌릴 씨앗을 저장하는 일을 맡고 있다. 부광扶筐은 뽕잎을 담는 네모난 광주리로 누에와 길쌈을 하는 여인의 별이다.

　장례와 제사 등의 뒤치다꺼리도 부녀자의 일이다. 중국의 신화 전설집인 수신기搜神記는 녀수가 제사를 주관하는 별이라고 전한다.[86] 수신기에 따르면 한漢나라 무제武帝 때 시중侍中인 장관張寬이 무제를 모시고 섬서성陝西省 감천甘泉에 제사를 지내러 갔다. 천자의 행렬이 장안長安현 위수渭水에 이르렀을 때 한 여인이 목욕을 하고 있는데 젖가슴이 무려 일곱 자七尺였다. 무제가 그 여인을 괴이하게 여겨 장관에게 물으니 "여인은 제사를 주관하는 하늘의 별입니다. 몸과 마음을 깨끗이 하고 부

제
二
부
하
늘
을
거
닐
며
노
래
하
다

---

85 韓國科學史學會 編, 『諸家曆象集 · 天文類抄』, 誠信女子大學校 出版部, 1984, 408쪽
86 간보, 도경일 옮김, 『고대 중국 민담의 재발견』 1, 세계사, 1999, 190~191쪽; 干寶, 全秉九 解譯, 『搜神記』(재판), 자유문고, 2003, 98쪽

정한 일을 멀리하는 재계齋戒를 제대로 하지 않으면 이 여인이 나타납니다"라고 말했다. 녀수는 안살림을 도맡아하는 뜻을 지닌 별자리다. 천문류초는 녀수가 밝으면 천하에 풍년이 들고 여인의 일이 번창하며, 작고 어두우면 나라의 창고가 빈다고 썼다. 녀수는 점성학적으로는 길한 별吉星로 본다. 녀수가 밝으면 3년 내에 논밭이 딸린 큰 저택인 전장田莊을 마련한다고 한다.[87] 녀수는 고대에는 부녀자의 힘든 노동을 뜻했지만 오늘날에는 여성의 활발한 경제 사회 활동을 상징하는 별자리로 의미가 바뀌었다.

87 "女土蝠", 『百度百科』, 〈https://baike.baidu.com/〉

죽음과 비움의 별

허수 虛宿

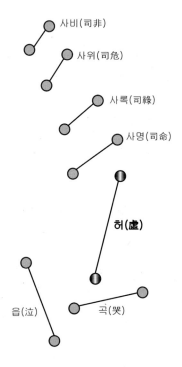

사비(司非)

사위(司危)

사록(司祿)

사명(司命)

허(虛)

읍(泣)   곡(哭)

서양 별자리	물병자리
관측 시기	입추(8월 9일경)
주천도수	10도(평균 13도보다 작음)
12지	재(子)
분야(分野)	현효(玄枵)
중국 지역	청주(靑州), 제(齊)나라
한국 지역	경북 중동부

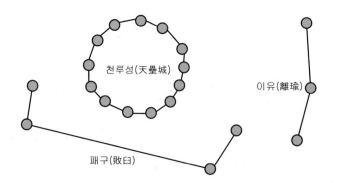

천루성(天壘城)

이유(離瑜)

패구(敗臼)

허수의 보천가

위아래 한 개씩 이은 구슬 같네	上下各一如連珠
사명 · 사록 · 사위 · 사비는 허수 위로 드러나고	命祿危非虛上呈
허수와 위수 아래 곡과 읍 별이라	虛危之下哭泣星
쌍쌍의 곡 읍 아래는 천루성인데	哭泣雙雙下疊城
둥근 천루는 노란 별 열셋일세	天疊圓黃十三星
패구 별 넷은 천루성 아래 가로놓였고	敗臼四星城下橫
패구 서쪽의 세 점인 이유는 밝다네	臼西三點離瑜明

각 별의 역할과 의미

- 한 개씩 구슬 이은 듯한各一如連珠 허수는 제사 지낼 때 쓰는 묘당이다. 한겨울에는 상벌과 장례 등 한 해의 일을 정리한다
- 허수 밑으로 곡哭과 읍泣이 상례喪禮를 치른다
- 옳고 그름을 판결하는 사비司非, 행운과 불행을 결정하는 사위司危, 벼슬과 녹봉을 맡는 사록司祿, 죄과를 판단하고 수명을 관장하는 사명司命이 상벌을 담당한다
- 겨울철 식량이 부족해진 북방 이민족의 침입에 대비해 망루를 갖춘 요새인 천루성天疊城을 더욱 튼튼하게 만든다
- 백성의 살림살이를 깨진 절구인 패구敗臼로 살피고
- 부녀자들은 옷에 다는 구슬과 옥 장식품 이유離瑜를 만든다

별자리 이름		개수	서양 별자리	의미
수(宿)	허(虛)	2	물병자리, 조랑말자리	허당(虛堂), 제사 주관
부속 별자리 (9개)	사명(司命)	2		죄에 대한 벌, 수명 주관
	사록(司祿)	2		벼슬과 녹봉 주관
	사위(司危)	2		행운과 불행 관장
	사비(司非)	2		시비 판단
	곡(哭)	2		상례 주관
	읍(泣)	2		곡과 같음
	천루성 (天壘城)	13		북쪽 국경 요새
	패구(敗臼)	4		깨진 절구, 백성의 기근 판단
	이유(離瑜)	3		부녀자의 옷 장식품

추분의 숙살지기 肅殺之氣와 폐허

허수虛宿는 북방 현무 7수의 가운데 별자리다. 28수의 출발점은 각수角
宿이지만, 28수의 근원점은 허수라 할 수 있다. 임금이 남쪽을 바라볼 때
북쪽의 한가운데 앉는 성인남면聖人南面처럼 북방의 가운데 별로서 동쪽
과 서쪽, 남쪽을 바라보는 별이기 때문이다. 허수가 위치한 자리는 12지
지의 자방子方이다. 물水, 검은색黑, 일一, 겨울冬, 죽음死, 저장藏, 쥐子
등과 관련된 방위다. 생명의 탄생은 물이고, 숫자의 시작은 하나이며, 12
지지는 자부터 출발하듯이 우주의 기운도 자에서 시작한다. 하늘은 자
시에 열리고, 땅은 축시에 열리며, 사람은 인시에 움직인다天開於子 地闢
於丑 人生於寅는 말도 같은 뜻이다.

한겨울 모든 것이 떠나가면 사방은 텅 비게 된다. 허虛는 설문해자說
文解字에서 구丘로 풀이한다.[88] 구는 오늘날 언덕이나 마을의 뜻으로 많
이 쓰지만 본래 무덤, 폐허廢墟, 비어 있다는 용법으로 자주 썼다. 뜻을

---

88 段玉裁, 『說文解字注』, 臺北, 黎明文化事業股 有限公司, 中華民國73年·1984, 390쪽

종합하면 텅 비어 황폐한 마을이 허虛, 墟다. 사람이 없는 마을은 허墟고, 영혼이 떠난 몸은 허虛가 된다. 허수는 해와 달이 만나는 12차次로는 현효玄枵다. 효도 비어 있다는 뜻이다.[89]

동양 천문에서 허수는 고대 천문을 처음 살필 때부터 주목받은 별이다. 역법曆法을 정하는 시기와 직접 관련되기 때문이다. 서경 요전은 관상수시觀象授時를 위해 춘분과 추분, 동지와 하지 등 때를 정하는 방법을 기술하고 있다. 특히 요전은 추분을 정하는 방법에 대해 '소중성허 이은중추宵中星虛 以殷仲秋'라고 했다. 한밤에 허수가 머리 위로 뜨면 추분을 정한다는 뜻이다. 허수는 가을이 시작되면서 뜨는 별이다. 금金 기운을 상징하는 가을은 숙살지기肅殺之氣의 계절로 불린다. 숙살지기는 만물을 성장시키는 양기가 물러나고 음기가 시작되면서 만물을 차갑게 말려 죽이는 기운이라는 의미다. 허수가 죽음과 슬픔의 별로 불리는 이유다.

천문류초는 허수에 대해 빈 집虛堂으로 묘당廟堂과 제사, 죽음의 일을 주관한다고 설명했다. 또 텅 빈 하늘과 땅 사이를 오가는 바람과 구름도 허수가 맡는 일이다. 허수가 밝고 고요하면 천하가 평화롭고, 허수가 움직이고 흔들리면 죽는 사람이 많아 우는 소리가 끊이지 않는다고 썼다.[90] 허수의 부속별인 패구敗臼는 곡식을 찧을 수 없는 깨진 절구라는 뜻이다. 패구의 네 별 중에서 하나라도 보이지 않으면 백성들이 밥할 솥이 없어 굶고, 별이 아예 보이지 않으면 백성들이 고향을 떠나 걸식乞食하게 된다고 한다.

89 "虛宿", 『百度百科』, 〈https://baike.baidu.com/〉
90 이순지 편찬, 김수길·윤상철 공역, 『天文類抄』(전정판), 대유학당, 2013, 132쪽

백성의 부역賦役

위수危宿

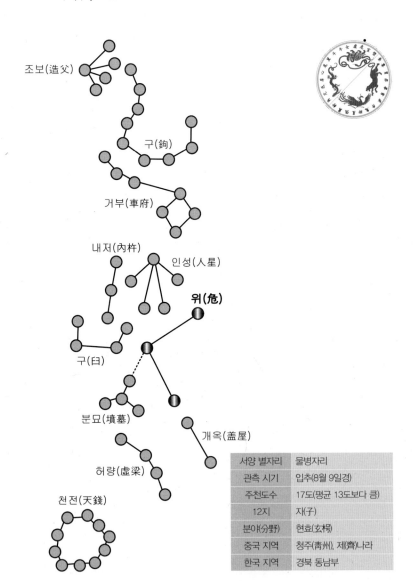

조보(造父)

구(鉤)

거부(車府)

내저(內杵)

인성(人星)

위(危)

구(臼)

분묘(墳墓)

개옥(盖屋)

허량(虛梁)

천전(天錢)

서양 별자리	물병자리
관측 시기	입추(8월 9일경)
주천도수	17도(평균 13도보다 큼)
12지	자(子)
분야(分野)	현효(玄枵)
중국 지역	청주(靑州), 제(齊)나라
한국 지역	경북 동남부

위수의 보천가

세 별이 비뚠 것을 옛부터 알았네	三星不直舊先知
위수 위 검은 다섯 별은 인성이라 하고	危上五黑號人星
인성 옆 별 셋 넷은 절구질 모양이며	人畔三四杵臼形
인성 위 까마귀별 일곱은 거부라 하고	人上七烏號車府
거부 위 천구는 아홉의 노란 정기라	府上天鉤九黃精
천구 위 검은 별 다섯은 조보라네	鉤上五黑字造父
위수 아래 홍색 별 넷은 분묘라 부르고	危下四紅號墳墓
분묘 아래 노란 별 넷 비낀 것이 허량이며	墓下四黃斜虛梁
별 열 개의 천전은 허량 아래서 노랗고	十箇天錢梁下黃
분묘 곁 두 별은 개옥이 이름인데	墓傍兩星名蓋屋
몸에 검은 색을 두르고 위수에 기대 잠들었네	身着黑依危畔宿

각 별의 역할과 의미

- 세 별三星로 된 위수는 하늘의 곳간이자 관청이다. 또 하늘의 시장에 지은 집으로 물건을 보관한다
- 개옥蓋屋은 천자가 사는 궁실을 관리한다
- 조보造父는 여덟 필의 준마가 끄는 천자의 수레를 모는 사람이다[91]
- 거부車府는 관용 수레나 사신의 숙소를 관리하고, 천구天鉤는 수레와 복식服飾을 관장한다
- 인성人星은 백성의 운을 주관하며, 별이 움직이지 않고 고요하면 좋다
- 절구공이 내저內杵도 백성의 운을 주관하며, 절구질과 군량軍糧을 관

---

91 조보는 기원전 10세기경 주(周)나라 목왕(穆王) 때 사람이다. 주 목왕은 조보가 모는 수레를 타고 신선이 사는 곤륜산(崑崙山)에 올라 서왕모(西王母)를 만나 사랑을 나눴다는 전설이 있다.

장한다

- 내저 바로 아래에 절구臼가 있으면 곡식을 찧으니 백성이 배불리 먹고, 어긋나 있으면 곡식이 끊어져 백성이 굶주린다

- 천전天錢은 돈과 비단을 모으는 곳으로 밝으면 창고가 가득 차고 어두우면 비게 된다

- 분묘墳墓는 초상과 장례를 주관하며, 별이 밝으면 죽는 사람이 많아진다

- 사람 사는 곳이 아니어서 비었다는 뜻의 허량虛梁은 왕릉과 종묘를 관리한다

별자리 이름		개수	서양 별자리	의미
수(宿)	위(危)	3	물병자리, 페가수스자리	하늘의 곳간, 분묘, 죽음, 초상, 곡읍(哭泣), 묘당과 사당 주관
부속 별자리 (10개)	인성(人星)	5		백성의 운 주관
	내저(內杵)	3		백성의 운 주관, 절구질과 군대 양식 관리
	구(臼)	4		내저로 향하면 풍년, 어긋나 있으면 기근
	거부(車府)	7		관용 수레와 사신 숙소 관리
	천구(天鉤)	9		수레와 복식 관장
	조보(造父)	5	케페우스자리	임금의 수레 운행
	분묘(墳墓)	4	물병자리	초상과 장례 일 주관
	허량(虛梁)	4		왕릉과 종묘 관리
	천전(天錢)	10		백성의 운 주관, 돈과 비단을 모음
	개옥(盖屋)	2		임금이 사는 궁실 관리

궁궐 짓는 데 동원되는 백성들

위수危宿는 백성과 관련된 별이 유난히 많다. 위험하다는 뜻의 특이한 이름으로 불리는 것도 백성의 고단한 삶과 무관하지 않아서다. 위危란 명칭은 별자리의 생긴 모양에서 비롯됐다. 삼각형의 뾰족한 모양이 가파른 지붕을 연상시키기 때문이다. 사람이 지붕 꼭대기에 올라가면 위

험하다는 뜻이다.[92] 사기史記 천관서天官書는 '위는 집을 짓는 것危爲蓋屋'
이라고 했다. 여기서 옥屋은 단순한 집이 아니라 궁궐을 뜻한다. 위危 바
로 옆에 부속별로 '집 짓는다'는 뜻의 개옥蓋屋이 있는 것도 같은 의미다.

천문류초는 위危는 바람과 비를 관장하며, 사람이 죽어 초상을 치르고
곡읍哭泣을 하며 분묘를 만드는 일을 맡는다고 썼다. 또 묘당과 사당을
맡는 총재冢宰의 직책이며, 별이 움직이면 사람이 죽어 곡을 하며 우는
일이 잦아지고, 토목 공사가 많아진다고 밝혔다. 옛날에는 사람이 가장
많이 죽거나 다치는 곳이 성벽을 쌓거나 궁궐을 짓는 토목 공사장이었
다. 토목 공사장은 가장 위험한 곳이라는 뜻이다. 특히 농한기인 겨울에
는 백성들이 노동을 하는 부역賦役이나 군대에 끌려가는 군역軍役에 시
달려야 했다. 만리장성과 아방궁을 만든 진시황秦始皇이나 대운하를 건
설한 수양제隋煬帝가 일찍 나라를 잃은 것도 가혹한 부역에 민심이 돌아
섰기 때문이었다.

북방 현무 7수 중 위수는 궁궐을 짓는 별이고, 바로 옆의 실수室宿는
천자의 궁궐이라는 뜻의 영실營室로 불린다. 실수 바로 옆의 벽수壁宿는
궁궐의 담장을 뜻한다. 나란히 있는 세 별자리가 모두 궁궐의 토목 공사
와 관련 있는 것이다. 백성의 삶은 위험을 내포한 것임을 세 별자리가 대
변하고 있다.

동이족의 갈래인 묘족苗族의 별

위수危宿는 중국 남방의 소수 민족인 묘족苗族과 관련된 별자리다. 묘족
은 치우蚩尤를 자신들의 선조로 모시며, 매년 음력 10월에 치우에 대한

---

92 "危宿", 『中文百科在線』, 2011.9.15, 〈http://www.zwbk.org〉

제사를 지낸다. 치우는 동이족이 조상이자 천황으로 섬기는 존재다. 동이족의 갈래라 할 수 있는 묘족이 중국의 남쪽에서 살게 된 것은 오랜 옛날 요순堯舜과 적대 관계였기 때문이다.

서경書經 순전舜典은 '요가 순에게 섭정을 맡겼을 때 순은 공공共工을 유주幽州로 유배 보내고, 환도驩兜를 숭산崇山으로 귀양 보냈으며, 삼묘三苗를 삼위三危로 내쫓고, 곤鯀은 우산羽山에서 처형해 법을 세웠다'고 기록하고 있다.[93] 순에게 축출된 이들은 순의 권력 장악에 반대했다는 공통점이 있다.

삼묘는 묘족을 가리킨다. 삼묘가 쫓겨난 삼위는 오늘날 감숙성甘肅省 돈황敦煌의 남쪽 30리에 있는 세 개의 높은 산이다.[94] 삼위의 위危는 높다高는 뜻이다. 순 임금 시절 서쪽 변두리로 축출된 묘족은 동이족 치우의 자손답게 한족과 끊임없는 갈등을 겪다가 오늘날 중국 남서부의 귀주성貴州省까지 몰려나게 됐다는 것이다.

칸Khan에게 행운을 가져다주는 별

위수의 세 별 중 가장 남쪽에 있는 별이 서양 황도 12궁의 제11궁인 물병자리의 알파 α별 사달멜리크Sadalmelik다. 사달멜리크는 페르시아어 사달말리크Sadalmalik에서 유래했다. 사달말리크는 칸汗·Khan에게 행운을 가져다주는 별이라는 뜻이다. 사달말리크라는 이름은 15세기 중앙아시아와 중동에 대제국을 건설했던 티무르 칸의 둘째 아들 울루그 베그Ulugh Beg가 지었다고 한다.[95] 울루그 베그는 당시 티무르 제국에서 가장 뛰어

93 『書經』, 大衆文化社, 1976, 「舜典」, 61~64쪽
94 앞의 "危宿", 「中文百科在線」 참조
95 "危宿一", 「百度百科」, 〈https://baike.baidu.com/〉

난 수학자이자 천문학자였다.

사달말리크가 티무르 제국의 수도 사마르칸트의 밤하늘에 떠오르면 중앙아시아와 중동에는 우기雨期가 시작된다. 유목 민족인 티무르 왕조는 하늘이 메마른 초원이나 사막에 비를 뿌려 말과 가축이 뜯을 풀이 돋아나면 제국에 행운과 풍요가 깃든다고 믿었던 것이다. 이 때문에 동양에서 위수가 슬픔의 별인 것과 달리, 아라비아 천문의 영향을 받은 서양에서는 기쁨의 별로 여긴다.

북방현무 7수 北方玄武七宿

겨울나기 풍경

실수 室宿

제二부 하늘을 거닐며 노래하다

서양 별자리	페가수스자리
관측 시기	처서(8월 23일경)
주천도수	16도(평균 13도보다 큼)
12지	해(亥)
분야(分野)	추자(娵訾)
중국 지역	병주(幷州), 위(魏)나라
한국 지역	강원 중동부

실수의 보천가

두 홍색 별 위로 이궁이 나와	兩紅上有離宮出
실수를 두르니 세 쌍에 모두 여섯이라	遶室三雙共六星
실수 아래 검은 별 여섯은 뇌전 모양이고	下頭六黑雷電形
누벽진이 그 다음 열두 별인데	壘壁陳次十二星
양쪽 머리가 되마냥 진 아래로 갈려져졌네	兩頭如升陳下分
누벽진 아래 나뉘어 밝은 것은 우림군이니	陳下分明羽林軍
마흔다섯 병졸이 셋씩 무리 지었지	四十五卒三爲群
누벽진 서쪽 아래는 참 얘기하기 어려운데	壁西西下最難論
자세하고 똑똑하게 나눠봐야 하네	字細歷歷着區分
세 알의 황금은 부월이라 하고	三粒黃金名鈇鉞
한 알의 밝은 구슬은 북락사문이지	一顆明珠北落門
문 동쪽의 괄괴는 검은 알 아홉이고	門東八魁九黑子
문 서쪽의 별 하나는 천강일세	門西一宿天綱是
뇌전 곁 검은 별 둘은 토공리고	電傍兩黑土公吏
등사는 실수 위 스물둘이지	騰蛇室上二十二

각 별의 역할과 의미

- 두 홍색 별兩紅인 실수는 영실營室이라고도 부른다. 태묘太廟와 천자의 궁실이며, 군량 창고다. 토목 공사를 주관한다
- 이궁離宮은 임금이 쉬는 별궁이며, 뇌전雷電은 임금의 위엄을 나타낸다
- 누벽진壘壁陣은 적의 침입을 막기 위한 성채城寨다
- 우림羽林은 하늘의 군사天軍로 임금을 호위하고 기병騎兵을 관장하며, 부월鈇鉞은 지휘용 도끼로 병권을 상징한다
- 북락사문北落師門은 변방 최일선에 주둔하는 병력이다

- 팔괴八魁는 사냥을 담당하는 관리이고, 천강天綱은 임금의 사냥을 위해 이동식 천막을 친다
- 토공리土公吏는 토목 공사를 담당하는 관리다
- 물에 사는 신령스러운 뱀인 등사騰蛇는 가뭄과 홍수를 맡는다

별자리 이름		개수	서양 별자리	의미
수(宿)	실(室)	2	페가수스자리	태묘와 천자의 궁실. 군량 창고. 토목 공사
부속 별자리 (10개)	이궁(離宮)	6	페가수스자리	임금의 별궁
	뇌전(雷電)	6		임금의 위엄
	누벽진 (壘壁陣)	12	염소자리	군영 방어를 위한 진과 성벽 공사
	우림(羽林)	45	물병자리	임금 호위 부대
	부월(鈇鉞)	3		병권을 상징하는 도끼
	북락사문 (北落師門)	1	남쪽물고기자리	북쪽 변방의 척후 부대
	팔괴(八魁)	9		사냥 담당
	천강(天綱)	1		이동식 천막
	토공리 (土公吏)	2		토목 공사 담당
	등사(騰蛇)	22		물에 사는 신령스러운 뱀. 홍수와 가뭄 관장

궁궐이 두 쪽 나다

실수室宿라는 이름은 별자리가 생긴 모양에서 따왔다. 본래 명칭은 영실營室이었다. 네모반듯한 생김새가 천자의 궁궐이나 종묘宗廟를 닮았기 때문이다. 영실을 구성하는 사각형은 서양 별자리로는 천마天馬인 페가수스자리의 몸통이다. 페가수스 사각형은 모두 2, 3등성의 밝은 별이어서 가을의 대표적인 길잡이 별들이다. 그런데 영실이 두 쪽 나 버렸다. 별 넷 가운데 페가수스 사각형 서편의 아래쪽 알파α별과 위쪽 베타β별은 실수가 되었다. 또 사각형 동편의 아래쪽 감마γ별과 위쪽 델타δ별

은 벽수壁宿란 이름을 갖게 됐다.[96] 페가수스 델타별은 공식적으로는 안드로메다 알파별이다. 두 별자리가 한 별을 공유하는 특이한 별자리 분류가 이뤄진 것이다.

벽수는 동벽東壁이라고도 부른다. 서쪽 벽과 동쪽 벽으로 나눠진 영실 중 동쪽 벽이기 때문이다. 증후을묘曾侯乙墓에서 나온 칠기 상자에는 실수가 동영東縈과 서영西縈으로 표기돼 있다. 칠기 상자가 기원전 5세기 전국시대 유물인 것을 감안하면 그 이전에 별자리가 나뉜 것으로 보인다. 주천도수로 실수는 16도, 벽수는 9도로 넓어 영실을 공간적으로 나눌 여지가 있었던 것이다.

백성들의 겨울 채비

겨울은 농한기로 불리지만 농사철 못지않게 바쁜 계절이다. 가을걷이가 끝나도 추운 겨울을 날 채비를 하거나 부역에 불려나가야 한다. 위, 실, 벽의 세 별자리는 궁궐 토목 공사 등 나랏일에 연관돼 있다. 실수의 부속별인 토공리土公吏는 토목 공사를 관장하는 별이다. 토공리가 움직이면 궁궐 또는 성벽을 고치거나 새로 짓는 일이 생긴다. 운 좋게 부역이 없는 해라면 백성들은 평평한 땅을 골라 자기 집을 짓거나 낡은 집을 수리하는 등 농번기에 미뤘던 일을 해야 한다. 겨울철 북쪽의 찬바람을 막고 폭설에 견디기 위해 집을 손보는 것은 필수이기 때문이다.

임금은 겨울 별궁인 이궁離宮에서 휴식을 한다. 부속별인 이궁도 움직이거나 흔들리면 토목 공사를 벌일 일이 생긴다. 우레인 뇌전雷電은 휴가 중에도 임금의 위엄이 살아 있음을 상징한다. 겨울은 사냥의 계절이

---

96 "室宿", 『百度百科』, 〈https://baike.baidu.com/〉

다. 임금은 이동식 장막인 천강天綱을 치고, 사냥을 담당하는 관리인 팔괴八魁와 함께 말 타기와 짐승 몰기를 하면서 몸을 단련한다.

　겨울에는 특히 식량이 떨어진 북방 이민족의 침입이 잦다. 임금을 호위하는 군사들은 방어를 위한 참호와 성채 등 누벽진壘壁陣 보강 공사를 한다. 임금의 친위대인 우림군羽林軍은 도끼 문양의 지휘 깃발인 부월鈇鉞에 맞춰 군사 훈련에 힘쓴다. 특히 북쪽 변방의 주둔군인 북락사문北落師門은 이민족의 동향을 예의 주시한다. 보천가에서 밝은 구슬明珠로 묘사된 북락사문北落師門은 서양 남쪽물고기자리의 알파α 별 포말하우트Fomalhaut로 1등성의 빛나는 별이다.[97] 은하수에 사는 신령스러운 뱀인 등사螣蛇는 겨울에도 물 관리를 잘해야 새해에 풍년을 기약할 수 있다는 뜻의 별이다. 등사가 남쪽으로 움직이면 큰 가뭄이 들고, 북쪽으로 옮기면 큰 홍수가 난다고 한다.

97 이태형, 『이태형의 별자리 여행』, 나녹, 2012, 280쪽

하늘의 비밀 도서관

벽수壁宿

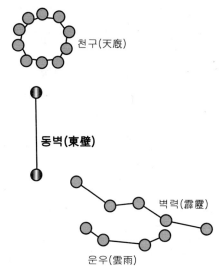

천구(天廐)

동벽(東壁)

벽력(霹靂)

운우(雲雨)

부질(鈇鑕)

서양 별자리	페가수스자리
관측 시기	처서(8월 23일경)
주천도수	9도(평균 13도보다 작음)
12지	해(亥)
분야(分野)	추자(娵訾)
중국 지역	병주(幷州), 위(魏)나라
한국 지역	강원 중북부

벽수의 보천가

두 홍색 별 아래가 벽력일세	兩紅下頭是霹靂
벽력은 까마귀별 다섯이 가로지르며	霹靂五烏橫着行
운우는 그 아래 입 모양으로 네모졌지	雲雨次之口四方
벽수 위 천구는 열개 둥근 별이 노랗고	壁上天廄十圓黃
부질은 까마귀별 다섯으로 우림군 곁에 있네	鈇鑕五烏羽林傍

각 별의 역할과 의미

- 천고마비의 계절에 보이는 두 홍색 별兩紅 벽수는 책 읽기와 관련된 문화의 별이다. 문장을 주관하며, 온 세상의 책을 보관한 도서관이다. 토목 공사도 맡는다
- 우레를 일으키는 벽력霹靂과 비구름을 일으키는 운우雲雨는 겨울을 재촉하는 자연 현상들이다
- 천구天廄는 하늘의 역참驛站으로, 별이 보이지 않으면 천하의 길이 끊어진다
- 부질鈇鑕은 꼴을 자르는 작두로 사료를 만들어 소와 말을 살찌운다
- 토공土公은 토목 공사를 주관한다

별자리 이름		개수	서양 별자리	의미
수(宿)	벽(壁)	2	페가수스자리, 안드로메다자리	문성(文星). 하늘의 비밀 도서관. 별이 밝으면 천하의 도서가 모이고 바른 도(道)가 행해지며, 어두우면 책이 은폐되고 무인(武人)이 정권을 잡음
부속 별자리 (5개)	벽력(霹靂)	5	물고기자리	겨울을 재촉하는 우레
	운우(雲雨)	4	물고기자리	겨울을 재촉하는 비
	천구(天廄)	10		하늘의 역참
	부질(鈇鑕)	5		소와 말에게 먹이는 꼴을 자르는 작두
	토공(土公)	2		토목 공사 주관 우리 고유의 별

제二부 하늘을 거닐며 노래하다

천문 天門과 지호 地戶 – 춘분점과 추분점

벽수壁宿는 천문학적으로 무척 중요한 별자리다. 벽수는 영실營室의 동쪽 담장동벽·東壁이다. 서양 별자리로는 페가수스 사각형의 동쪽 감마γ별과 델타δ별이다. 페가수스 델타별은 알페라츠Alpheratz라고 불린다. 알페라츠는 안드로메다자리 알파α별을 겸한다. 안드로메다 공주의 머리이기도 하다. 알페라츠는 말의 배꼽이라는 뜻이다. 본래 페가수스자리에 속했던 흔적이다.

벽수가 중요한 것은 두 별을 남쪽으로 이어 내려가면 춘분점을 만나고, 북으로 이어 올라가면 북극성과 만나기 때문이다. 적도 좌표계의 기준선인 적경 0도가 벽수의 연장선인 셈이다.[98] 이 때문에 동양 천문에서는 벽수를 오랜 옛날부터 주목해 왔다. 하늘의 기운은 춘분점을 기점으로 시계 반대 방향서→동으로 돌며 봄과 여름이 펼쳐진다. 또 추분점을 기점으로 가을과 겨울 절기가 이뤄진다. 춘분점에서 양기陽氣가 시작되고 추분점에서 음기陰氣가 나오는 것이다.

황제내경黃帝內經 소문素問편의 오운행대론五運行大論에 우주의 다섯 기운과 우주 운행의 법칙을 기술한 내용이 나온다. '규벽과 각진은 천지의 문호다奎壁角軫 即天地之門戶也'라는 대목이다. 동양 철학에서 우주의 양 기운과 음 기운을 가르는 기준으로 삼는 내용이다. 북방 현무 7수의 마지막 벽수와 서방 백호 7수의 첫 번째 규수의 사이인 규벽을 천문天門이라고 부른다. 또 남방 주조 7수의 마지막 진수와 동방 창룡 7수의 첫 번째 각수의 사이인 각진을 지호地戶라고 한다. 천문은 하늘의 기운인 양기를 뿜어내고, 지호는 땅의 기운인 음기를 펼친다. 춘분점인 규벽에

98 "壁宿", 『百度百科』, 〈https://baike.baidu.com/〉

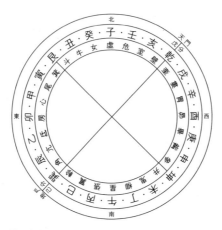

천문과 지호

서 봄이 시작되고, 추분점인 각진에서 가을이 시작되는 것이다. 음양이
갈라지고 계절이 나뉘는 지점이 규벽과 각진인 것이다.[99]

중국 천문도에 없는 우리 고유의 별

벽수의 부속별 토공土公은 천시원의 종대부宗大夫와 함께 중국 천문도
에 없는 우리 고유의 별자리다. 천문류초에는 그려지지 않았지만 천상
열차분야지도에 각석돼 있다.[100] 부속별 중 부질은 꼴을 자르는 작두 이외
에 죄수를 참형에 처하는 도끼라는 뜻을 갖는다. 옛날에는 천하의 대역
죄인이라 하더라도 만물이 자라는 봄과 여름에는 사형에 처하지 않았다.
사형수를 죽이는 것은 죽음의 기운인 숙살지기肅殺之氣가 천하를 덮는
가을과 겨울에 이뤄졌다.

---

99 韓東錫, 『宇宙 變化의 원리』(개정판), 대원출판, 단기 4344, 135~139쪽
100 박창범, 『하늘에 새긴 우리역사』, 김영사, 2002, 229쪽; 양홍진, 『디지털 천상열차분
　　야지도』, 경북대학교출판부, 2014, 97쪽; 이순지 편찬, 김수길·윤상철 공역, 『天文類
　　抄』(전정판), 대유학당, 2013, 156쪽

六장
서방 백호 7수 西方白虎七宿
가을철 별자리

천문류초를 기준으로 7개 수거성에 47개 별, 49개 부속 별자리에 251개의 별이 포진한다. 주천도수로는 80도의 영역을 관할한다. 서양 황도 12궁으로는 양자리白羊宮, 황소자리金牛宮, 쌍둥이자리陰陽宮의 세 별자리 영역과 겹친다. 12진辰으로는 서쪽 방위인 술戌 · 유酉 · 신申에 해당한다. 세성이 운행하는 12차次로는 강루降婁, 대량大梁, 실침實沈을 차례로 지난다.[101]

서방 백호 7수의 형상에 대해서는 일반적으로 한 마리의 호랑이로 설명된다. 이와 달리 호랑이와 새끼 호랑이, 기린이 복합된 형상으로 그리기도 한다. 한 마리 호랑이의 형상일 때 규수는 꼬리, 루 · 위 · 묘 · 필의 4수는 몸체, 자수는 머리, 삼수는 앞발로 묘사된다. 천문류초는 규수가 백호, 루수 · 위수 · 묘수는 백호의 세 마리 새끼, 자수와 삼수는 기린으로 설명한다. 자수는 기린의 머리고 삼수는 기린의 몸이다.[102] 절기로

---

101 이순지 편찬, 김수길 · 윤상철 공역, 『天文類抄』(전정판), 대유학당, 2013, 211쪽
102 韓國科學史學會 編, 『諸家曆象集 · 天文類抄』, 誠信女子大學校 出版部, 1984, 385쪽

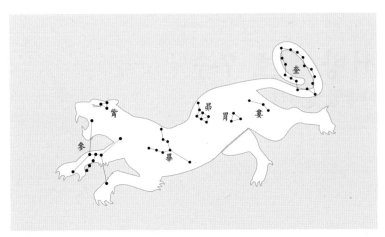

서방 백호 7수

는 9월 초순 백로부터 추분, 한로, 상강, 입동을 지나 11월 하순 소설까지 가을 밤하늘에서 볼 수 있는 별자리다. 서방 백호는 생장수장生長收藏의 4계절 순환에서 가을을 상징하는 신물神物이다. 가을은 양기가 물러나고 음기가 자라나는 시기다. 오행으로 금金과 흰색白을 상징한다.

사령신 四靈神과 방위의 이동

백수百獸의 왕인 백호는 용기와 담력, 정의와 위엄, 전쟁의 신戰神을 상징한다. 무인武人의 복장이나 병장기에 호랑이의 문양이 새겨지는 것은 이 때문이다. 민간에서는 양기가 강해 귀신을 쫓는 벽사辟邪의 동물로 여긴다. 대문의 문고리를 호랑이 머리 모양으로 만들거나 베개나 벼루 등 일상용품을 호랑이 형태로 만드는 것도 벽사를 위해서다.[103] 백호가 서방의 영물로 완전히 정착된 것은 한漢나라 이후로 분석한다. 동양

---

103 응소, 이민숙·김명신·정민경·이연희 옮김, 『풍속통의』 하, 소명출판, 2015, 권8 사전(祀典), 43~44쪽; "西方白虎", 『互動百科』, 〈http://wiki.baike.com/〉

별자리 체계의 바탕을 마련한 사기史記 천관서天官書는 동궁창룡東宮蒼龍 · 남궁주조南宮朱鳥 · 서궁함지西宮咸池 · 북궁현무北宮玄武의 순으로 사령신을 설명하고 있다.[104] 함지는 서쪽으로 해가 질 때 들어가는 큰 연못을 말한다. 한나라 초기 회남자淮南子 천문훈天文訓은 해는 양곡暘谷에서 뜨고 함지에서 목욕한다고 설명했다.[105] 사령신四靈神 가운데 창룡 · 주조 · 현무는 동물이지만 함지는 무생물이다. 사기나 회남자의 기록을 감안하면 한나라 초까지도 서방의 영물은 확정되지 못한 것으로 추정된다.

고대에는 사령신의 방위 체계가 지금과 달랐다고 한다. 부족 간의 전쟁에서 승리한 부족이 새로 이동하거나 장악한 지역에서 기존 토템을 몰아내고 그들이 숭배하는 토템의 동물로 바꾸는 과정이 여러 차례 진행되면서 방위를 상징하는 토템도 바뀌게 됐다는 것이다.[106] 학자들에 따르면 당초 동쪽은 봉鳳이고, 서북쪽은 용龍이었으며, 남쪽은 호랑이虎였다. 이후 서북쪽에서 용의 토템을 갖고 있던 황제黃帝족이 동쪽으로 세력을 넓히면서 용이 동쪽의 상징물이 되고, 반대로 주작 또는 봉은 서쪽의 영물이 됐다. 백호는 이彝족, 백白족, 포의布依족, 토가土家족 등 중국 남쪽 광범위한 지역의 소수 민족들이 그들의 조상으로 섬기던 토템이었다. 황제족이 염제족에 이겨 중원과 남방을 장악하면서 서쪽에 있던 주작은 남쪽으로 옮겨갔다. 동시에 남쪽의 백호는 서쪽으로 이동하게 됐다. 춘추 전국 시대를 거쳐 오행 사상이 확립되면서 사령신 체제가 현재의 방위로 고정되기 시작했다고 한다. 결국 사령신은 당초의 방위에서

서방백호 7수 西方白虎七宿

---

104 사마천, 신동준 옮김, 『사기 서』, 위즈덤하우스, 2015, 124~132쪽

105 劉安 編著, 劉安 編著, 安吉煥 編譯, 『淮南子』 上, 明文堂, 2013, 144~145쪽

106 "上古四大靈獸 西方七宿之白虎的起源", 『百度百科』, 〈http://baijiahao.baidu.com〉

시계 방향으로 한 바퀴 회전한 것과 같은 결과가 되었다는 것이다.

동방 창룡과 북방 현무, 서방 백호와 남방 주조 등 사령신의 머리와 꼬리의 위치는 각기 다르다. 일반적으로 동방 창룡과 서방 백호의 머리는 남쪽을 향하고 있다. 창룡의 머리는 남방 주조의 꼬리 방향이고, 백호의 머리는 주조의 머리를 마주 본다. 북방 현무는 머리를 백호의 엉덩이 방향에 두며, 꼬리는 창룡과 맞대고 있다. 파충류가 구멍을 찾아들 듯 창룡과 현무의 머리가 각각 주조와 백호의 꼬리를 향하는 형상이다. 사령신의 머리와 꼬리의 위치는 성인남면聖人南面의 뜻으로 풀이할 수 있다. 하늘의 임금은 불변과 근원의 자리인 북쪽에 위치하며, 제후와 백성은 남쪽에 자리한다. 동방 창룡과 서방 백호가 남쪽으로 머리를 두는 것은 하늘 임금을 호위하며 출입자들을 감시하기 위해서다. 고분에 그려진 사령신의 모습도 마찬가지다.[107]

제2부 하늘을 거닐며 노래하다

107 중국 고분에서는 백호의 머리를 남쪽으로 그려야 한다는 관념을 따르지 않고 남북으로 자유롭게 그린 경우가 많다. 고구려 고분은 일반적으로 창룡과 백호의 머리를 남쪽으로 그렸으나, 평양의 진파리 1호 고분은 예외적으로 북쪽을 향하고 있다. 또 일본의 기토라 고분도 백호의 머리가 북쪽으로 그려져 있다. 이에 대해 부왕(父王)이나 형의 고분이 보다 북쪽에 있어 이들을 지키기 위해 백호의 머리를 의도적으로 북쪽 방향으로 그린 것으로 해석하기도 한다. 나일성, 『한국의 우주관』, 연세대학교 대학출판문화원, 2016, 81~83쪽, 112쪽과 125~127쪽

문성文星

규수奎宿

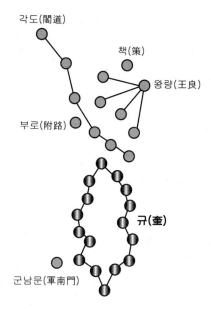

각도(閣道)

책(策)

왕량(王良)

부로(附路)

규(奎)

군남문(軍南門)

외병(外屛)

천혼(天溷)

사공(司空)

서양 별자리	안드로메다자리
관측 시기	백로(9월 8일경)
주천도수	16도(평균 13도보다 큼)
12지	술(戌)
분야(分野)	강루(降婁)
중국 지역	서주(徐州), 노(魯)나라
한국 지역	충남 북서부

서방백호 7수 西方白虎七宿

규수의 보천가

잘록한 허리 뾰족한 머리는 해진 신발 같은데	腰細頭尖似破鞋
열여섯 홍색 별이 신발처럼 둘렸지	一十六紅遶鞋生
외병은 까마귀별 일곱이 규수 아래 가로누웠고	外屛七烏奎下橫
외병 아래 까마귀별 일곱 천혼이 빛나네	屛下七烏天溷明
왼쪽 두둑의 사공은 흙의 정기일세	司空左畔土之精
규수 위 검은 별 하나는 군남문이고	奎上一黑軍南門
은하수 속 붉은 별 여섯은 각도 모양이라	河中六赤閣道形
부로의 붉은 별 하나는 각도 곁에 환하지	附路一赤道傍明
꽃을 토한 듯한 홍색 별 다섯은 왕량 별이고	五紅吐花王良星
왕량 가까운 위 책 하나가 밝네	王良近上一策明

각 별의 역할과 의미

- 홍색 별 열여섯一十六紅은 규수로 하늘의 무기고다. 하늘 돼지 천시天豕라고도 한다
- 가을걷이가 끝나고 겨울이 시작될 때 임금은 민심을 살피거나 겨울 별궁에 갈 때 각도閣道를 이용한다
- 각도에 문제가 생겼을 때는 비상 도로인 부로附路로 간다
- 임금은 외부 행차 때 네 필의 말이 끄는 수레인 천사天駟를 탄다
- 마부인 왕량王良[108]이 말채찍 책策을 들고 천사를 몬다
- 임금을 호위하는 병영 정문인 군남문軍南門에서는 출입자를 엄격히 통제한다
- 군남문 아래 하늘 화장실인 천혼天溷이 있고, 중간에 병풍인 외병外屛

---

108 왕량은 춘추 시대 진(晉)나라의 대부 조간자(趙簡子) 밑에서 말을 몰던 사람이다. 주(周)나라의 조보(造父)와 함께 전설적인 말의 명인으로 꼽힌다.

을 쳐서 천혼을 가린다

- 토사공土司空은 토목 공사와 물 관리를 맡는다

별자리 이름		개수	서양 별자리	의미
수(宿)	규(奎)	16		하늘의 무기고, 하늘 돼지
부속 별자리 (8개)	외병(外屏)	7	물고기자리	하늘 화장실을 가리는 병풍
	천혼(天溷)	7		하늘의 화장실
	사공(司空)	1	고래자리	토목 공사와 물 관리
	군남문(軍南門)	1	삼각형자리	임금을 호위하는 군대 정문. 출입 통제
	각도(閣道)	6		임금이 민심을 살피거나 겨울 별궁으로 갈 때 이용하는 고가 도로
	부로(附路)	1		각도에 문제가 있을 때 사용하는 비상 도로
	왕량(王良)	5	카시오페이아자리, 물고기자리	임금의 어가를 모는 말의 명인
	책(策)	1	카시오페이아자리	왕량이 든 말채찍

학문의 별

천문류초를 보면 별자리의 이름과 함께 문성文星, 무성武星, 민성民星이
라는 명칭을 같이 써놓은 것을 발견하게 된다. 일부 별자리에 국한된 이
같은 표기법은 해당 별의 특성이 두드러진 경우에 쓰인다. 규수奎宿는
대표적인 문성文星이다. 나라의 학문과 문화를 가늠하려 할 때 점치는
별자리다. 중국 송宋나라는 학문이 고도로 발달된 왕조라는 평가를 받
았다. 송나라가 개국할 때 규수의 주위로 오행성五星이 한꺼번에 모이
는 상서로운 천문 현상이 나타나 나라의 문운文運이 융성해졌다는 것이
다.[109] 실제 소옹邵雍·주돈이周敦頤·장재張載·정호程顥·정이程頤 등 북
송 5자北宋五子로 불리는 대학자들이 비슷한 시기에 한꺼번에 나와 신
유학을 개창했다. 이들 학자들은 규수의 기운을 받은 오행성의 현신現身

---

109 송(宋) 태조(太祖) 조광윤(趙匡胤)의 건덕(乾德) 5년 967년에 오성취규(五星聚奎) 현상
이 나타났다. "五星聚奎(北宋五子的美譽)", 『百度百科』, 〈https://baike.baidu.com/〉

이라고 한다. 조선의 정조 임금도 인재의 출현과 문예 부흥을 기원해 문성文星인 규수의 이름을 따서 창덕궁에 규장각奎章閣을 세웠다. 규장각은 설립 당시에는 역대 임금의 글이나 책을 보관하는 왕실 도서관이었다. 젊은 인재들이 규장각에 모여 학문을 논하면서 나중에는 정조의 개혁 정책을 추진하는 디딤돌이 되었다.

규수와 벽수는 양기가 열리는 천문天門이면서, 둘 다 문성文星이다. 다 같은 하늘의 도서관이다. 하지만 의미는 사뭇 다르다. 규수는 유가의 경서經書나 사서史書, 문인의 문집文集 등 다소 공식적인 의미의 서적을 보관하는 도서관이다. 벽수는 천하도서의 비부秘府라고 천문류초는 설명했다. 별이 밝으면 도서가 모이고 도술道術이 행해진다고 썼다. 별 이름

제2부 하늘을 거닐며 노래하다

별자리의 특성별 분류			
특성 소속 별자리	문성(文星)	무성(武星)	민성(民星)
동방 창룡 7수		초요(招搖-저) 기관(騎官-저)	천전(天田-각) 천유(天乳-저) 방(房-방) 천강(天江-미)
북방 현무 7수	직녀(織女-우) 벽(壁-벽)	좌기(左旗-우) 우기(右旗-우) 누벽진(壘壁陣-실) 우림(羽林-실) 천구(天廐-벽)	천계(天鷄-두) 천약(天鑰-두) 농장인(農丈人-두) 우(牛-우) 천전(天田-우) 나언(羅堰-우) 인성(人星-위) 저(杵-위) 구(臼-위) 천전(天錢-위)
서방 백호 7수	규(奎-규)	왕량(王良-규) 천장군(天將軍-루) 삼기(參旗-필) 구유(九斿-필)	천선(天船-위)
남방 주조 7수		호(弧-정)	수부(水府-정) 사독(四瀆-정) 노인(老人-정) 천사(天社-귀) 직(稷-성) 천묘(天廟-장)
태미원		낭장(郎將) 호분(虎賁)	
자미원	주하사(柱下史) 육갑(六甲) 화개(華蓋)	천봉(天棓) 천창(天槍)	
천시원			천시원(天市垣) 두(斗)

출처: 천문류초

자체가 벽璧 속에 비밀스럽게 책을 감춘다는 뜻을 담고 있다. 벽수는 유가 경전 같은 책보다 천지 음양의 도와 심신 수련을 다루는 도가道家와 음양가陰陽家 등의 책을 보관한 비밀 도서관을 가리킨다.

아방궁으로 가는 진시황의 각도 閣道

규수는 16개의 별이 울타리를 둘러친 모양이다. 보천가에서는 해진 신발로 묘사했지만 언뜻 봐도 무엇인가를 담을 수 있는 공간처럼 생겼다. 하늘의 도서관으로 불리는 것도 책을 담는 공간으로 생각했기 때문이다. 서방은 금金과 백白의 방위에 해당한다. 금 기운과 흰색은 쇠로 된 병장기의 살기殺氣와 통한다. 천문류초는 서방 백호 7수의 첫 번째 별자리인 규수에 대해 하늘의 무고武庫라고 했다. 규수는 문文과 무武를 모두 담는 공간이다. 규수의 모양을 두고 옛 사람들은 많은 것을 연상했다. 하늘에 있는 돼지와 비슷하다고 생각해 천시天豕라고도 불렀다. 또 양 갈래로 늘어선 별 모양을 두고 넓적다리 사이 또는 사타구니 사이라고 보기도 했다. 설문해자說文解字는 규奎를 넓적다리 사이인 양비지간兩髀之間이라고 했고, 광아廣雅는 규奎를 사타구니 과胯라고 글자 풀이를 했다.[110]

규수의 바로 위에 남북으로 길게 이어진 각도는 은하수를 건너는 고가 도로다. 자미원의 하늘 임금이 겨울 별궁에 가거나 민정 시찰을 할 때 하늘의 강을 건널 수 있도록 전용 도로를 건설한 것이다. 진시황秦始皇은 각도를 본따 도성인 함양咸陽에서 아방궁阿房宮에 갈 때 은하수격인 위수渭水를 가로지르는 고가 도로를 만들었다. 진시황의 각도는 강물 위로 말 네 필이 끄는 마차가 내달릴 수 있는 대형 도로였다고 한다.

---

110 "奎宿", 『百度百科』, 〈https://baike.baidu.com/〉 ; 段玉裁, 『說文解字注』, 臺北, 黎明文化事業股 有限公司, 中華民國73年·1984, 497쪽

추수감사제와 희생 犧牲

루수 婁宿

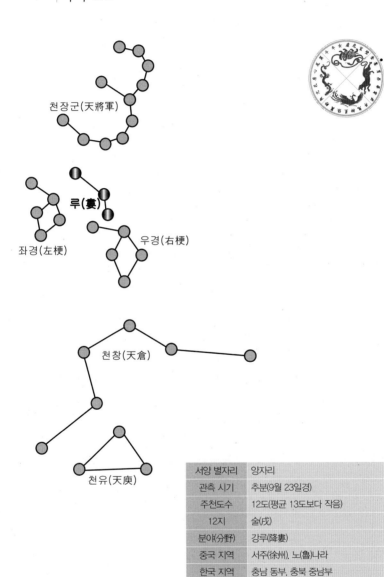

천장군(天將軍)

루(婁)

좌경(左梗)   우경(右梗)

천창(天倉)

천유(天庾)

제二부 하늘을 거닐며 노래하다

서양 별자리	양자리
관측 시기	추분(9월 23일경)
주천도수	12도(평균 13도보다 작음)
12지	술(戌)
분야(分野)	강루(降婁)
중국 지역	서주(徐州), 노(魯)나라
한국 지역	충남 동부, 충북 중남부

루수의 보천가

홍색 별 셋은 서로 가깝기도 멀기도 하지	三紅不均近一頭
좌경 우경의 까마귀별들은 루수를 끼고 있고	左梗右梗烏夾婁
천창의 붉은 별 여섯은 루수 아래라네	天倉六赤婁下頭
천유의 까마귀별 셋은 천창 동쪽 다리 쪽일세	天庾三烏倉東脚
루수 위 열한 개 별은 천장군이지	婁上十一將軍侯

각 별의 역할과 의미

- 홍색 별 셋三紅인 루수는 하늘의 감옥天獄으로 불린다. 희생으로 쓸 짐승을 길러 나라의 제사인 교사郊祀에 공급한다. 또 병사를 기르고 무리를 모은다
- 좌경左梗은 수렵과 어로를 감독하는 산림지기이고
- 우경右梗은 소나 말을 기르는 목장지기다
- 천창天倉은 곡식을 보관하는 네모난 창고이고
- 천유天庾는 곳간에 보관하기 전 들에 쌓아둔 낟가리다
- 천장군天將軍은 군사 훈련과 병력 출동을 맡는다

별자리 이름		개수	서양 별자리	의미
수(宿)	루(婁)	3	양자리	천옥(天獄). 희생을 길러 교사(郊祀)에 공급. 무리를 모음
부속 별자리 (5개)	좌경(左梗)	5		산림지기
	우경(右梗)	5		목장지기
	천창(天倉)	6	고래자리	네모난 곡식 창고
	천유(天庾)	3		노적가리
	천장군 (天將軍)	11	안드로메다자리	군사 훈련과 병력 출동

황도와 백도의 교점 交點

루수婁宿는 서양 별자리로 황도 12궁의 제1궁인 양자리에 속한다. 양자리는 기원전 100년 전까지 춘분점이 있던 별자리다. 그런 만큼 동양과 서양 천문 모두의 주목을 받아왔다. 세차 운동으로 현재 춘분점은 물고기자리에 있다. 특히 루수는 동양 천문에서 중시되었다. 해가 다니는 길인 황도黃道와 달의 길인 백도白道가 만나는 교점交點 부근에 루수가 있기 때문이다. 황도와 백도의 교점은 일식과 월식을 예측하는 데 중요한 역할을 한다. 동양의 천문 관리들이 일식과 월식을 정확하게 예측할 수 있느냐의 여부는 목숨과 직결되는 일이었다.

가을걷이

가을은 결실과 수확의 계절이다. 수확은 펼쳐진 것을 모으는 것이다. 루수의 루婁를 설문說文은 끌어모으는 것예취 · 曳聚이라고 풀이했다. 사기史記 천관서天官書는 '루는 사람을 끌어모으는 것婁爲聚衆'이라고 했다.[111] 가을의 숙살지기肅殺之氣가 천지에 감돌면 끌어모아 오므리는 작업에 들어가야 한다. 루수는 보관을 뜻하는 별자리들로 구성된다. 가을의 별자리인 서방 백호 7수는 창고가 많은 것이 특징이다. 루수의 천창天倉은 추수로 거둔 곡식을 보관하는 네모 모양의 창고다. 천유天庾는 곡식을 창고로 옮기기 전 들판에 쌓아둔 노적가리다.

가을에 풍작을 거두면 신령들께 감사제를 지내야 한다. 추수한 곡식과 함께 귀중한 가축을 잡아 제사를 지낸다. 국가적으로 행해진 이런 제의를 교사郊祀라고 한다. 교사에 쓰이는 가축은 희생犧牲이다. 소가 대

---

111 "婁宿", 『百度百科』, 〈https://baike.baidu.com/〉

표적인 희생 제물이었다. 춘추공양전春秋公羊傳은 '말을 잡아매는 것은 유維라 하고, 소를 잡아매는 것은 루䍐라 한다'고 설명했다. 소를 맨다는 뜻의 루와 별자리 이름 루가 같다. 천문류초는 루수를 하늘 감옥인 천옥天獄이라고 썼다. 천옥은 제물이 될 희생을 길러서 교사나 제사 때 공급하는 일을 맡는다고 밝혔다. 부속별인 좌경左梗은 야생 동물과 물고기를 지키는 산림지기고, 우경은 소와 말 등을 기르는 목장지기다. 루수는 곡식만 모으는 것이 아니라 사람도 모은다. 병사와 무리를 끌어모아 병란에 대비한다. 하늘나라의 대장군인 천장군天將軍은 평시에 군사를 기르고, 유사시에는 병력을 출동시키는 일을 한다. 천장군은 서양 안드로메다자리 감마γ별 알마크Almach로 2등성의 밝은 별이다. 안드로메다 공주의 발에 해당한다.

하늘의 식량 창고

위수 胃宿

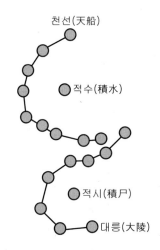

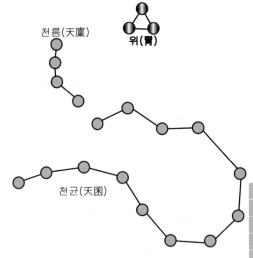

천선(天船)

적수(積水)

적시(積尸)

대릉(大陵)

천름(天廩)

위(胃)

천균(天囷)

서양 별자리	양자리
관측 시기	한로(10월 8일경)
주천도수	14도(평균 13도보다 큼)
12지	유(酉)
분야(分野)	대량(大梁)
중국 지역	기주(冀州), 조(趙)나라
한국 지역	평남 동부

위수의 보천가

솥다리 같은 홍색 별 셋이 은하수 아래 있네	三紅鼎足河之次
천름은 위수 아래 비낀 네 별이고	天廩胃下斜四星
천균 열세 별은 새 을자 모양이지	天囷十三如乙形
은하 가운데 붉은 별 여덟은 대릉이고	河中八赤名大陵
대릉 북쪽 붉은 별 아홉은 천선일세	陵北九赤天船名
대릉 가운데 적시는 하나의 검은 별이고	陵中積尸一黑星
적수는 천선 가운데 하나의 검은 별 정기라	積水船中一黑精

각 별의 역할과 의미

- 홍색 별 셋三紅으로 된 위수는 하늘의 오곡 창고다
- 천름天廩은 둥근 모양의 제사용 곡식 창고이고
- 천균天囷은 둥근 모양의 임금 진상용 곡식 창고다
- 천선天船은 은하수를 건너는 배로 물길水路을 다스린다. 천장군天將軍의 병선兵船이기도 하다
- 적수積水는 물과 관련된 재앙水災을 살핀다
- 대릉大陵은 능과 묘를 책임지고
- 적시積尸는 일반 백성의 죽음을 맡는다

별자리 이름		개수	서양 별자리	의미
수(宿)	위(胃)	3	양자리	하늘의 오곡 창고
부속 별자리 (6개)	천름(天廩)	4	황소자리	제사에 쓰는 곡식 창고
	천균(天囷)	13	고래자리, 물고기자리	임금에게 바치는 곡식 창고
	대릉(大陵)	8		능묘(陵墓) 주관
	천선(天船)	9		수로(水路)를 다스림. 홍수와 가뭄 주관
	적시(積尸)	1		백성의 죽음 주관
	적수(積水)	1		수재(水災) 예측

천하의 곡창 지대

위수胃宿는 동물의 위胃와 같은 역할을 한다. 위는 음식을 저장하고 소화하는 기관이다. 사기史記 천관서天官書는 '위는 하늘의 창고胃爲天倉'라고 설명했다. 천문류초는 '별이 밝으면 천하가 편안하고 곳간이 가득 차며, 별이 어두우면 창고가 텅 빈다'고 썼다. '굶주리면 배가 쪼그라들 듯이, 별이 모여서 쪼그라들면 곡식이 귀해진다聚則穀貴'는 풀이도 덧붙였다.[112]

위수는 중국의 기주冀州 땅이다. 서경書經 우공禹貢편에는 기주는 황제의 도읍지帝都之地며 황하黃河의 안쪽河內이라고 기록하고 있다. 서울을 포함한 경기도 일대의 땅이 기주다. 기주는 구릉이 거의 없는 평탄한 곡창 지대다. 산물이 풍부해 춘추 전국 시대 진晉나라와 조趙나라 등 강국이 일어선 땅이다.[113] 오늘날 중국의 산서성山西省과 하북성河北省 일대가 기주다. 위수가 밝으면 곡창 지대에 양곡이 흘러넘쳐 조나라가 강성해지고, 별이 어두우면 조나라가 약해졌다고 한다. 부속별인 천름은 기장수수을 저장하고 제사를 지내는 곡식 창고다. 천균은 임금에게 바치는 경기미를 보관하는 1급 양식 창고. 열세 개의 별이 구불구불 늘어진 형태는 양곡이 풍부함을 묘사한 것이다.

대릉大陵과 적시積尸는 한 해의 풍흉을 판단하는 별자리다. 대릉은 종묘, 적시는 백성의 무덤을 의미한다. 두 별 모두 상서롭지 못한 만큼 평소에 어두워야 좋다. 만약 밝아지거나 커지면 천하에 흉년이 들어 죽는 사람이 많이 생긴다. 천문류초는 특히 적시가 밝으면 죽는 사람이 산처

제
二
부
하
늘
을
거
닐
며
노
래
하
다

---

112 韓國科學史學會 編, 『諸家曆象集 · 天文類抄』, 誠信女子大學校 出版部, 1984, 426쪽
113 "中國古天文星象西方白虎之胃宿", 『個人圖書館』, 〈http://www.360doc.com/content/〉

럼 쌓인다明則死人如山고 했다. 대릉에서 가장 밝은 5번째 별은 서양 페르세우스자리 베타 β별 알골Algol이다. 악마라는 뜻의 알골은 페르세우스가 손에 든 마녀 메두사의 잘린 머리다.

풍년이 들면 경기미를 임금께 바쳐야 한다. 천선天船은 은하수에 있는 별이다. 곡창 지대에서 생산된 품질 좋은 양곡을 천선을 타고 은하수를 건너 자미원의 천제天帝에게 바치는 것이다. 천선과 천선 안에 있는 적수積水는 물길水路을 다스리고, 홍수와 가뭄을 주관한다. 천선은 루수의 부속별인 천장군天將軍이 타는 병선兵船이기도 하다. 군함을 타고 은하수를 방어하고, 병란이 일어나면 군사를 거느리고 강물을 건너는 용도로 쓴다는 것이다. 천선에서 가장 밝은 세 번째 별은 페르세우스자리 알파 α별 알게니브Algenib다. 알게니브는 미르파크Mirfak로도 불린다.

하늘의 음모와 유언비어

묘수昴宿

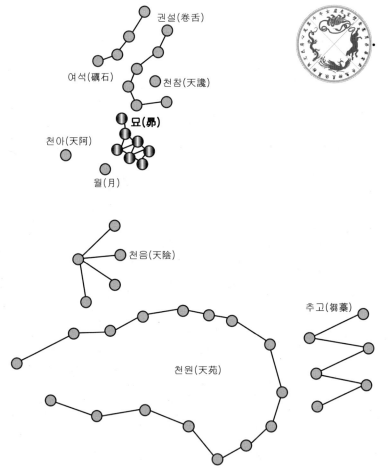

권설(卷舌)

여석(礪石)

천참(天讒)

묘(昴)

천아(天阿)

월(月)

천음(天陰)

추고(芻藁)

천원(天苑)

서양 별자리	플레이아데스 성단
관측 시기	한로(10월 8일경)
주천도수	11도(평균 13도보다 작음)
12지	유(酉)
분야(分野)	대량(大梁)
중국 지역	기주(冀州), 조(趙)나라
한국 지역	평북 북서부

묘수의 보천가

홍색 별 일곱이 하나처럼 모였지만 실상은 적지 않지	七紅一聚實不少
천아는 묘수 서쪽에 월은 동쪽에 하나씩 있고	阿西月東各一星
월 아래 노란 별 다섯인 천음은 밝다네	月下五黃天陰明
천음 아래 까마귀별 여섯은 추고 키우는 밭이고	陰下六烏蒭蔂營
추고밭 남쪽 열여섯 별은 천원 모양일세	營南十六天苑形
은하수 속 홍색 별 여섯은 권설이라 이름하며	河裏六紅名卷舌
권설 가운데 검은 별 하나는 천참 별이라	舌中一黑天讒星
여석은 권설 곁의 비낀 고무래 정자 같은 네 별이지	礪石舌傍斜四丁

각 별의 역할과 의미

– 홍색 별 일곱七紅으로 된 묘수는 하늘의 눈과 귀天之耳目다. 서쪽 방
  위西方, 옥사獄事, 상사喪事를 주관한다. 갈기 머리의 오랑캐별胡星이
  다. 입과 혀로 상주하는 일을 맡는다

– 별이 구부러진 권설卷舌은 기밀과 지모智謀, 참소하고 아부하는 입과
  말을 주관한다

– 권설 속의 천참天讒은 의사와 무당을 책임진다. 별이 밝으면 임금이
  아부하는 말을 믿는다

– 천음天陰은 임금을 따라서 사냥하는 신하가 음모를 꾸미는 것을 예방

한다. 별이 어두우면 기밀이 누설된다

- 천아天阿는 여인의 재복災福을 맡는다. 오성·객성·혜성이 침범하면 요사스러운 말이 길마다 가득 찬다
- 월月도 여인의 재복災福과 신하 무리를 맡는다. 혜성 객성이 침범하면 큰 신하가 쫓겨나고 황후에게 우환이 생긴다
- 여석礪石은 병장기의 끝이나 날을 가는 숫돌이다. 별이 밝으면 병란이 일어난다
- 추고蒭藁는 말과 소에게 먹이는 꼴이다
- 천원天苑은 임금의 동산으로 새와 짐승을 기르는 곳이다

별자리 이름		개수	서양 별자리	의미
수(宿)	묘(昴)	7		백호의 몸. 하늘의 눈과 귀. 입과 혀로 임금에게 상주
부속 별자리 (8개)	천아(天阿)	1		여인의 재앙과 복을 주관
	월(月)	1		여인의 재앙과 복을 주관
	천음(天陰)	5		사냥하는 신하의 음모 예방
	추고(蒭藁)	6		소나 말에게 먹이는 건초
	천원(天苑)	16	에리다누스자리	천자의 동산이자 목장
	권설(卷舌)	6	페르세우스자리	기밀과 모략. 참소와 아부 주관
	천참(天讒)	1		의사와 무당 주관
	여석(礪石)	4		병장기를 가는 숫돌

사중중성 四仲中星의 별 묘성

일중성조 이은중춘	日中星鳥 以殷仲春
일영성화 이정중하	日永星火 以正仲夏
소중성허 이은중추	宵中星虛 以殷仲秋
일단성묘 이정중동	日短星昴 以正仲冬

서경書經 요전堯典에 나오는 2분二分·춘분과 추분 2지二至·하지와 동지를 정하는 방법이다.[114] 이 글은 동양 천문에서 고유 명사나 관용구로 쓰일 정도로 중요한 만큼 용어 그대로의 뜻을 풀이한다.[115] 중춘仲春—중하仲夏 —중추仲秋—중동仲冬은 각각 춘분— 하지—추분— 동지다. 이를 사중四仲 이라고 한다. 일중日中은 낮과 밤의 길이가 같고, 일영日永은 낮이 길고 밤이 짧다는 뜻이다. 소중宵中은 밤과 낮의 길이가 같다는 의미다. 소宵 는 밤야·夜이다. 일단日短은 해가 짧고 밤이 길다는 말이다. 은殷은 정正 과 같은 뜻이다.

성조星鳥는 남방 주조朱鳥 7수의 가운데 별인 성성星星이다. 성화星火 는 동방 창룡 7수의 가운데 별인 방성房星이다. 대화성大火星이 있는 심 성心星까지 성화에 포함시키기도 한다. 성허星虛는 북방 현무 7수의 가 운데 별인 허성虛星이다. 성묘星昴는 서방 백호 7수의 가운데 별인 묘 성昴星이다. 중성中星은 해가 진 뒤 초혼初昏에 남쪽 하늘의 한복판인 정 중正中에 보이는 별이라는 뜻이다. 하루를 100각刻으로 나눴을 때 초혼 은 해가 지고 2각 반의 시간을 가리키므로 일몰 후 36분이 된다.

네 구절을 풀이하면,

- 낮과 밤이 같아져 성星별이 해 지고 남쪽 하늘 한가운데 뜨면 춘분으 로 정한다
- 해가 길어지고 밤이 짧아지며 방房별이 해 지고 남쪽 하늘 한가운데

---

114 『書經』, 大衆文化社, 1976, 「堯典」, 43~45쪽; 서정기 역주, 『書經』 上, 살림터, 2003, 57~63쪽

115 육사현·이적, 양홍진·신월선·복기대 옮김, 『천문고고통론』, 주류성, 2017, 288~292, 323, 348~349쪽; 장태상, "동양천문학", 『정신과학—천문편』, 공주대학교 정신과학연구소, 2005, 110~124쪽

뜨면 하지로 정한다

- 밤과 낮이 같아져 허虛별이 해 지고 남쪽 하늘 한가운데 뜨면 추분으로 정한다

- 해가 짧아지고 밤이 길어지며 묘昴별이 해 지고 남쪽 하늘 한가운데 뜨면 동지로 정한다

2분2지를 정할 때는 사중중성四仲中星의 별자리와 낮과 밤의 길이를 재는 해시계 규표圭表를 동원해 서로 맞춰본다. 묘수는 동양 천문에서 사계절四時 중 가장 중요한 동지를 정하는 중성中星이라는 가치를 지닌 별이다.

한 해 농사를 점치는 좀생이 보기

묘수는 일곱 개의 별이 다닥다닥 붙어 있어 좀생이별이라고 부른다. 지구에서 맨눈으로 볼 수 있는 서양의 플레이아데스 성단이 묘수다. 플레이아데스는 그리스 신화에 나오는 아틀라스 신의 일곱 딸을 부르는 말이다. 우리 민간에서는 좀생이 보기라는 오랜 세시풍속이 전해진다. 음력 2월 6일경이면 좀생이별인 묘수를 보고 농사일과 한 해의 신수를 점치는 것이다. 묘수는 이때 달과 일정한 거리를 유지하며 운행한다. 달과 묘수의 거리와 모양, 빛깔 등을 보고 풍흉을 판단하는 농사점農事占이 좀생이 보기다.

좀생이 보기에서 달은 모심기할 때 논으로 밥 광주리를 나르는 어머니고, 좀생이별은 밥 달라고 보채는 아이들이라고 한다. 좀생이별이 달보다 한 길 앞서 가면 흉년이고, 같이 가면 평년 수준이며, 달보다 한 길 떨어지면 풍년으로 본다. 아이들이 굶주리면 밥을 조금이라도 더 얻어

먹기 위해 어머니 앞에서 조르는 것이고, 배부르면 느긋하게 따라가도 되기 때문이다. 또 좀생이별이나 달의 색깔이 붉으면 가물고, 밝으면 풍년이며, 검은색이면 장마나 홍수가 진다고 한다. 조선 후기 김매순金邁淳·1776~1840은 한양의 세시풍속을 기록한 열양세시기洌陽歲時記에서 '징험해보니 제법 맞는다'고 좀생이 보기의 적중률을 꽤 높게 보았다.[116]

말로써 흥하고 말로써 망한다

인간 세상은 사람이 많아지면 한정된 권력과 재화를 두고 갈등과 음모, 다툼이 일어난다. 묘수는 하늘도 사람 사는 것과 똑같다는 것을 보여준다. 사람들이 다닥다닥 붙어 있으면 서로 헐뜯고 싸우듯이 좁은 공간에 서로 붙은 좀생이별과 부속별들도 같은 행위를 한다. 사기 천관서는 묘를 '길게 늘어뜨린 머리'인 모두昴曰髦頭라고 했다. 모두髦頭는 북방 이민족의 풍습이어서 오랑캐를 의미하기도 한다. 머리카락은 숱하게 많다는 뜻이기도 하다. 설문說文에서는 묘昴는 류留라고 풀이했다. 머물 류留는 가는 조릿대가 무리지어 나서 한 곳에 모여 있다簇聚는 뜻이다. 씨앗이 많이 모여 있는 것은 석류의 류榴다. 모두 다닥다닥 붙어 있다는 의미를 갖는다.[117]

묘수는 하늘의 눈과 귀天之耳目며, 입과 혀로 상주上奏하는 일을 한다主口舌奏對고 천문류초는 썼다. 별이 밝고 크면 임금에게 아첨하는 신하가 없지만, 어둡고 작으면 아첨하는 신하가 생긴다고 했다. 또 별이 흔들리고 움직이면 임금이 남을 헐뜯는 참언讒言을 믿어 충성스럽고 어진

---

116 任東權, "좀생이 보기", 『한국민족문화대백과사전』 20, 한국정신문화연구원, 1991, 688쪽

117 "昴宿", 『百度百科』, ⟨https://baike.baidu.com/⟩

신하를 죽인다고 덧붙였다. 돌돌 말린 혀라는 뜻의 권설卷舌은 말과 관련되는 별이다. 천문류초는 권설이 기밀과 모략, 입口과 말語, 헐뜯고 아첨하는 말讒佞·讒佞을 주관한다고 설명했다. 권설이 본래 구부러진 모양대로 가만히 있으면 어진 사람이 등용된다. 하지만 똑바로 펴져서 혓바닥이 활발하게 움직이면 간신이 뜻을 얻어 구설로 인한 해로움이 세상을 덮고, 천하에 망언妄言이 퍼지며, 죽는 사람이 산처럼 많아진다고 썼다. 권설 속에 한 점으로 있는 천참天讒은 헐뜯고 아부하는 말의 핵심이다. 천음天陰은 신하의 음모를 예방하는 일을 맡는다. 별이 어두우면 궁중의 비밀스러운 말들이 누설된다.

특히 구설과 관련해서는 여인과 관련된 별도 등장한다. 천아天阿는 여인의 길흉을 맡은 별이다. 오성·객성·혜성 등이 천아를 침범하면 요사스러운 말이 온 동네에 가득 찬다. 월月도 여인의 재앙과 복록을 주관하는 별이다. 혜성이나 객성이 침범하면 황후에게 우환이 생긴다고 한다. 여석礪石은 병장기의 끝이나 날을 가는 숫돌이다. 별이 밝으면 병란이 일어난다고 천문류초는 설명했다. 하지만 여석은 권설, 천참, 천음, 천아, 월보다 위에 있어 헐뜯고 아부하는 말과 유언비어를 퍼뜨리는 자들을 참형에 처한다는 뜻도 있다.

제２부 하늘을 거닐며 노래하다

비의 별

필수 畢宿

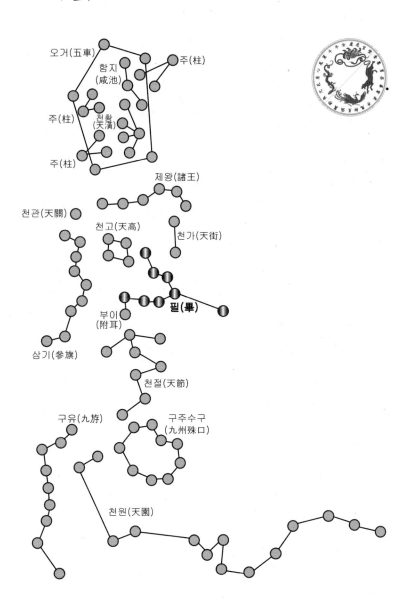

오거(五車)
함지 (咸池)
주(柱)
주(柱)
천황 (天潢)
주(柱)
제왕(諸王)
천관(天關)
천고(天高)
천가(天街)
필(畢)
부이 (附耳)
삼기(參旗)
천절(天節)
구유(九斿)
구주수구 (九州殊口)
천원(天園)

서양 별자리	황소자리
관측 시기	상강(10월 23일경)
주천도수	16도(평균 13도보다 큼)
12지	유(酉)
분야(分野)	대량(大梁)
중국 지역	기주(冀州), 조(趙)나라
한국 지역	평남 북서부

필수의 보천가

오이 끝이 갈라진 듯 홍색 별 여덟이 나왔네　　　　恰似瓜叉八紅出

부이는 필수 가랑이 아래 환한 별 하나일세　　　　附耳畢股一星光

천가 두 별은 필수가 흘겨보는 언저리에 있지　　　天街兩星畢眥傍

천절은 부이 아래 까마귀별 여덟이　　　　　　　天節耳下八烏幢

휘장처럼 늘어졌고

필수 위 가로놓인 검은 별 여섯은 제왕이라　　　　畢上橫黑六諸王

제왕 아래 검정 별 넷은 천고이고　　　　　　　　王下四皂天高星

천절 아래 시커멓게 뭉친 동그라미가　　　　　　　節下黑團九州城

구주수구성이지

필수 입 쪽에서 비스듬히 오거 얼굴을 마주하니　　畢口斜對五車面

오거의 세 주는 가로 세로 멋대로 놓였고　　　　　車有三柱任縱橫

오거 안 다섯 점 천황은 밝은데　　　　　　　　　車中五點天潢明

천황 위 함지는 어두운 별 셋이지　　　　　　　　潢上咸池三黑星

천관의 붉은 별 하나는 오거 다리 곁이고　　　　　天關一赤車脚邊

삼기의 붉은 별 아홉은 삼수와 오거 사이일세　　　參旗九赤參車間

삼기 아래 구유는 똑바로 선 채 이어졌고　　　　　旗下直立九斿連

구유 아래 까마귀별 열셋은 천원이라　　　　　　　斿下十三烏天園

구유와 천원은 삼수 다리 부근이지　　　　　　　　九斿天園參脚邊

각 별의 역할과 의미

- 홍색 별 여덟八紅인 필수는 국경 수비와 관련되는 별이다. 필성은 변방에 주둔하고 있는 병사의 훈련과 수렵을 맡는다

- 오거五車는 임금의 군대와 병사 주둔지柱, 전차 부대인 병거兵車가 모여 있는 곳이다

- 천가天街는 관문과 교량을 맡는다. 천가의 남쪽은 중국이고, 북쪽은 이민족의 땅이다

- 천황天潢과 함지咸池는 하천과 교량 등 수로를 지킨다

- 천고天高는 이민족의 동향을 살피고 기상 관측을 한다

- 천관天關은 성의 관문을 여닫는 일을 하며 변방의 요새를 관장한다. 은하수 위에 있는 이들 별은 임금이 사는 자미원과 필수를 잇는 전략적 요충지에 해당한다

- 부이附耳는 임금이 펼친 정치에 대한 세간의 여론을 듣고 신하들의 동정을 살핀다

- 임금의 조카와 손자인 제왕諸王은 왕실의 안위에 중요한 제후를 관리한다

- 천절天節은 사신의 증표로 임금의 위엄과 덕을 이민족에게 널리 알린다

- 구주수구九州殊口는 각 지방과 이민족의 풍속을 파악하고 통역하는 일을 맡는다

- 삼기參旗는 장군의 지휘 깃발이다. 천기天旗 또는 천궁天弓이라고 하며, 활과 석노石弩를 운용한다

- 구유九斿는 천자의 깃발이다. 천하 모든 군부대를 지휘한다

- 천원天園은 변방의 병사들이 식량 자급을 하기 위한 경작지다

별자리 이름		개수	서양 별자리	의미
수(宿)	필(畢)	8	황소자리	백호의 몸. 변방 병사의 훈련과 사냥 주관. 우사(雨師)
부속 별자리 (14개)	부이(附耳)	1		임금을 위한 여론과 정보 수집
	천가(天街)	2		하늘의 관문과 교량 담당
	천절(天節)	8		사신의 신표(信標)
	제왕(諸王)	6		임금의 조카 손자. 제후 동정 담당
	천고(天高)	4		경계 임무와 기상 관측
	구주수구 (九州殊口)	9		통역 담당관
	오거(五車)	5	마차부자리, 황소자리	임금의 다섯 부대
	주(柱)	9(3×3)	마차부자리	병사의 주둔지
	천황(天潢)	5		하천과 교량 담당
	함지(咸池)	3		수로 담당
	천관(天關)	1		변방 요새와 관문의 개폐 담당
	삼기(參旗)	9	오리온자리	화살과 석궁을 운용하는 장군의 깃발
	구유(九斿)	9		임금의 깃발. 군의 모든 깃발 관장
	천원(天園)	14[118]	에리다누스자리	변방 병사의 경작지

필성에 달이 걸리면 – 우사 雨師

공자孔子가 어느 날 나들이를 앞두고 제자들에게 우비雨具를 챙기라고 일렀다. 과연 그날 비가 내렸다. 제자들이 "어떻게 비가 올지 아셨습니까"라고 물었다. 공자는 "시경詩經에 이런 구절이 있지 않느냐. '달이 필성에 걸렸으니 비가 주룩주룩 내리겠네.'[119] 어젯밤 달이 필성에서 묵었느니라"라고 대답했다.[120] 필성에 달이 걸리면 비가 온다는 것은 오랜 민간 지혜의 산물로 보인다. 시기적으로 시경이 기원전 11세기 서주西周

---

118 중국 소주천문도(蘇州天文圖)와 신법보천가에는 별이 13개로 표시돼 있다

119 "月離于畢 俾滂沱矣", 시경 소아(小雅) 참참지석(漸漸之石 · 우뚝우뚝한 돌이여) 편에 나온다. 서정기 역주, 『詩經』 下, 살림터, 2001, 213~215쪽 참조

120 사마천, 신동준 옮김, 『사기 열전』 1, 위즈덤하우스, 2015, 중니제자열전(仲尼弟子列傳), 161~163쪽

초기부터 기원전 6세기 춘추 중기까지 전승된 옛 시들을 싣고 있기 때문이다. 달과 필성의 조합은 음기陰氣의 절정을 가리킨다. 음양오행에서 달은 태음太陰이고, 필성은 서방의 음기가 천하를 뒤덮는 가을의 깊은 기운이다. 강한 음기들의 조합이 비라는 음의 결정체를 만든 것이다. 실제 필성이 동쪽 하늘에 보이는 계절에 스산한 가을비가 내리는 것을 백성들은 경험으로 알았다. 천문류초는 '필성은 찬비陰雨를 주관하는 하늘의 우사雨師다. 밝으면서 움직이면 장마가 져서 흙탕물이 가득 내려간다임료·霖潦'고 설명했다. 필성은 서양 황도 12궁의 제 2궁인 황소자리로 히아데스Hyades 성단이 펼쳐진 곳이다. 히아데스는 '비가 내린다'는 뜻의 고대 그리스어에서 유래했다. 히아데스가 동쪽 하늘에 떠오를 때 우기가 시작되었기 때문이다. 동·서양을 가리지 않고 필성은 비의 별로 불린다.

영어의 와이Y자 모양인 황소자리의 왼쪽 뿔 맨 끝이 알파α별인 알데바란Aldebaran이다. 알데바란은 '뒤따르는 자追隨者'라는 뜻이다. 알데바란이 플레이아데스 성단동양의 묘수의 뒤에서 떠오르기 때문이다.[121] 약 5,000년 전 메소포타미아에서는 해가 황소자리의 알데바란에 왔을 때가 춘분날이었다. 또 전갈자리 안타레스를 통과할 때는 추분날이었다. 당시의 2분2지二分二至점은 알데바란춘분점, 안타레스추분점, 레굴루스사자자리 알파별·하지점, 포말하우트남쪽물고기자리 알파별·동지점였다.[122] 각각 동양의 필畢, 심心, 헌원軒轅·남방 주조의 성수 부속별, 북락사문北落師門·북방 현무의 실수 부속별이다. 모두 1등성인 이들 네 별을 고대 페르시아에서는 '하늘의 수호자', '네 군주별Four Royal Stars', '사천문四天門' 등 다양한 이름으

---

121 "畢宿", 『百度百科』, 〈https://baike.baidu.com/〉
122 지오프리 코넬리우스·폴 데버루, 유기천 옮김, 『별들의 비밀』, 문학동네, 1999, 92쪽

로 불렀다. 사천문의 동천문東天門이 알데바란이고, 서천문은 안타레스, 남천문은 레굴루스, 북천문은 포말하우트다. 이들 네 별을 이으면 하늘에 거대한 십자가 모양을 그린다고 한다.[123]

변방의 일 – 사냥과 통역

필畢의 한자 뜻은 그물이다. 글자의 생긴 모양처럼 긴 자루가 달린 촘촘한 눈의 작은 그물이 필이다. 새나 토끼를 잡는 그물이다. 별자리 생김새도 자루가 달린 영어의 와이Y자 모양이다. 사기史記 천관서天官書는 필수를 한거罕車라 했다. 한罕은 긴 자루가 달린 새 잡는 그물이다. 한거는 그물을 실은 수레罕車다. 필수는 가을걷이가 끝나면 수렵의 계절이 시작된다는 뜻을 지닌 별이다.[124]

　　부속별인 구주수구九州殊口는 천하의 강역이 넓음을 상징하는 별이다. 우禹임금은 홍수를 다스린 뒤 천하를 아홉 개의 주州로 나누었다. 서경書經에 따르면 구주九州는 기주冀州·연주兖州·청주靑州·서주徐州·양주揚州·형주荊州·예주豫州·양주梁州·옹주雍州다. 서경의 기록 이후 천하를 아홉 개 지역으로 나누는 개념이 처음 형성됐다. 9주 이후 12주 또는 13주로 지역을 세분하기도 했지만 기본 개념은 9주였다. 땅을 아홉 지역으로 분할하는 구주는 천인상응天人相應 관념에 따라 하늘에도 적용되었다. 이른바 구야九野 또는 구궁九宮 개념이다. 땅에 구주九州가 있다면 하늘에는 구야九野가 있는 것이다. 구주수구의 수구殊口는 '입이 다른 것처럼 말이 다르다'는 뜻이다. 아홉 개 주의 말이 모두 다른 만큼 서로 간의 소통을 위해서는 각 지방의 말을 할 수 있고 풍속에도 정통해야 한

123 "畢宿五", 『占星聖碼』「占星學恒星解析」, 〈http://www.astrocode.net〉
124 앞의 "畢宿", 『百度百科』 참조

다. 또 변방 이민족의 말도 할 수 있어야 그들의 동정과 의도를 살필 수 있게 된다. 구주수구는 통역관을 가리킨다.

오거五車는 점성학적으로 다양한 의미가 부여된 별이다. 천문류초는 오거를 천자의 다섯 부대五兵이며, 전차인 병거兵車를 두는 막사라고 설명했다. 또 다섯 개의 별은 각각 지방 제후국의 길흉과 다섯 곡식의 작황을 점친다고 썼다. 예를 들어, 다섯 개 별 중 천고天庫로 불리는 서북쪽 별은 태백성太白星을 주관하고, 진秦나라에 해당하며, 콩豆의 작황과 관련된다는 것이다.[125] 오거는 서양의 마차부자리다. 천고는 마차부자리 알파α별 카펠라Capella로 자미원에 가까운 1등성 별이다.

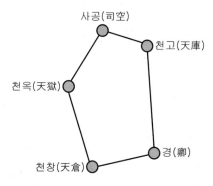

오거의 점성적 해석			
별이름	오행성	제후국	곡식의 작황
천고 (天庫)	태백성 (太白星 · 금성)	진(秦)	콩(豆)
천옥 (天獄)	진성 (辰星 · 수성)	연(燕), 조(趙)	쌀(稻)
천창 (天倉)	세성 (歲星 · 목성)	노(魯), 위(衛)	삼(麻)
사공 (司空)	진성 (塡星 · 토성)	초(楚)	기장(黍), 조(粟)
경 (卿)	형혹성 (熒惑星 · 화성)	위(魏)	보리(麥)

125 韓國科學史學會 編, 『諸家曆象集 · 天文類抄』, 誠信女子大學校 出版部, 1984, 435~436쪽

미녀美女의 별

자수觜宿

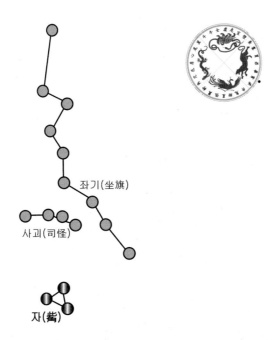

좌기(坐旗)

사괴(司怪)

자(觜)

서양 별자리	오리온자리
관측 시기	입동(11월 8일경)
주천도수	2도(28수 중 가장 작음)
12지	신(申)
분야(分野)	실침(實沈)
중국 지역	익주(益州), 진(晉) · 위(魏)나라
한국 지역	경기 동남부, 강원 서남부

자수의 보천가

홍색 별 셋이 서로 붙어 삼수의 꽃술을 만들지　　　三紅相近作參蘂

제二부 하늘을 거닐며 노래하다

자수 위 까마귀별 좌기는 하늘을 가리키니	觜上坐旗烏指天
높고 낮은 자리 아홉이 서로 이었네	尊卑之位九相連
사괴의 검은 별 넷은 좌기 곁인데	司怪四黑坐旗邊
구부정하게 선 것이 정수와 가까워 열월 앞이라네	曲立大近井鉞前

각 별의 역할과 의미

– 홍색 별 셋三紅으로 된 자수는 12지지로 서남방인 신申에 속한다. 생
장수장生長收藏 중 '만물을 수렴收斂萬物'하는 수收의 방위다. 별이 밝
고 크면 천하가 평안하고 오곡이 잘 익는다. 삼군三軍의 척후이고, 행
군行軍할 때 군량 창고다

– 좌기座旗는 임금과 신하가 각각 앉을 자리를 표시하는 깃발이다. 별이
밝으면 나라에 예절이 있게 된다

– 사괴四怪는 하늘과 땅, 일월성신日月星辰, 모든 동식물에 변괴가 생기
는지 살핀다

별자리 이름		개수	서양 별자리	의미
수(宿)	자(觜)	3		만물 수렴. 삼군의 척후. 군량 창고
부속 별자리 (2개)	좌기(座旗)	9		지위에 따른 자리 표시 깃발
	사괴(司怪)	4		하늘과 땅에서 일어나는 변괴를 살핌

제곡 帝嚳의 아름다운 아내

자수觜宿는 주천도수 2도로 28수 중 관할 영역이 가장 작다. 서방 백호
7수의 마지막 별자리인 삼수參宿의 북쪽에 마치 삼수와 같은 별자리인
것처럼 놓여 있다. 자수는 호랑이의 머리, 삼수는 호랑이의 앞발이다. 자
수와 삼수는 서양의 오리온Orion자리다. 자수가 오리온의 머리이고, 삼

수가 오리온의 몸이다. 동·서양 모두 머리 부분의 별자리가 자수인 것이다. 천문류초는 자수를 삼수라는 꽃받침 위에 핀 꽃술로 묘사했다. 하지만 자수는 4등성으로 화려한 별은 아니다.

자觜는 여러 뜻을 가진 글자다.[126] 그중 하나가 뿔털이란 뜻이다. 부엉이가 화났을 때 머리 위에 뿔처럼 뾰족하게 난 털이 뿔털이다. 호랑이 머리 위에 삼각형으로 뾰족하게 솟은 모습을 보고 별자리 이름을 정한 것이다. 또 '새의 뾰족한 부리', '뾰족한 끝'이라는 뜻일 때는 자를 취觜라고 읽는다. 이 때문에 자수를 호랑이의 입으로 보기도 한다. 점성학적으로 자수의 기운을 타고난 사람은 먹을 복口福이 있는 것으로 풀이한다. 실제 자수는 가을걷이를 끝내고 겨울 초입에 떠오르는 별로 양식 창고에 먹을 것이 가득한 시기에 해당한다. 사기史記 천관서天官書는 자수를 자휴觜觿란 이름으로 불렀다.[127] 휴觿는 묶인 매듭을 풀기 위해 뿔이나 뼈로 만든 뾰족한 송곳을 말한다. 삼각형의 별자리 모양을 뿔송곳으로 본 것이다.

제곡 고신씨

자수는 사람 이름을 딴 것이라는 견해도 있다. 사기史記 오제본기五帝本紀에 나오는 '제곡帝嚳 고신씨高辛氏가 추자씨娵訾氏의 여인을 얻어 아들 지摯를 낳았다'는 기록을 근거로 해석한 것이다. 제곡은 오제본기의 세 번째 임금으로 황제黃帝의 증손자다. 지摯는

126 " 宿", 『百度百科』, 〈https://baike.baidu.com/〉
127 사마천, 신동준 옮김, 『사기 열전』 1, 위즈덤하우스, 2015, 128쪽과 131쪽

제2부 하늘을 거닐며 노래하다

요堯 임금의 배다른 형이다. 제곡으로부터 제위帝位를 물려받았으나 정
치를 잘하지 못해 요에게 자리를 빼앗겼다는 말이 있다. 추娵라는 글자
를 나누면 '취取하고 싶은 아름다운 여인女'이 된다. 자訾는 중국 서북부
지역에 거주하는 티베트와 몽골 계통 민족인 서강西羌족의 성씨다. 추자
씨娵訾氏는 자씨訾氏 성을 가진 미인美人이라는 뜻이다. 자訾는 자觜와
통용되는 글자라고 한다. 제곡의 아내가 얼마나 예뻤던지 별자리 이름
으로 하늘에 올린 것이 자수라고 한다.[128]

247

128 "觜宿",『互動百科』,〈http://wiki.baike.com/〉

삼성고조 三星高照

삼수 參宿

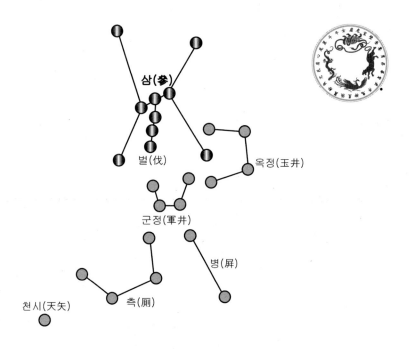

서양 별자리	오리온자리
관측 시기	소설(11월 22일경)
주천도수	9도(평균 13도보다 작음)
12지	신(申)
분야(分野)	실침(實沈)
중국 지역	익주(益州), 진(晉) · 위(魏)나라
한국 지역	경기 동북부, 강원 서부

삼수의 보천가

모두 열 개 별이 자수와 서로 영역을 넘었네	總有十星觜相侵
두 어깨 두 발에 셋은 마음이고	兩肩雙足三爲心
벌은 세 별인데 뱃속 깊이 있지	伐有三星腹裏深
옥정은 홍색 별 넷으로 오른발을 감싸네	玉井四紅右足陰
병은 붉은 별 둘로 옥정 남쪽 자락에 있고	屛星兩赤井南襟
군정은 까마귀별 넷으로 병 위에서 입을 다물었지	軍井四烏屛上吟
삼의 왼발은 붉은 별 넷인 천측을 내려보고	左足四赤天厠臨
천측 아래 붉은 별 하나 천시가 가라앉았네	厠下一赤天屎沈

각 별의 역할과 의미

– 일곱 개 별인 삼수參宿는 하늘의 도끼鈇鉞이자 감옥天獄으로 만물을
베어 죽이는 일을 한다

– 벌伐은 군사를 이끄는 하늘의 도위天之都尉다. 동이족과 선비족 등 북
방 민족의 별이다

– 옥정玉井은 부엌에 물을 대는 우물이고

– 군정軍井은 군대가 주둔할 때 쓰는 우물이다

– 병屛은 측간을 가리는 병풍이다

– 천측天厠은 하늘의 화장실이다. 천하의 질병을 주관한다. 별이 노란
색이면 길하고 풍년이 들며, 파란색이나 검은색이면 사람들이 허리
아래에 병이 생긴다

– 천시天屎는 하늘의 똥이다. 별이 노란색이면 풍년이 든다. 색이 변하
면 메뚜기 떼가 많아지고 가뭄이나 홍수가 든다

별자리 이름		개수	서양 별자리	의미
수(宿)	삼(參)	7	오리온자리	백호의 앞발. 해·달·오성이 다니는 길. 충신과 효자의 별. 만물을 베어 죽이고 음기(陰氣)를 북돋움
부속 별자리 (6개)	벌(伐)	3	오리온자리	동이족 선비족 등 북방 민족 상징
	옥정(玉井)	4		부엌에 쓰는 우물
	병(屏)	2	토끼자리	측간을 가리는 병풍
	군정(軍井)	4		행군 때 쓰는 우물
	천측(天厠)	4	토끼자리	하늘의 측간
	천시(天屎)[129]	1		하늘의 똥

본래 별 셋의 이름이었다

삼參은 석 삼三과 같은 글자다. 삼三에 비해 획수가 많은 갖은자[130]다. 현재 삼성參星은 호리병처럼 가운데가 약간 홀쭉한 사각형 속에 별 셋이 나란히 놓인 모양이다. 보천가에서는 별이 10개라고 읊었지만 벌伐의 세 별을 포함한 숫자다. 삼성은 두 어깨와 두 발에 마음을 이루는 세 별兩肩雙足三爲心을 합쳐 모두 7개다. 본래 삼성參星은 가운데에 심心을 이루는 별 셋뿐이었다.[131] 사각형을 만드는 바깥의 네 별은 뒤에 추가된 것이라고 한다. 별이 보태진 시기는 분명하지 않다. 하지만 시경詩經에 삼성三星이 나오는 것을 볼 때 춘추 시대 이후일 것으로 본다. 별이 7개로 늘어난 뒤에도 세 별의 상징성이 워낙 강해 삼성參星이라는 본래 이름을 유지한 것으로 추정한다.

사기史記 천관서天官書는 가운데 세 별인 삼성三星을 형석衡石이라고

---

129 천상열차분야지도는 천시(天矢), 중국 소주천문도는 시(屎), 천문류초와 보천가는 천시(天屎)로 돼 있다.

130 갖은자는 본래 한자보다 획을 많이 써 뜻은 같지만 구성을 달리한 글자로 주로 숫자에 사용된다. 一을 壹, 三을 參으로 쓰는 식이다.

131 "參宿", 『百度百科』, ⟨https://baike.baidu.com/⟩

제2부 하늘을 거닐며 노래하다

불렸다. 천문류초는 권형權衡이라고 썼다.[132] 형석과 권형 모두 저울대가 되는 별이라는 뜻이다. 삼성三星이 천구의 적도 바로 위에서 저울대처럼 적도와 평행하게 놓여 있기 때문에 생긴 이름이다. 삼성參星이라는 명칭이 처음처럼 유지된 것도 하늘의 저울대 노릇을 하는 삼성三星의 상징성에서 비롯됐다. 특히 천문류초는 삼성參星은 해·달·오성이 다니는 가운뎃길中道로 별이 밝고 크면 신하는 충성하고 자식은 효도한다고 설명했다.

마야의 지구 종말론

동양과 서양의 별자리는 같은 것이 거의 없다. 다만 삼성과 오리온자리가 가장 비슷한 편에 속한다. 삼성과 머리 부분에 해당하는 자성觜星을 합치면 오리온자리가 된다. 삼성參星의 가운데 삼성三星은 오리온의 허리띠다. 왼쪽부터 오리온의 제타ζ, 엡실론ϵ, 델타δ별이다. 모두 2등성인 세 별은 차례로 알니타크Alnitak, 알닐람Alnilam, 민타카Mintaka로 불린다. 아랍 이름인 세 별 가운데 가장 밝은 알닐람은 진주로 만든 허리띠라는 뜻이다. 삼성의 왼쪽 어깨 별은 오리온자리의 알파α별 베텔게우스Betelgeuse로, 아랍말로 겨드랑이 아래라는 뜻이다. 또 삼성의 오른발은 오리온자리의 베타β별 리겔Rigel로 거인의 왼쪽 다리라는 의미다. 두 별 모두 1등성으로 겨울 밤하늘에서 가장 밝은 별이다.

특히 베텔게우스는 태양 반경의 1,120~1,200배, 태양 밝기의 7만 배, 태양 체적體積의 16억 배에 이르는 거대한 적색 거성巨星으로 향후 100만 년 이내에 유사 이래 가장 큰 초신성의 폭발을 일으킬 것으로 예측된다. 때문에 2012년 마야 달력에 의한 종말론이 전 지구를 덮을 때 베텔

---

132 사마천, 신동준 옮김, 『사기 열전』 1, 위즈덤하우스, 2015, 128쪽과 131쪽; 이순지 편찬, 김수길·윤상철 공역, 『天文類抄』(전정판), 대유학당, 2013, 206쪽

게우스의 폭발로 지구가 멸망한다는 말이 나돌기도 했다.[133]

28수 중 가장 힘이 센 동이족의 별

호랑이의 무서움은 앞발에서 나온다. 동물학자들의 측정에 의하면 호랑이가 앞발로 가볍게 쳤을 때 600~800 kg의 충격을 주고, 전력을 다했을 때는 4 t 이상의 파괴력을 보인다고 한다. 백수의 왕자리를 다투는 숫사자와 싸울 때 앞발 한방으로 목덜미의 정맥頸靜脈을 찢어 죽일 정도의 전투력을 자랑한다는 것이다. 호랑이의 앞발을 상징하는 별이 삼수參宿다. 동양에서 호랑이는 용과 함께 군왕君王의 상징으로 여겨진다. 삼수는 군왕이 가진 최강의 무기다. 삼수는 서방 백호 7수뿐만 아니라 28수 중에서도 가장 힘이 센 별로 꼽힌다. 특히 호랑이의 머리인 자수觜宿와 합쳐 무적의 힘을 상징한다. 자수와 삼수는 상상의 동물인 기린으로 보기도 한다. 그만큼 신령스러운 별이라는 뜻이다. 서방 백호는 가을의 금金 기운과 숙살지기肅殺之氣의 화신이다. 따라서 삼수는 위엄, 무력, 전쟁, 죽임의 의미를 내포한다. 천문류초는 삼수가 도끼를 뜻하는 부월鈇鉞로서 만물을 베어 죽인다고 했다. 또 하늘의 감옥天獄으로서 죽이고 정벌하는 것을 주관한다고 썼다.

천문류초는 삼성三星과 삼성의 아래 세 별인 벌伐을 구분해 설명한다. 삼성과 사각형을 이루는 네 별 등 일곱 별은 모두 중국의 장군별이다. 반면 벌의 세 별은 동이족과 선비족 등 북방 이민족의 별이라는 것이다. 따라서 벌이 크고 밝으면 중국에서는 특히 고조선과 고구려 등 동이족이 옛 중원 땅을 되찾기 위해 군사를 동원할까봐 크게 우려했다고 한다.[134]

---

133 "參宿四", 『百度百科』, 〈https://baike.baidu.com/〉
134 이순지 편찬, 김수길·윤상철 공역, 『天文類抄』(전정판), 대유학당, 2013, 208쪽

삼수 전체를 동이족의 별로 보기도 한다. 동방 창룡7수의 심수心宿에 나오는 삼상지탄參商之歎의 별이 삼수이기 때문이다. 요堯가 동이족인 제곡帝嚳 고신씨高辛氏의 두 아들 알백閼伯과 실침實沈을 정반대 방향으로 헤어지게 해 평생 만나지 못하도록 했다는 내용이 삼상지탄이다. 삼수를 동이족의 별로 보는 것은 실침이 제사를 지낸 별이기 때문이다.

삼성 三星이 높이 뜨면 새해가 온다

얽어 묶은 땔감 다발, 삼성이 하늘에 떴네
오늘 저녁 무슨 저녁, 이 좋은 님을 보네
님아 님아, 이 좋은 님 어이할까

얽어 묶은 꼴 다발, 삼성이 모퉁이에 떴네
오늘 저녁 무슨 저녁, 헤어진 님 만났네
님아 님아, 이 헤어진 님 만났으니 어이할까

얽어 묶은 싸리 다발, 삼성이 방문에 떴네
오늘 저녁 무슨 저녁, 어여쁜 님 보네
님아 님아, 이 어여쁜 님 어이할까

시경詩經 당풍唐風에 실린 주무綢繆[135]라는 서정시다. 주무는 땔감을 얽

---

135 "綢繆束薪 三星在天 今夕何夕 見此良人 子兮子兮 如此良人何 / 綢繆束芻 三星在隅 今夕何夕 見此邂逅 子兮子兮 如此邂逅何 / 綢繆束楚 三星在戶 今夕何夕 見此粲者 子兮子兮 如此粲者何", 서정기 역주,『詩經』上, 살림터, 2001, 312~314쪽

삼성고조도 관복을 입은 신선은 복성(福星)인 세성(歲星)이고, 아이를 안은 신선은 학문과 부귀를 내려 주는 문창성(文昌星)이며, 지팡이를 짚고 장수를 상징하는 복숭아를 손에 든 신선은 수성(壽星)인 노인 성(老人星)이다.

어맨다는 뜻이다. 멀리 길 떠났던 남편이 삼성三星이 뜬 날 저녁 뜻밖에 집에 돌아오자 혼자 살림하던 아내가 너무나 기뻐서 부르는 노래다. 주무에 나오는 삼성이 바로 삼수參宿의 가로로 된 세 별이다. '삼성이 높이 뜨면 새해가 된다三星高照 新年來到'는 말이 있다. 음력설 전날 저녁除夜에 온 가족이 식탁에 둘러앉아 있을 때 남쪽 하늘 높이 삼성이 뜨는 데서 유래한 말이다. 삼성은 새해를 맞이하는 별이다. 주무에서 사랑하는 남편이 다른 날도 아니고 설을 앞둔 날 저녁에 집에 돌아왔으니 혼자 외롭게 살던 아내의 기쁨이 배가되어 부른 시인 것이다.[136]

중국에서는 새해를 맞아 주변 친인척과 지인들에게 건네는 덕담 중 가장 널리 쓰이는 말이 삼성고조三星高照다. 삼성이 새해맞이 별인 까닭도 있지만 세 별이 왼쪽에서부터 각각 복福·록祿·수壽를 의미하기 때문이다. 삼성고조는 새해의 행복, 부귀, 장수를 기원하는 뜻을 담은 것이

---

136 "三星高照", 『百度百科』, 〈https://baike.baidu.com/〉

다. 새해를 맞아 주변에 삼성도를 선물하는 풍속이 있는 것도 이 때문이다. 삼성도는 새해를 상징하는 그림인 세화歲畵 중에서 가장 인기 있는 설 선물 품목이다. 삼성은 별도로 복성福星으로 불리는 세성歲星·목성, 학문과 관직을 뜻하는 자미원의 문창성文昌星, 장수를 상징하는 정수井宿·남방 주조7수의 노인성老人星 등 세 별을 의미하기도 한다.[137]

---

137 마서전, 윤천근 옮김, 『중국의 삼백신』, 민속원, 2013, 복신 녹성 수성, 180~195쪽

七장

남방 주조 7수 南方朱鳥七宿
겨울철 별자리

천문류초를 기준으로 7개 수거성에 59개 별, 39개 부속 별자리에 186개의 별이 포진한다. 주천도수로는 사령신四靈神 중 가장 넓은 112도의 영역을 관할한다. 서양 황도 12궁으로는 게자리巨蟹宮, 사자자리獅子宮, 처녀자리雙女宮의 세 별자리 영역과 겹친다. 12진辰으로는 남쪽 방위인 미未오午사巳에 해당한다. 세성이 운행하는 12차次로는 순수鶉首, 순화鶉火, 순미鶉尾를 차례로 지난다.[138] 절기로는 12월 초순 대설부터 동지, 소한, 대한, 입춘을 지나 2월 중순 우수까지 겨울 밤하늘에서 볼 수 있는 별자리다. 남방 주조 7수는 겨울 별자리지만 방위로는 남쪽에 위치한다. 때문에 오행으로는 화火고, 색깔로는 적색赤色에 해당한다. 전설의 신조神鳥인 주조朱鳥는 주작朱雀이라고도 한다.

풍수의 4방위 四方位와 군사 조직

풍수에서 약방의 감초처럼 듣는 말이 좌청룡左靑龍 우백호右白虎다. 혈穴

---

138 이순지 편찬, 김수길 · 윤상철 공역, 『天文類抄』(전정판), 대유학당, 2013, 259쪽

남방 주조 7수

자리를 왼쪽에서 두른 산이 청룡, 오른쪽에서 감은 산이 백호라는 뜻이다. 혈이 맺힌 산줄기의 뒷산은 주산主山이라 하고, 앞산은 조산朝山이라고 한다. 조산은 전주작前朱雀, 주산은 후현무後玄武라고 한다. 풍수의 전후좌우를 동서남북 방위로 나타내면 동청룡 · 서백호 · 남주작 · 북현무다. 풍수의 네 방위는 성인이 북쪽에 앉아 남쪽을 바라본다는 성인남면聖人南面의 이치에 따라 정해진 것이다.

고대에는 좌청룡 우백호 전주작 후현무가 군사 조직 체계였다.[139] 전군前軍을 주작군, 좌군을 청룡군, 우군을 백호군, 후군을 현무군이라고 했다.[140] 깃발 색깔도 각각 적색赤色 · 청색靑色 · 백색白色 · 흑색黑色이었다. 중군中軍은 황룡黃龍으로 누런색의 용 깃발을 썼다. 중군은 임금이 거느리고 전군은 태자, 후군은 서자가 책임졌다. 좌 · 우군의 책임자는 군사 전략에 뛰어난 명장들이었다. 옛날에는 태자가 맡은 남쪽 방향

---

139 앞의 "心宿", 『百度百科』, 〈https://baike.baidu.com/〉 참조

140 『禮記』, 古詩文網, 〈http://so.gushiwen.org/guwen/bookv_3137.aspx〉, 曲禮 上

이 최일선 전쟁터고, 북쪽은 후방이었다. 중국이 수천 년간 북방 이민족에게 시달리면서 만리장성을 쌓는 등 북쪽을 전선戰線으로 본 것과 반대 방향이다. 남쪽이 최일선이 된 것은 고대 황제족黃帝族이 염제족炎帝族 및 동이족과 벌인 전쟁 때문이었다. 황하 중·상류 서북쪽의 작은 부족이었던 황제족이 세력을 키울 때 중국의 남서부를 장악하고 있던 부족은 염제족이었다. 염제족과 싸우는 황제족으로서는 남쪽이 전선이 될 수밖에 없었다. 또 중원과 동부 지역을 장악하고 있던 동이족도 황제족에 의해 남쪽으로 밀리면서 전쟁을 이어갔다. 그 흔적이 중국 남방의 소수 민족 묘족苗族이다. 일선의 주작군을 태자에게 맡긴 것은 앞으로 임금이 되기 위해서는 전공戰功을 세워야 했기 때문이었다.

선양禪讓인가 찬탈纂奪인가

주작은 동이족東夷族의 상징물이다. 신화 전설집인 산해경山海經은 동해東海 밖 대학大壑이라는 곳에 소호少昊 금천씨金天氏가 다스리는 나라가 있다고 했다.[141] 금천씨는 새들의 왕이며, 금천씨의 나라는 관직 명칭도 새 이름이라고 전했다. 대학은 발해 동쪽을 가리킨다. 새들의 왕인 금천씨가 임금 자리에 오를 때 봉황이 날아와 춤을 추었다고 한다. 소호 금천씨에 대한 산해경의 설명은 새를 토템으로 하는 부족을 묘사한 것으로 보인다.[142] 부여나 고구려족이 관모冠帽에 새의 깃털을 꽂은 것도 이와 무관하지 않다.

산해경 남차이경南次二經에는 기이한 모습의 새가 등장한다. 남차이경

---

141 鄭在書 譯註, 『山海經』, 民音社, 1985, 대황동경(大荒東經), 277쪽
142 소호 금천씨족(族)은 동이족의 지파(支派)인 '조이(鳥夷)'족으로, 중국 대륙의 남쪽으로 이동해 남만(南蠻)족과 섞인 것으로 추정한다.

은 산해경의 산경山經 중 남쪽 산에 관한 두 번째 이야기다. 남차이경은 거산柜山이라는 곳에 '생김새는 올빼미 같은데 사람의 손을 갖고 있고 암메추라기처럼 우는 새가 있다'면서 '새 이름은 주鵃로서 제 이름을 부르면서 울고, 이 새가 보이면 고을에 귀양 가는 선비가 많아진다'고 전했다.[143]

요堯 임금은 재임 말기에 순舜에게 임금 자리를 물려준 선양의 미덕으로 만고의 칭송을 받는다. 서경書經과 사기史記는 요가 덕이 부족한 큰아들 단주丹朱 대신 효심이 지극한 순에게 임금 자리를 물려준 것으로 기록하고 있다. 반면 한비자韓非子와 고본죽서기년古本竹書紀年[144]은 순이 요의 임금 자리를 빼앗았다는 정반대의 기록을 남기고 있다. 고본죽서기년은 사마천의 사기보다 200년 이상 앞서는 책으로 사기에 나오지 않는 내용이 숱하게 담겨 있다. 서경과 사기, 그리고 고본죽서기년과 한비자 가운데 당시의 실제 정치 상황을 정확하게 기록한 역사서는 어느 쪽일까? 산해경 남차이경에 나오는 주라는 새의 이야기를 통해 이를 추정해 볼 실마리를 건질 수 있다.

사기 등 중국 정사正史에 따르면 요가 순에게 선양할 때 요의 장남인 단주丹朱를 비롯해 우禹의 아버지 곤鯀과 환두驩兜 등 다수의 통치 귀족과 조정 신료, 동이족의 일파인 삼묘족三苗族 등이 반대해 반란을 일으

143 "其狀如鴟而人手 其音如痺" "(其名曰鵃 其名自號也 見則其縣多放士)", 鄭在書 譯註, 『山海經』, 民音社, 1985, 남차이경(南次二經), 50~51쪽
144 고본죽서기년은 중국 고대 삼황오제부터 전국 시대 위(魏) 양왕(襄王) 20년(기원전 299)까지의 연대기 20편을 위나라 사관들이 대나무에 기록한 편년체 역사서다. 서진(西晉) 시대인 281년 급군(汲郡·현 하남성 급현)의 위양왕 무덤이 도굴되면서 발견됐다. 급군의 무덤에서 발견됐다고 해서 『급총기년』 또는 『기년』이라고도 한다. 중국 정사(正史)에는 나오지 않는 내용이 많아 귀중한 사료 가치가 있다

컸다. 요는 진압군을 보냈고 단주는 아버지와의 전쟁에서 패하자 남해 바다에 투신자살하고 말았다고 한다. 일설에는 요가 단주를 붙잡아 목 매달아 죽였다는 설도 있다. 반면 고본죽서기년은 '순이 도읍인 평양에서 요를 잡아가두고 임금 자리를 빼앗았다舜囚堯於平陽 取之帝位'고 기록하고 있다. 이어 '순이 요를 죄수로 삼고 다시 단주를 가두어 아비와 만나지 못하게 했다舜囚堯 復偃塞丹朱 使不與父相見也'고 쓰고 있다.[145] 한비자도 '순은 요를 핍박했다舜偪堯'고 전한다.[146] 심지어 전국 말 초나라의 굴원屈原·기원전 343?~기원전 277도 천문天問에서 곤이 홍수를 다스릴 능력이 없어 처형했다면 왜 처음에 그에게 치수를 맡겼느냐면서 당시 상황에 대해 의문을 제기했다.[147]

요 임금은 장남인 단주를 비롯해 10명의 아들이 있었다고 한다. 요가 세습에 대한 의지가 강했다면 덕이 부족한 장남 단주 대신 나머지 9명의 아들 중에서 후계자를 선정할 수 있었을 것이라는 분석이 가능하다. 때문에 요가 순에게 스스로의 뜻으로 임금 자리를 물려준 것이 아니라 순이 무력으로 정권을 찬탈했을 개연성이 높다는 주장이 나온다.[148] 또 반란을 일으킨 단주도 아버지 요가 아니라 순에 의해 처형됐을 수 있다는 것이다. 어쨌든 반란에 실패해 죽은 단주가 화생化生한 새가 주鵃라고 한다. 산해경에서 주가 자기 이름을 부르며 운다는 것은 단주의 억울함

---

145 『古本竹書紀年』, 個人圖書館, 〈http://www.360doc.com/content/〉, 「五帝紀」; 사라 알란, 오만종 옮김, 『선양과 세습』, 예문서원, 2009, 85쪽

146 『韓非子』, 古詩文網, 〈http://so.gushiwen.org/guwen/bookv_3537.aspx〉, 券 17 說疑; 韓非, 박건영·이원규 역해, 『韓非子』, 청아출판사, 1993, 472쪽; 사라 알란, 오만종 옮김, 『선양과 세습』, 예문서원, 2009, 139쪽

147 굴원·송옥 외, 권용호 옮김, 『초사』, 글항아리, 2015, 105~107쪽

148 사라 알란, 오만종 옮김, 『선양과 세습』, 예문서원, 2009, 90~95쪽

과 분노를 나타낸 것으로 보인
다. 또 주가 고을에 나타나면 귀
양 가는 선비가 많다는 것은 반
란 진압에 뒤이은 숙청 작업을
암시한다. 여러 정황을 모아보
면 요가 순에게 선양한 행위는
서경이나 사기가 미화美化한 것
과는 실상이 달랐을 가능성이
높다.

요 임금의 아들 단주가 죽어 화생했다는 주(鵨).
평창 동계올림픽 개막식에 선보인 인면조(人面鳥)
를 연상시킨다. 올림픽에서 보인 인면조는 고구려
고분 벽화를 본딴 것이다.

주鵨라는 새가 바로 주조 또는 주작이다. 주라는 글자를 나누면 주
조朱鳥가 된다. 주조는 붉은색과 남쪽을 상징한다. 단주丹朱의 단과 주
도 붉은색을 뜻한다. 단주의 이름과 주조의 색깔이 겹치는 것이 우연만
은 아닌 듯하다. 또 단주의 후손이 남쪽에 나라를 세웠는데 이름이 단주
국丹朱國이었다고 한다.[149] 주조에 대해서는 봉황鳳凰이라는 주장과 봉황
이 아닌 다른 새라는 설이 있다. 봉황이 아니라는 설은 남차이경에 전해
진 대로 메추라기처럼 생긴 새라는 것이다. 주조는 봉황보다 훨씬 존귀
한 새라고 한다. 봉황은 보통 공작孔雀이나 불사조처럼 꼬리가 길고 화
려한 새로 묘사된다. 하지만 주조는 꼬리가 짧고 뭉툭한 몸매를 한 소박
한 모습의 새로 그려진다.[150]

149 "鵨鳥",『百度百科』,〈https://baike.baidu.com/〉

150 "四象",『百度百科』,〈https://baike.baidu.com/〉; "上古四大靈獸, 南方七宿之朱
雀的起源",『搜狐網』,〈http://www.sohu.com/a/151691349_612628〉

한없이 베푸는 우물의 덕

정수 井宿

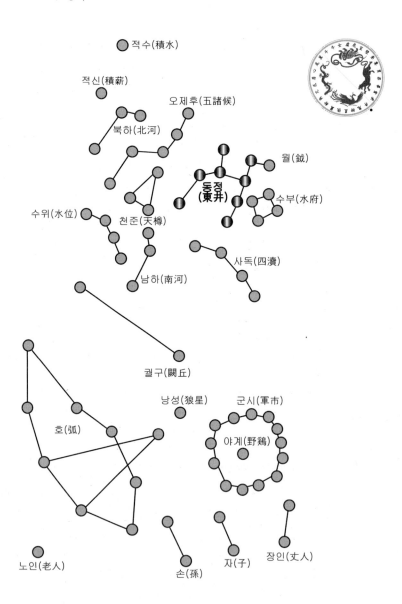

서양 별자리	쌍둥이자리
관측 시기	대설(12월 8일경)
주천도수	33도(28수 중 가장 큼)
12지	미(未)
분야(分野)	순수(鶉首)
중국 지역	옹주(雍州), 진(秦)나라
한국 지역	평남 서남부, 황해 중북부

정수의 보천가

홍색 별 여덟이 가로줄을 지어 은하수 속에서 맑지	八紅橫列河中淨
홍색 별 하나는 월인데 정수 곁에서 편안하네	一紅名鉞井邊安
남하 북하는 각기 세 별로 남북으로 바르고	兩河各三南北正
천준은 까마귀별 셋으로 정수 머리 위며	天樽三烏井上頭
천준 위 가로로 늘어섰으니 다섯 제후일세	樽上橫列五諸侯
오제후 위는 북하일진대 서쪽은 적수라	候上北河西積水
적신을 찾자면 동쪽 두둑 바로 거기지	欲覓積薪東畔是
열월 아래 까마귀별 넷은 수부고	鉞下四烏名水府
수위는 동쪽 가장자리 홍색별 넷이지	水位東邊四紅是
사독은 남하 속에 비낀 채 어둡네	四瀆橫黑南河裏
남하 아래가 바로 군시일세	南河下頭是軍市
군시는 홍색 별 열셋이 둥글지	軍市圓紅十三星
속의 붉은 별 하나는 야계의 정기라	中有一赤野鷄精
손과 자와 장인은 군시 아래 줄지었는데	孫子丈人市下列
까마귀별 둘씩 동쪽부터 늘어섰지	各立兩烏從東設
궐구는 검은 별 둘로 남하 동쪽이고	闕丘二黑南河東
궐구 아래 한 마리 이리인 낭은 빛을 어지러이 뿌리네	丘下一狼光蒙茸
이리 왼쪽의 붉은 별 아홉은 당긴 활 호인데	左畔九赤彎弧弓
화살 하나가 마치 사나운 이리 가슴을 쏘는 듯	一矢擬射頑狼胸

노인은 남극 가운데 있는데　　　　　　有箇老人南極中

봄 가을을 드나드니 목숨이 끝이 없네　　　春秋出入壽無窮

각 별의 역할과 의미

- 홍색 별 여덟八紅으로 이뤄진 정수井宿는 동정東井으로도 불린다. 샘물
  과 물의 평형을 주관한다. 해 · 달 · 오성이 지나는 가운데 길中道이다

- 남하南河와 북하北河의 양하兩河는 하늘의 관문天之關門으로 관문과
  교량을 주관한다. 특히 남하는 불을, 북하는 물을 관장한다. 양하의
  사이는 해 · 달 · 오성 등 삼광三光이 다니는 길이다

- 수부水府는 제방과 저수지 등 물 관리를 맡은 관리다

- 수위水位는 물의 높낮이를 맞추는 일을 맡는다. 수위가 북하 가까이
  가면 홍수가 일어난다

- 사독四瀆은 대형 하천의 치수治水를 담당한다

- 저수지인 적수積水는 수재水災의 조짐을 살핀다

- 적신積薪은 부엌의 땔감이다

- 천준天樽은 가난한 사람을 구휼하는 음식 그릇이다

- 오제후五諸侯는 서울에 파견 거주하는 지방 제후로서 임금의 정책 결
  정을 돕는다

- 월鉞은 사치와 음란 등 품행이 잘못된 관리에게 임금의 위엄을 보이
  는 도끼다

- 군시軍市는 변방에서 군인과 이민족이 물물교환을 하는 시장이다

- 야계野鷄는 군시에서 불상사가 생기지 않도록 경계를 맡는다

- 낭狼은 야인野人의 장수로 침입과 약탈을 한다

- 호弧는 하늘의 활天弓이다. 활이 잔뜩 당긴 모습이면 천하에 병란이 일어난다. 화살이 이리를 겨눈 듯 낭과 직선을 이뤄야 하며, 그렇지 않으면 천하에 도적이 들끓는다
- 궐구闕丘는 제후의 궁궐문 양쪽에 높이 세운 누각이다. 궐구에 금성이나 화성이 머물면 궁궐문 앞에서 전투가 벌어질 정도로 사태가 급해진다
- 장인丈人은 나이 많은 어르신이고, 자子와 손孫은 장인을 곁에서 모시며 효도한다
- 노인老人은 추분 아침에 남쪽 하늘에서 보이며 춘분 저녁에 사라진다. 별이 밝고 크면 임금이 오래 살고 천하가 평안하다

별자리 이름		개수	서양 별자리	의미
수(宿)	정(井)	8	쌍둥이자리	주조의 머리. 샘물을 주관. 일월오성이 관통하는 중도(中道). 물의 공평함을 담당
	월(鉞)	1	쌍둥이자리	사치와 음란을 사찰해 죽이는 천자의 도끼
	남하(南河)	3		하늘의 관문. 관문과 교량 주관. 해·달·오성 등 삼광(三光)이 다니는 길
	북하(北河)	3	쌍둥이자리	남하와 같음
	천준(天樽)	3		가난한 사람을 구휼하는 음식 그릇
	오제후(五諸侯)	5	쌍둥이자리	서울에 거주하는 지방 제후. 임금의 정책 결정 조언
	적수(積水)	1		저수지. 수재 예측
	적신(積薪)	1		부엌 땔감
부속 별자리 (19개)	수부(水府)	4		제방. 저수지 등 물 관리
	수위(水位)	4		물의 높낮이를 살펴 홍수 예방
	사독(四瀆)	4		큰 하천의 치수 담당
	군시(軍市)	13		변방의 교역 시장
	야계(野鷄)	1		변방의 병란 등 불상사 경계
	손(孫)	2		장인을 모시면서 효도
	자(子)	2		손과 같음
	장인(丈人)	2		나이가 많은 어르신
	궐구(闕丘)	2		제후의 궁궐문 양쪽에 세운 솟을 누각
	낭(狼)	1	큰개자리	야인의 장수. 침략과 약탈
	호(弧)	9		하늘의 활. 병란과 도적 방비
	노인(老人)	1	용골자리	수성(壽星). 춘분과 추분에 관측됨

인류 최초로 우물을 파다

'거기소이천居其所而遷'. 그 자리에 머물지만 옮겨다닌
다. 주역周易 계사전繫辭傳에서 수풍정水風井괘를 풀이
한 말이다. 우물은 한 자리에 머물러 있으나 물을 필요
로 하는 만물에게 베푸니 우물의 실체인 물은 옮겨다
닌다는 뜻이다. 물은 모든 물체의 생명의 근원이다.

수풍정괘

　남방 주조 7수의 첫 별자리인 정수井宿는 우물을 처음 파서 사람들에
게 물의 덕을 베푼 사람을 기리는 별자리다. 중국의 형邢이라는 곳에 백
익伯益이라는 사람이 살았다. 백익은 오제五帝의 한 사람인 전욱顓頊 고
양씨高陽氏의 후손이다. 회남자淮南子에 따르면 백익은 순舜 임금의 치
수 사업을 도왔다. 백익은 물길을 다스리는 과정에서 지하수의 존재를
알게 됐다. 보이지 않는 땅속을 흐르는 물의 비밀을 간파한 그는 인류 최
초로 땅에 우물을 파서 물을 길어 올렸다. 당시 사람들은 물을 구하기 위
해 강가에 집을 짓고 살 수밖에 없었다. 하지만 물길을 수시로 바꾸는 강의
변덕과 우기雨期 때면 덮치는 홍수의 두려움에 늘 시달려야 했다. 백익이
우물을 파는 지혜를 널리 알리면서 사람들은 홍수와 가뭄을 걱정하지 않
고 항상 물을 구할 수 있었다. 농사에 큰 도움이 된 것은 물론이다.

　백익의 가르침으로 인해 형邢 땅에는 수많은 우물이 생겨났다. 백익의
후손들은 자연스럽게 우물 정井을 성씨로 갖게 됐다. 정씨는 '우물이 방
방곡곡에서 흐른다'는 뜻에서 정방씨井方氏로도 불렸다. 정방씨는 당시
중원을 다스렸던 동이족의 나라인 상商 왕조에서 정방국井方國이라는 제
후국에 봉해졌다.[151] 상의 중흥 황제인 무정武丁은 형 땅으로 천도遷都하

---

151 "井宿", 『百度百科』, 〈https://baike.baidu.com/〉

고 정방씨 가문의 딸인 부정婦姘을 황후로 맞았다. 부정婦姘은 정씨녀井女를 부인婦으로 맞았다는 뜻이다. 형 땅은 주周나라에 의해 멸망될 때까지 100여 년간 상나라의 도읍지였다. 정방국에 관한 고사故事는 이곳에서 출토된 수많은 갑골문과 청동 유물이 역사적 사실임을 증명한다.

주나라는 상을 멸망시키고 주공周公의 넷째 아들 정연靖淵에게 정방국을 식읍으로 주었다. 정방국은 주나라의 제후국인 형국邢國이 됐다. 형국은 춘추 시대인 기원전 635년 위衛나라에 망했다.[152] 형 지역은 오늘날 하북성河北省 중남부의 형대邢臺시 일대로 태항산太行山의 동쪽과 산동성山東省 서쪽에 위치한다. 주변에 황하黃河와 위수渭水 등 10여 개의 크고 작은 하천이 흐르는 물 많은 지역이다. 별자리 정수井宿가 위치한 곳도 형 땅처럼 은하수의 한복판이다. 정수의 부속별에 물과 관련된 별자리가 많은 것은 이 때문이다. 특히 부속별인 사독四瀆[153]은 나라의 운명이 걸린 강이라고 생각해 해마다 국가 제사를 지낼 정도로 중시했다.

하지점의 별

정수井宿는 동정東井이라고도 부른다. 한漢나라 초기 동지점은 우수牛宿에 있었고 하지점은 정수井宿였다. 해는 가장 낮은 곳인 우수에서 출발해 점점 높이 떠서 가장 높은 곳인 정수에 이른 뒤 다시 우수 쪽으로 내려간다. 동정東井은 정의 동쪽에서부터 매일 해가 높아진다는 뜻을 담고 있다. 또 서방 백호 7수 중 삼수參宿의 부속별인 옥정玉井의 동쪽에 있어 동정이라는 이름이 붙었다는 해석도 있다.

---

152 "邢國", 『百度百科』, 〈https://baike.baidu.com/〉

153 사독은 황하(黃河)·장강(長江)·제수(濟水)·회수(淮水) 등 중국에서 가장 큰 네 강이다. 독(瀆)은 물줄기가 시작되는 발원지를 갖고 바다까지 이르는 길고 큰 강을 말한다.

정井수는 주조의 머리다. 서양 별자리로는 황도 12궁의 제 3궁인 쌍둥이 자리다. 정수는 쌍둥이의 무릎과 두 발을 연결해 우물 정井자로 만든 모습이다. 정수는 크게 세 부분으로 별자리를 나눠볼 수 있다. 윗부분은 물과 관련된 별, 가운데 부분은 변방 수비와 관련된 별, 아랫부분은 수명과 효도와 관련된 별이다. 가운데 부분의 이리 낭狼은 이민족의 장수將帥를 뜻한다. 낭이 밝으면 중국에는 좋지 않다고 해석한다. 동양에서는 푸른빛으로 빛나는 1등성의 낭을 하늘의 늑대별인 천랑성天狼星으로 부른다. 서양에서는 큰개자리 Canis Major의 알파α별인 시리우스Sirius다. 동쪽 하늘에 시리우스가 해와 같이 떠오르면 나일강의 범람이 시작된다는 별이다. 천랑성이 노리는 것은 군시軍市 안의 야계野鷄다. 야계는 꿩 치雉의 다른 말이다. 한漢나라 개국 황제 유방劉邦의 황후 여치呂雉의 이름 치雉를 피해서 야계로 바꿔 불렀다는 말이 전해진다. 이리인 낭의 발호를 막는 별이 활 별인 호弧다.

정수 아랫부분의 노인성老人星은 수명을 관장하는 별이다. 남극성南極星, 남극노인南極老人, 남극선옹南極仙翁, 수성壽星, 수노인壽老人 등으로도 불린다. 도교에서는 노인성을 보면 1,000년 이상 장수長壽할 수 있다고 해서 특히 숭배했다. 고려와 조선에서는 노인성이 수명은 물론 나라의 안녕에도 영향을 미친다고 생각해 임금이 직접 제사를 지냈다고 한다. 노인성은 서양의 용골자리Carinae 알파α별인 카노푸스Canopus다. 노인성은 남위 52도에 위치한 별로 대단히 관측이 어려운 별이다. 우리나라에서는 제주도 서귀포 이남에서 겨우 볼 수 있을 정도라고 한다. 천문학을 좋아했던 조선 세종 임금은 노인성을 직접 보고 싶었으나 여건이 되지 않자 관리를 서귀포로 보내 이 별을 관측하도록 했다.[154]

---

154 청(淸) 강희(康熙) 황제는 북경(北京) 자금성에서 노인성을 볼 수 없자 남경(南京)까지 내려갔다고 한다. 남경의 위도(31도44분)는 제주도 서귀포(33도25분)보다 2도 정도 더 남쪽이다. 마서전, 윤천근 옮김, 『중국의 삼백신』, 민속원, 2013, 192쪽

영혼의 윤회輪回

귀수 鬼宿

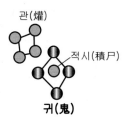

관(爟)

적시(積尸)

귀(鬼)

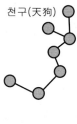

천구(天狗)

외주(外廚)

천기(天紀)

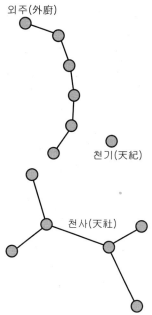

천사(天社)

서양 별자리	게자리
관측 시기	동지(12월 22일경)
주천도수	4도(자수에 이어 두 번째로 작음)
12지	미(未)
분야(分野)	순수(鶉首)
중국 지역	옹주(雍州), 진(秦)나라
한국 지역	황해 남부

귀수의 보천가

홍색 별 넷이 네모반듯하니 나무 궤짝 같네	四紅冊方似木櫃
한 가운데 흰색 하나는 적시기고	中央一白積尸氣
귀수 위 까마귀별 넷은 관 자리라	鬼上四烏是爟位
천구 까마귀별 일곱은 귀수 아래일세	天狗七烏鬼下是
외주는 천구와 천기 사이 류수 다음이고	外廚天間柳星次
천사의 검은 별 여섯은 호의 동쪽에 기댔네	天社六黑弧東倚
천사 동쪽 까마귀별 하나는 천기지	社東一烏是天紀

각 별의 역할과 의미

– 홍색 별 넷四紅으로 된 귀鬼 또는 여귀輿鬼는 해·달·오성이 지나다
니는 길이다. 사망, 질병, 제사를 담당한다. 하늘의 눈天目으로 간사한
음모를 살핀다

– 적시기積尸氣는 사망, 초상, 제사를 맡는다. 부질鈇鑕이라고도 부르며
목을 베어 죽이는 일을 한다

– 봉화烽火인 관爟은 급한 일을 알리는 일을 한다

– 천구天狗는 도적을 지키는 일을 맡는다

– 외주外廚는 종묘나 교외에서 제사 지낼 때 쓰는 야외 주방이다

– 천사天社는 토지신으로 별이 밝으면 천하가 평안하다. 공공씨共工氏
의 아들 구룡勾龍이 물과 흙을 잘 다스린 공로로 하늘의 별자리가 되
었다

– 천기天紀는 날짐승이나 길짐승의 수명을 담당한다

별자리 이름		개수	서양 별자리	의미
수(宿)	귀(鬼) 또는 여귀(輿鬼)	4	게자리	주조의 눈. 사망·질병·제사 담당. 하늘의 눈(天目)으로 간사한 음모 살핌
부속 별자리 (6개)	적시(積尸) 또는 적시기(積尸氣)	1		죽음·장례·제사 주관. 일명 부월(鈇鉞)로 목을 베어 죽이는 일 담당
	관(爟)	4		봉화와 급보를 담당
	천구(天狗)	7		도적을 막음
	외주(外廚)	6		종묘에 제사 지낼 때 쓰는 야외 주방
	천사(天社)	6		토지신
	천기(天紀)	1[155]		날짐승이나 길짐승의 수명을 맡음

시체가 쌓인 음산한 기운

귀수鬼宿는 주조朱鳥의 눈이다. 새가 놀라면 머리털이 쭈뼛 서는데 귀수를 주조 머리의 벼슬로 보기도 한다. 귀는 여귀輿鬼라고도 한다. 여輿는 수레 또는 가마의 뜻이다. 별이 네모난 모양에서 딴 것이다. 여귀는 귀신이 탄 가마나 수레, 즉 상여喪輿를 가리킨다.[156] 귀수는 죽음과 질병, 제사를 주관하는 별이다. 귀신의 별답게 4, 5등성의 어두운 별로만 이뤄져 있다. 사기史記 천관서天官書는 '여귀는 귀신에게 제사 지내는 일을 한다輿鬼 鬼祠事'고 설명했다. 네모난 상여의 한복판에 희뿌옇게 보이는 별을 적시積尸 또는 적시기積尸氣라고 한다. 글자 그대로 시체가 쌓인 기운이다. 여귀의 각진 테두리와 적시기의 희뿌연 기운을 합치면 마치 귀신의 눈처럼 음산한 모습이 연상된다. 이 때문에 귀수와 적시기를 하늘의 눈인 천목天目이라고 부른다.[157] 귀신의 눈 모양에서 두려움과 한기를 느

---

155 천문류초의 그림에는 빠져 있으나 본문 설명에는 들어 있다. 또 천상열차분야지도에는 없으나, 중국 소주천문도에는 각석돼 있다.

156 "鬼宿", 『百度百科』, 〈https://baike.baidu.com/〉

157 "輿鬼五星天目也", 李淳風 撰 『晉書』 「天文志」, 〈http://www.360doc.com/search.html〉

낀 사람들이 붙인 이름이다.

북두칠성과 남두육성은 각각 죽음과 탄생을 주관한다. 사람이 죽으면 혼백魂魄 중에서 혼은 하늘로 올라가고 백은 땅으로 꺼진다. 북두칠성이 죽은 사람의 혼을 바가지에 담아 하늘로 떠올리는 것이다. 하늘로 올라간 영혼이 머무는 집이 귀수다. 귀수 속 적시기는 영혼의 무리다. 사람이 태어날 때는 남두육성이 귀수 속 영혼을 자신의 바가지로 퍼내 인간 세상으로 내려 보낸다. 죽음과 탄생의 윤회輪回가 귀수를 중간 정착지로 해서 이뤄지는 것이다.

귀수의 하늘 집에 머무는 영혼 가운데서 유달리 자유로운 영혼이 있을 수 있다. 영혼들을 귀수 속에 담아 두는 것은 그들이 마구 돌아다니면 하늘 세계의 질서가 흐트러지기 때문이다. 하지만 귀수 밖의 하늘 세계가 어떻게 생겼는지 궁금해 바깥으로 나가보려는 영혼이 없을 수 없다. 자유로운 영혼이 귀수 밖으로 탈출했을 때를 대비한 별자리가 횃불인 관爟과 하늘의 개인 천구天狗다. 밤에 몰래 바깥으로 빠져나간 영혼을 찾기 위해 횃불과 하늘 개를 동원하는 것이다. 관과 천구가 밝게 보이면 지상 세계에서는 변방에서 울리는 급보나 도적을 막아야 한다는 신호 등으로 풀이한다. 귀수는 서양의 황도 12궁 중 제4궁인 게자리다. 게의 네모난 등딱지가 귀수다. 귀수 속 적시기는 프레세페Praesepe라는 이름으로 불리는 산개성단散開星團 · open cluster[158]이다. 이탈리아 천문학자 갈릴레오가 자신의 망원경으로 처음 이 성단의 존재를 밝혔다. 프레세페는 당나귀의 여물통 또는 벌집이라는 뜻이다.

---

158 산개성단은 수백~수천 개의 별이 성기게 모인 별무리고, 구상성단(球狀星團 · globular cluster)은 수만~수백만 개의 별들이 빽빽하게 모여 공처럼 보이는 별무리다.

하늘의 질탕한 잔치

류수 柳宿

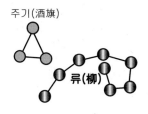

주기(酒旗)

류(柳)

서양 별자리	바다뱀자리
관측 시기	동지(12월 22일경)
주천도수	15도(평균 13도보다 큼)
12지	오(午)
분야(分野)	순화(鶉火)
중국 지역	삼하(三河), 주(周)나라
한국 지역	서울, 경기 북서부

류수의 보천가

여덟 홍색 별 굽은 머리가 늘어진 버들 같으이	八紅曲頭似垂柳
류수 위 까마귀별 셋은 주기라 부르는데	柳上三烏號爲酒
큰 잔치 벌여 모여 마시니 오성이 머물다 가네	享宴大酺五星守

각 별의 역할과 의미

– 홍색 별 여덟八紅으로 된 류수柳宿는 하늘의 주방을 맡은 궁중 요리사
다. 음식 창고와 술자리를 주관한다. 우레와 비를 관장해 주注라고도
부른다. 나무로 만드는 공사도 담당한다. 별자리가 곧게 펴지면 천하

에서 반란을 모의한다

– 주기酒旗는 술을 담당하는 관청의 깃발이다. 잔치와 음식을 주관한다

별자리 이름		개수	서양 별자리	의미
수(宿)	류(柳)	8	바다뱀자리	주작의 부리. 하늘의 주방을 맡은 궁중 요리사. 음식 창고와 술자리 주관. 우레와 비 관장
부속 별자리 (1개)	주기(酒旗)	3		술을 담당하는 관청의 깃발. 잔치와 음식을 주관

메추라기가 주작 朱雀이 되다

남방의 일곱 별자리는 주조朱鳥로 상징된다. 땅의 12주州처럼 하늘을 12개 구역으로 나눈 분야론分野論이나 차론次論에서는 남방 7수를 순조鶉鳥로 본다. 순鶉은 메추라기다. 정井과 귀鬼는 메추라기의 머리인 순수鶉首, 류柳·성星·장張은 심장과 몸인 순화鶉火, 익翼과 진軫은 꼬리인 순미鶉尾다. 꿩과에 속하는 작은 몸집의 메추라기를 하늘의 별자리로 해석할 때는 주조가 된다. 화려한 모습이 아닌 메추라기가 사령신四靈神의 하나인 주조로 격상된 것은 또 다른 사연이 있다. 남방 주조 7수에서 요의 아들 단주가 죽어 주鷬로 화생한 산해경의 고사故事와는 다른 내용이다.

진시황이 세운 진秦나라가 망한 뒤 천하의 주인을 다투던 유방劉邦은 당시 막강한 세력을 자랑하던 항우項羽의 군사에게 쫓기다 너무나 다급한 나머지 풀숲에 몸을 숨겼다. 풀숲에는 수많은 메추라기들이 있었으나 유방이 갑자기 뛰어들었는데도 놀라지도, 날아가지도 않았다. 뒤쫓아 온 항우의 군사들은 풀숲에서 새들의 울음소리가 계속 이어지자 사

람이 없는 줄 알고 가버렸다.[159] 유방이 메추라기의 도움으로 위기를 모면한 뒤 사람들 사이에는 그가 소호少昊 금천씨金天氏의 후예라는 소문이 퍼졌다. 소호 금천씨는 삼황오제三皇五帝 중 오제에 포함되는 신화 속 인물로 동해東海 밖에 사는 새들의 왕이다. 동이족이 조상으로 여기는 소호 금천씨에 대해 한족의 나라를 세운 유방이 후손을 자처했다는 점은 아이러니다.

유방은 강소성江蘇省 서주시徐州市 패현沛縣에서 아버지의 이름도 모를 정도로 미천하기 짝이 없는 농가에서 태어났다. 동네 파락호로 주색잡기에 여념이 없던 그는 오십이 다 될 무렵 패현의 말단 임시직을 얻게 됐다. 현령의 잔치 자리에 갔다가 그 집에 머물던 산동성山東省 귀족인 여공呂公의 눈에 띄어 그의 딸과 혼인하게 됐다. 관상에 일가견이 있던 여공은 유방을 보자마자 그에게 서린 비범한 기운을 읽고 딸을 유방에게 오히려 사정하다시피 주었다고 한다. 중늙은이에다 변변히 내세울 것 없는 유방에게 선뜻 시집을 간 여공의 딸도 대단하다 할 수 있다. 그녀는 미색도 뛰어났다고 한다. 유방이 한漢나라를 세웠을 때 본처인 여呂씨는 황후가 되었다. 황후 여씨의 이름이 꿩 치雉다. 메추라기와 꿩은 사촌지간이라 할 수 있다.

유방과 관련된 새 일화들은 그가 전설적인 황제의 후손이라고 선전해 민심을 얻으려는 정치적 상징 조작의 느낌이 강하다. 유방은 또 자신은 적제赤帝의 아들이고, 항우는 백제白帝의 아들이라 떠들고 다녔다. 적제는 남방南方을 다스리며, 화火와 주조朱鳥를 상징한다. 백제는 서방西方과 금金을 뜻한다. 불이 쇠를 녹인다는 화극금火克金의 오행 원리에 따라

---

159 "柳宿, 星宿−黃龍醉臥春夜", 張超, 『中國國家地理』, 2011年 第05期 , 〈http://www.dili360.com/nh/article/p5350c3d8a6ed219.htm〉

자신이 항우를 이긴다는 것이다.

버들가지는 물을 따라간다

류柳 · 성星 · 장張 · 익翼 · 진軫 다섯 수宿는 부속 별자리가 많지 않다.
류柳 · 장張 · 익翼은 각각 1개뿐이다. 성수은 4개이고, 진軫은 7개다. 류
수는 성수星宿의 부속별인 헌원軒轅이 자신의 북쪽 하늘을 차지해 버렸
다. 장 · 익 · 진 3수는 바로 위에 부속별 대신 태미원太微垣이 자리하고
있다. 류수는 새의 부리가 굽은 모습이 버들가지를 닮았다고 해서 붙여
진 이름이다. 중국에서 가장 오래된 자전字典인 이아爾雅의 석천釋天편
에서는 '새의 부리를 류라 한다. 류는 순화다咮謂之柳. 柳, 鶉火也'라고 풀
이했다.[160] 류수는 서양 바다뱀자리Hydrae의 뱀머리 부분이다. 인도 별자
리 체계에서는 아슬레사Āślesā로 불린다. 산스크리트어로 '휘감는 것'이
라는 뜻으로 서양 별자리처럼 뱀의 머리 모양이다.[161]

　천문류초에 따르면 류수는 하늘의 주방을 맡은 궁중 요리사天之廚宰
로 음식 창고와 술자리를 주관한다. 새의 부리는 먹는 용도다. 류수가 밝
고 크면 사람들이 술과 음식을 풍성하게 먹을 수 있다고 한다. 버들 류柳
는 여러 은유를 담은 글자다. 새의 부리나 사람의 입은 먹을 것을 향한
다. 버들은 물을 따라 가지를 늘어뜨린다. 기루妓樓에는 버들을 심는다.
기루의 버들은 돈을 가진 한량들을 향해 가지를 떨군다. 화류계花柳界는
담장 위의 꽃과 길가의 버들路柳墙花이다. 풍수에서 물은 재물財物이다.
물 – 재물 – 입부리 – 버들은 상관관계에 있다. 류수의 하나뿐인 부속별

---

160 "柳宿", 『百度百科』, 〈https://baike.baidu.com/〉
161 야노 미치오, 전용훈 옮김, 『밀교점성술과 수요경(宿曜經)』, 동국대학교출판부, 2010,
　　95~96쪽

주기酒旗는 주막의 깃발을 연상시킨다. 천문류초는 주기에 대해 술을 담당하는 관청의 깃발로 향연을 주관한다고 썼다. 류수는 하늘의 질탕한 잔치를 뜻하는 별자리다. 향락을 즐기는 데 주기酒旗 외에 다른 별은 귀찮은 존재일 뿐이다. 하지만 화성이나 금성, 혜성 등이 침범하면 술이 지나쳐서 서로 해를 끼치게 된다는 경고의 말도 잊지 않았다.

하늘의 내명부內命婦

성수星宿

제二부 하늘을 거닐며 노래하다

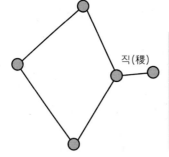

서양 별자리	바다뱀자리
관측 시기	소한(1월 6일경)
주천도수	7도(평균 13도보다 작음)
12지	오(午)
분야(分野)	순화(鶉火)
중국 지역	삼하(三河), 주(周)나라
한국 지역	경기 서남부

성수의 보천가

갈고리 같은 홍색 별 일곱이 류수 아래 났네	七紅如鉤柳下生
성수 위 열일곱 별은 헌원을 이루지	星上十七軒轅形
헌원 동쪽 별 넷은 내평이고	軒轅東頭四內平
내평 아래 노란 별 셋은 천상일세	平下三黃名天相
천상 아래 직의 신령스런 별 다섯이 가로놓였네	相下稷星橫五靈

각 별의 역할과 의미

- 홍색 별 일곱七紅으로 된 성수는 주조의 목이다. 북두칠성과 모양이 비슷해 '작은 북두칠성' 또는 '남쪽 북두칠성'이라고도 한다. 황후 왕비 궁녀들을 담당하며 어진 선비의 일도 맡는다. 별의 색이 변하거나 까끄라기가 생기면서 움직이면 황후와 왕비가 죽고, 어진 선비는 주살된다. 의상衣裳을 만들고 무늬 있는 수繡를 놓는 것을 주관한다

- 헌원軒轅은 황제黃帝의 별자리다. 황후와 왕비 등 궁궐의 여관女官들을 관리한다. 남쪽의 큰 별南大星은 황후인 여주女主다. 우레와 비의 신으로 음양 교합을 맡는다

- 내평內平은 궁궐의 여관인 내명부를 감찰하고 형벌을 담당한다

- 천상天相은 성수를 돕는 정승이다

- 기장 직稷은 농사일을 주관한다

별자리 이름		개수	서양 별자리	의미
수(宿)	성(星)	7	바다뱀자리	주조의 목, 황후, 왕비, 궁녀 등 여관(女官)의 직책, 어진 선비 주관, 옷 짓고 수놓는 일 담당
부속 별자리 (4개)	헌원(軒轅)	17	사자자리	황제(黃帝), 황룡(黃龍), 우레와 비의 신으로 음양 교합 주관, 황후, 왕비, 궁녀 등 궁궐의 여관인 내명부(內命婦) 관리
	내평(內平)	4		내명부 감찰
	천상(天相)	3		성수를 돕는 정승
	직(稷)	5		농사 주관

브라질 국기 속의 동양 별

성수星宿는 주조朱鳥의 눈동자가 별星처럼 반짝인다고 해서 붙은 이름이다.[162] 사기史記 천관서天官書는 '성수의 일곱 별은 주조의 목이며, 급한 일을 주관한다七星頸 主急事'고 했다. 성수는 굽은 쟁기를 닮았다고 해서 쟁기별여두성 · 犁頭星이라고도 부른다.[163] 성수의 일곱 별 가운데 위에서 다섯 번째 별은 서양 바다뱀자리의 알파α별 알파르드Alphard다. 알파르드는 아라비아 말로 고독자孤獨者라는 뜻이다. 2등성인 알파르드는 주위에 밝은 별이 전혀 없어 외롭게 보인다는 의미에서 이름 지어졌다. 라틴어로는 코르 히드라Cor Hydrae라 부른다. 물뱀의 심장이라는 뜻이다. 주조가 됐건 물뱀이 됐건 밤하늘에서 홀로 붉은빛을 내는 별을 보고 심장을 연상한 것이다.[164] 성수는 춘분을 정하는 별이다. '낮과 밤이 같고 성조가 해 지고 남쪽 하늘 한가운데 뜨면 춘분으로 정한다日中星鳥 以殷仲春'는 서경書經 요전堯典의 문장 중 성조星鳥가 성수다.

대한민국의 태극기는 우주 작동의 원리를 담은 국기國旗다. 하지만 별은 없다. 전 세계 200여 국기 가운데 하늘의 별을 가장 많이 담은 것은 브라질 국기다. 미국 성조기星條旗의 별은 50개 주의 숫자를 나타낼 뿐 하늘의 별은 아니다. 이슬람 국기에는 초승달이 그려진다. 브라질 국기는 1889년 11월 15일 리우데자네이루의 하늘에 펼쳐진 23개의 별을 담은 것에서 출발했다. 주州가 새로 생길 때마다 수정을 해서 세 번째인 1992년 27개로 별을 늘린 것이 현 국기다. 국기 속에는 남반구의 별들이 많이 포함됐지만 북반구, 특히 동양 별자리 이름을 붙일 수 있는 것이

162 "星宿星日馬", 『911査詢』 「二十八星宿」, 〈https://xingxiu.911cha.com/25.html〉

163 "星宿", 『百度百科』, 〈https://baike.baidu.com/〉

164 "星宿一", 『百度百科』, 〈https://baike.baidu.com/〉

브라질 국기 속의 동양 별

번호	서양 별자리	동양 별자리
①	황도(글자는 '질서와 진보'라는 포르투갈어)	황도(黃道), 황도 아래는 남반구
②	스피카(처녀자리 알파별)	각성(角星)
③	프로키온(작은개자리 알파별)	남하(南河)
④	바다뱀자리	성성(星星)
⑤	큰개자리(원 안의 큰 별은 시리우스)	천랑성(天狼星)
⑥	남십자자리	
⑦	카노푸스(용골자리 알파별)	노인성(老人星)
⑧	남쪽삼각형자리	
⑨	팔분의자리 시그마(σ)별	
⑩	전갈자리(원 안의 큰 별은 안타레스)	심성(心星)

적지 않다. 그중에는 성星수도 포함되어 있다.[165]

한족의 시조 황제黃帝는 하늘에서 천대받나

성수星宿는 천문학적으로 중요한 의미를 갖지만 부속 별자리인 헌원軒轅이 훨씬 유명하다. 헌원은 중국 한족漢族의 시조인 황제黃帝 헌원씨軒轅氏 · 기원전 2717~기원전 2599의 별자리다. 중국 섬서陝西 지역 작은 부족의 족

---

165 앞의 "星宿一", 『百度百科』 참조; "브라질의 국기", 『위키백과』, 〈https://ko.wikipedia.org/wiki/〉

장이었던 헌원씨는 당시 천하를 다스리던 염제炎帝 신농씨神農氏의 세력이 약해졌을 때 반란을 일으켜 승리를 거뒀다. 이어 동이족東夷族 치우蚩尤 천황과의 전쟁에서 이겨 중원의 패자覇者로 군림했다. 헌원씨의 본래 성姓은 공손公孫이었으나 희수姬水 물가에서 성장해 성을 희姬로 바꿨다. 희수는 오늘날 섬서성 함양咸陽시 무공武功현 위하渭河의 지류인 칠수漆水다. 그가 태어난 곳의 지명을 따서 유웅씨有熊氏나 제홍씨帝鴻氏로 부르기도 한다.[166] 황제가 헌원씨로 불린 데 대해서는 다양한 설이 있다. 유목민인 부족을 이끌고 섬서성의 황토고원黃土高原과 황하黃河 중상류 일대를 떠돌 때 부녀자와 아이, 노약자들이 큰 고통을 받았는데, 그가 처음으로 이동 수단인 수레를 발명했기 때문에 붙은 이름이라는 것이다. 헌軒은 차양이 달린 수레를 말하고, 원轅은 수레의 끌채 또는 수레바퀴를 연결하는 가로대의 뜻이다.[167] 그가 헌원 구릉軒轅之丘에 살았다는 사기史記 오제본기五帝本紀의 기록을 들어 살던 곳의 이름을 딴 것이라는 주장도 있다.[168] 헌원씨는 오행 중 토덕土德을 입어 천하를 얻었다고 생각해 흙의 누런색을 따 황제黃帝라고 칭했다. 또 도가道家의 장생불사의 술법을 익힌 뒤 황룡이 되어 승천했다고 한다.

오제五帝의 우두머리인 황제는 태어날 때부터 신령스러워 세상에 나오자마자 말을 할 수 있었다고 오제본기는 쓰고 있다. 그는 재위 중 문자, 역법曆法, 간지干支, 음악, 농업, 건축, 의상, 의학, 수레, 선박, 진법陣法 등 인간에게 필요한 모든 것을 발명하거나 창조했다고 한다. 한족은 황제를 '화하족의 시조이며, 인문의 첫 조상華夏始祖, 人文初祖'이라고 숭

166 마서전, 윤천근 옮김, 『중국의 삼백신』, 민속원, 2013, 34~36쪽
167 "黃帝", 『百度百科』, 〈https://baike.baidu.com/〉
168 사마천, 신동준 옮김, 『사기 본기』, 위즈덤하우스, 2015, 39~40쪽

배한다. 오제본기의 설명을 액면 그대로 받아들인다면 황제는 못하는 것이 없는 전지전능의 군주였다고 할 수 있다. 그런데 천문류초의 설명은 상당히 달라서 의아한 느낌을 준다. 천문류초는 '헌원은 황제의 신黃帝之神으로 황룡의 형상黃龍之體을 하고 있고, 황후와 왕비가 궁궐의 여자 직책女職을 다스리는 것을 주관하며, 우레와 비의 신雷雨之神으로 음양의 교합을 맡는다'고 했다. 임금의 처첩과 여관女官 등 하늘의 내명부內命婦를 관리하고 밤의 은밀한 일인 음양 교합을 담당하는 것이 헌원의 업무라는 것이다.[169] 천문류초에 따르면 헌원의 열일곱 별 중 제일 남쪽 바로 위의 큰 별은 황후인 여주女主, 위 별은 부인夫人, 그 위 별은 왕비王妃, 나머지 위 별들은 모두 후궁後宮이고 여주 바로 밑의 작은 별은 시녀인 여어女御, 왼쪽 별은 태자비의 친척인 소민少民, 오른쪽 별은 태후의 친척인 태민太民이다. 헌원을 구성하는 별이 모두 여자인 것이다. 성수의 부속별인 내평內平은 헌원의 위에서 내명부의 형벌을 다스리는 별이다. 별의 위치로 볼 때 헌원도 내평의 감독 대상에 포함되는 것으로 해석된다. 사기 오제본기의 설명을 감안할 때 하늘을 호령해야 마땅할 황제가 별자리로는 납득하기 어려운 대우를 받고 있는 것이다. 헌원은 하늘의 세 궁궐인 삼원三垣에 들어가지 않는다. 또 성수星宿의 부속 별자리에 불과하다. 맡은 직책마저 궁궐의 여인을 관리하는 업무다. 태미원太微垣의 오제좌五帝座에 황제黃帝가 포함돼 있으므로 하늘에서 푸대접받는 것으로 볼 수 없다는 의견도 없지 않다. 하지만 오제는 동서남북의 네 황제가 중앙의 황제와 동급으로 자리 잡은 것이며, 동서남북중의 오행으로 별자리를 배치했을 뿐이라고 한다. 황제가 오제의 우두머리가 된 것은 한족 왕

---

169 韓國科學史學會 編, 『諸家曆象集 · 天文類抄』, 誠信女子大學校 出版部, 1984, 453~454쪽

황제 헌원씨와 수레

출처: 바이두

조의 태사령太史令이었던 사마천의 사기 이후라고 할 수 있다.

사자의 심장

헌원軒轅의 열일곱 별 가운데 가장 밝은 여주女主는 서양 황도12궁의 제 5궁 사자자리 알파α별 레굴루스Regulus다. 라틴어인 레굴루스는 그리스어로 바실리스쿠스Basiliscus라고 한다. 레굴루스나 바실리스쿠스 모두 소년 왕王, 청년 왕, 젊은 군주라는 뜻이다.[170] 고대 페르시아의 네 군주별Four Royal Stars 중 남쪽을 다스리는 별이다. 레굴루스는 아랍어로 칼브 알 아사드Qalb Al Asad로 불린다. 사자의 심장이라는 의미다. 레굴루스는 황도12궁의 별들 중 황도에 가장 가까운 별에 속한다. 때문에 황도를 같이 지나는 달·수성·금성·소행성 등에 의해 가려지는 경우가 많다. 특히 달에 자주 가려지는 별이라고 해서 월엄성月掩星이라고도 한다.[171] 사자자리 알파별 레굴루스여주·女主, 헌원와 처녀자리 알파별 스피카좌각·左角, 각수, 목동자리 알파별 아르크투르스대각·大角, 항수의 세 별을 이어 봄철의 대삼각형이라고 한다. 이들은 다른 별을 찾는 길잡이 별들이다.

---

170 "軒轅十四", 『百度百科』, 〈https://baike.baidu.com/〉
171 "軒轅十四", 『互動百科』, 〈http://wiki.baike.com/〉

활의 장인

장수張宿

서양 별자리	바다뱀자리
관측 시기	대한(1월 21일경)
주천도수	18도(평균 13도보다 큼)
12지	오(午)
분야(分野)	순화(鶉火)
중국 지역	삼하(三河), 주(周)나라
한국 지역	경기 남부, 충북 북부

장수의 보천가

진수처럼 생긴 홍색 별 여섯이 성수 곁에 있지	六紅似軫在星旁
장수 아래는 단지 천묘뿐인데	張下只是有天廟
별 열넷이 울짹처럼 사방을 둘렀네	十四之星冊四方
장원과 소미가 비록 위에 있지만	長垣少微雖向上
별 숫자 노래할 땐 태미원 곁에 두네	星數歌在太微傍
태존 별 하나도 바로 위에서 노랗네	太尊一星直上黃

각 별의 역할과 의미

- 홍색 별 여섯六紅으로 된 장수張宿는 하늘의 묘당天廟과 명당明堂을 맡는 어사御使의 자리다. 종묘에 쓰이는 진귀한 보물, 의복, 음식을 주관한다. 하늘의 주방이다
- 천묘天廟는 천자의 조상을 모신 사당이다

별자리 이름		개수	서양 별자리	의미
수(宿)	장(張)	6	바다뱀자리	주조의 모이주머니. 하늘의 종묘를 맡는 관리. 종묘에 쓰이는 보물 · 의복 · 음식 담당
부속 별자리 (1개)	천묘(天廟)	14		역대 천자의 신주를 모신 사당

하늘의 종묘와 사당

장수張宿는 주조朱鳥의 모이주머니소 · 嗉다. 사기史記 천관서天官書는 '장수는 하늘의 부엌으로, 손님 대접을 맡는다張爲廚 主觴客'고 했다. 모이주머니는 음식을 모으는 곳이다. 부엌과 음식은 손님 접대와 관련된다. 마름모처럼 생긴 장수의 모양 때문에 짐승을 잡기 위해 '펼쳐 놓은張開' 그물로 보기도 한다. 천문류초에 따르면 장수는 역대 임금들에게 제사를 지내는 종묘관宗廟官의 자리이기도 하다. 종묘에서 쓰는 진귀한 보물이나 의복, 음식 준비 등을 주관한다. 별이 밝고 크면 나라가 강성해지고, 색깔을 잃으면 정치가 불안해진다. 단 하나의 부속별인 천묘天廟도 천자의 신주를 모신 하늘의 사당이다. 장수는 제사와 관련된 별로만 이뤄진다.

장씨 張氏가 숭배하는 별

장張이라는 글자는 궁弓과 장長으로 나눌 수 있다. 궁은 활이다. 장은 우두머리 또는 어른이라는 뜻이다. 장張은 활을 만드는 장인丈人을 가리킨다. 황제黃帝가 조그만 부족의 족장일 때 세력을 넓히기 위해 군사력을 강화할 필요성을 절감했다. 이때 신무기를 만든 이가 그의 다섯 째 아들인 청양씨靑陽氏의 아들 휘揮였다. 황제의 손자인 휘가 만든 신무기는 활이었다. 휘가 활을 발명한 이후 황제족의 전투력이 막강해진 것은 물론 수렵에도 큰 도움을 받았다고 한다. 황제는 그의 공로를 높이 사서 휘를 궁장弓長으로 삼았다. 궁장은 활 제조 관청의 우두머리다. 휘의 후손은 대대로 활 만드는 임무를 맡았다. 또 궁장을 합친 장張을 성姓으로 삼았다. 이런 까닭에 장씨들은 장수張宿는 물론 정수井宿의 활별인 호弧에 해마다 제사를 지낸다고 한다.[172]

남방 주조 7수 南方朱鳥七宿

172 "張宿", 『百度百科』, 〈https://baike.baidu.com/〉

예인藝人의 별

익수翼宿

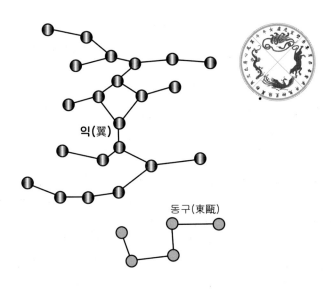

익(翼)

동구(東甌)

서양 별자리	컵자리
관측 시기	입춘(2월 4일경)
주천도수	18도(평균 13도보다 큼)
12지	사(巳)
분야(分野)	순미(鶉尾)
중국 지역	형주(荊州), 초(楚)나라
한국 지역	전남 서부, 제주

익수의 보천가

홍색 별 스물둘은 참으로 알기 어려우이   二十二紅大難識

위 다섯 아래 다섯은 가로로 가고   上五下五橫着行

가운데 여섯 점은 흡사 장수일세   中間六點恰如張

제二부 하늘을 거닐며 노래하다

남은 별 여섯은 어디 있나	更有六星在何許
셋셋 서로 이어 장수 끄트머리 붙었지	三三相連張畔附
자리들을 나누지 못하겠거던	必若不能分處所
다시 청하건대 앞쪽 들을 살펴 찾으시게	更請向前看野取
검은 별 다섯이 익수 아래 있으니	五箇黑星翼下頭
이름이 동구인 걸 아시게	要知名字是東甌

각 별의 역할과 의미

– 홍색 별 스물둘二十二紅로 이뤄진 익수翼宿는 주조의 날개다. 하늘의
악부天之樂府로 음악·연극·무용·노래 등을 주관한다. 또 해외 사신
을 담당한다

– 동구東甌는 중국 남부의 월越 민족들이다

별자리 이름		개수	서양 별자리	의미
수(宿)	익(翼)	22	컵자리, 바다뱀자리	주조의 날개. 하늘의 악부. 광대와 가무 주관. 해외 사신 담당
부속 별 자리(1개)	동구(東甌)	5		중국 남부 월족(越族)

문화 외교와 소프트 파워

익수翼宿는 글자 그대로 주조朱鳥의 날개다. 새의 날갯짓은 하늘로 날아
오르는 용도만으로 쓰이지는 않는다. 가벼운 퍼득거림으로 바람에 몸을
싣고 천공天空을 마음껏 누비는 자유를 만끽할 수 있는 하늘의 선물이다.
인간의 날갯짓은 춤이다. 어깨와 팔에 몸을 맡기고 공간을 휘젓는 자유
를 느낀다. 춤에는 당연히 음악이 따른다. 천문류초는 익수에 대해 하늘
의 악부天之樂府로 광대와 가무, 음악을 주관한다고 썼다. 악부樂府는 음

악을 담당하는 관청이다. 익수가 밝고 크면 예절과 음악禮樂이 크게 일어나면서 이민족들이 조공을 바친다고 했다. 이 때문에 중국에서는 예인藝人들이 매년 익수에 제사를 지낸다고 한다.[173]

천문류초는 또 익수가 도道를 이루는 문서와 전적典籍을 담당하고, 먼 곳에서 온 이민족의 손님과 바다를 등진 곳에서 온 손님을 맡는다고 밝혔다. 변방과 해외에서 온 사신使臣을 접대하고, 선진 학문을 전파하는 역할을 하는 것이다. 익수는 문화와 외교를 맡는 별이다. 예인들의 소프트 파워를 강조하는 별이다. 무력과 강압으로 상대를 굴복시키는 것이 아니라 문화 예술로 승복하도록 하는 것이다. 익수는 서양 별자리에서는 술잔 모양의 컵자리Crater다. 술잔도 문화 예술과 일맥상통한다.

173 "翼火蛇", 『百度百科』, 〈https://baike.baidu.com/〉

전장 戰場의 모래 바람

진수 軫宿

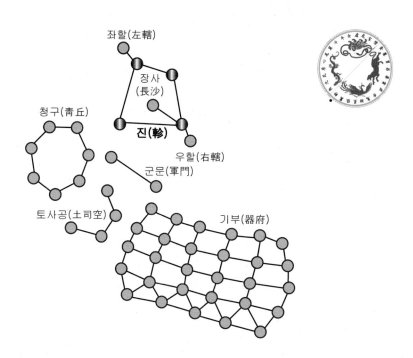

좌할(左轄)

장사
(長沙)

청구(靑丘)

진(軫)

우할(右轄)

군문(軍門)

토사공(土司空)

기부(器府)

서양 별자리	까마귀자리
관측 시기	우수(2월 19일경)
주천도수	17도(평균 13도보다 큼)
12지	새(巳)
분야(分野)	순미(鶉尾)
중국 지역	형주(荊州), 초(楚)나라
한국 지역	전남 중동부

진수의 보천가

장수처럼 생긴 홍색 별 넷이 익수와 가깝지　　　　四紅如張翼相近

한가운데 붉은 별 하나는 장사일세	中央一赤長沙子
좌할 우할은 붙어 있는 두 별이고	左轄右轄附兩星
군문은 노란 별 둘이 익수 옆에 있다네	軍門兩黃近翼是
군문 아래 노란 별 넷은 토사공이고	門下四黃土司空
군문 동쪽 까마귀별 일곱은 청구일세	門東七烏青丘子
청구 아래는 기부라 이름하는데	青丘之下名器府
기부는 검은 별 서른둘이라	器府黑星三十二
이들 위가 바로 태미궁이군	已上便爲大微宮
황도 위를 보면 바로 찾아내지	黃道向上看取是

각 별의 역할과 의미

– 홍색 별 넷四紅으로 된 진수軫宿는 주조의 꼬리다. 장군과 악부樂府,
전차와 기마를 주관한다. 별이 밝고 커지면 전차와 기마를 쓰게 돼 수
많은 사람이 죽거나 다친다. 화성과 금성 등 오성이 침범하면 나라가
망한다

– 장사長沙는 수명을 관장한다

– 좌할左轄과 우할右轄은 천자를 지원하는 제후국의 왕이나 제후다. 좌
할은 천자와 같은 성씨고, 우할은 다른 성씨다

– 군문軍門은 천자의 대병력六軍이 출입하는 문이다

– 토사공土司空은 토목 공사를 담당한다. 사도司徒라고도 하며 땅을 구
획하는 일을 한다

– 청구青丘는 동쪽에 있는 삼한의 나라를 주관한다主東方三韓之國. 별이
밝으면 이들 나라 병사들이 강성해진다

– 기부器府는 악기를 맡은 관청이다

별자리 이름		개수	서양 별자리	의미
수(宿)	진(軫)	4	까마귀자리	주조의 꼬리. 장군, 전차 기마, 악부를 주관. 오성이 침범하면 나라가 망함
부속 별자리 (7개)	장사(長沙)	1		수명을 관장
	좌할(左轄)	1	까마귀자리	천자를 지원하는 제후국의 왕이나 제후. 천자와 성씨가 같음
	우할(右轄)	1	까마귀자리	좌할과 같은 역할. 천자와 성씨가 다름
	군문(軍門)	2		천자의 대병력인 육군(六軍)의 출입문
	토사공(土司空)	4		토목 공사 담당
	청구(靑丘)	7		동쪽의 삼한(三韓)
	기부(器府)	32		악기를 맡은 관청

국가의 명운을 가르는 전쟁

진수軫宿는 28수를 마무리하는 별자리다. 주조朱鳥의 꼬리다. 새의 꼬리는 방향을 잡는 기능을 한다. 배에 키가 없다면 항로航路를 바로 잡을 수 없듯이 새의 꼬리가 없으면 바로 날 수 없다. 동물은 머리와 꼬리가 중요하다. 생존과 직결되는 만큼 머리는 민첩한 판단 능력을, 꼬리는 공수攻守의 강력한 힘을 갖춘다. 28수로 이뤄진 사령신四靈神도 몸통보다는 머리와 꼬리의 별이 대체적으로 중요하고 힘도 세다. 진軫은 수레 뒤쪽의 가로대를 가리킨다. 가로대가 부서지면 수레의 두 바퀴를 지탱할 수 없다. 진은 또 거문고나 가야금 등 현악기의 뒤쪽에 줄을 감아 매는 말뚝이다. 말뚝을 틀어서 줄을 죄거나 늦춘다. 진은 수레나 악기에서 새의 꼬리처럼 핵심 기능을 수행한다.[174]

진수는 국가 안보와 직결되는 별이다. 새의 꼬리처럼 진수가 잘못되면 국가가 항로를 잃고 침몰한다. 중요한 별인 만큼 사기史記 천관서天官書의 설명도 이례적으로 길다. 다른 별자리는 단 한 글자 또는 길어야 10

---

174 "軫宿", 『百度百科』, 〈https://baike.baidu.com/〉

자 이내의 짧은 평을 했던 것과 달리 무려 57자에 이를 만큼 장황하다. 천관서에 따르면 진수는 수레車다. 단순한 수레가 아니라 전차와 기마車 騎 병력이다. 전차와 기마대는 상고 시대 전쟁의 승패를 좌우했던 정예 군이다. 진수는 또 바람風을 관장한다. 새가 꼬리를 거칠게 흔들면 바람 이 인다. 진수는 전쟁을 예고하는 피비린내 나는 모래바람이다. 전차처 럼 생긴 진수의 가운데 있는 별은 장사長沙다. 천문류초에 따르면 장사 는 수명을 관장한다. 하지만 동양 점성학에서는 죽은 장수將帥의 시신을 담은 나무관木棺으로 본다.

사기 천관서는 장사를 포함한 진수의 다섯 별이 밝아지거나 화성과 금성 등 오성이 침범하면 큰 병란兵亂이 일어난다고 설명했다. 천문류초 는 오성이 범하면 나라가 망한다失位亡國고 한발 더 나아갔다. 진수의 다 섯 별이 밝아지는 것은 국가 비상사태로 전차와 기마 병력이 동원되고 수많은 희생자가 생긴다는 뜻이다. 진수의 아래는 군문軍門이다. 군문은 천자의 6군六軍이 출입하는 문이다. 고대 천자는 6군을 거느렸다. 제후 국은 최소 1군一軍에서 최대 3군三軍까지만 가질 수 있었다. 1군은 전차 · 기병 · 보병 등 세 가지 병종兵種에 1만 2,500명의 병력이다. 따라서 6 군은 천자를 상징하는 대병력을 뜻한다.[175] 천자가 직접 지휘하는 6군이 총출동했다는 것은 나라의 존망을 다투는 위기 상황이라는 의미다.

군문 아래 32개 별은 기부器府다. 일반적으로 악기를 보관하는 관청으 로 풀이하지만 천관서의 설명은 다르다. 진수 남쪽의 수많은 별들은 천 고루天庫樓라 하며, 그 속에 오거五車가 있다고 썼다. 대규모 전차 부대 가 포진하고 있다는 뜻이다. 따라서 기부는 북과 징 등 아군의 사기를 북

---

175 "凡制軍 萬有二天五百人爲軍. 王六軍 大國三軍 次國二軍 小國一軍", 池載熙 · 李俊 寧 解譯, 『주례(周禮)』, 자유문고, 2002, 「하관사마(夏官司馬)」 상, 324쪽과 328쪽

돋는 군악기軍樂器거나 대병력이 쓸 무기고로 해석한다.[176] 진수의 왼쪽 위와 오른쪽 아래의 좌할과 우할[177]은 천자를 지원하는 제후국의 왕이나 제후다. 좌할은 천자와 같은 성씨, 우할은 다른 성씨의 제후다. 군문 왼쪽의 토사공土司空은 토목 공사를 담당한다. 공병 부대로 볼 수 있다.

진수가 나라의 명운을 건 전쟁을 벌이는 상대는 왼쪽의 청구靑丘[178]다. 동이족인 치우 천황이 황제 헌원씨와 싸울 때 산동성山東省 부근 청구에 도읍을 정했다고 한다. 동이족과 한족이 천하를 두고 다투던 상황이 진수에 펼쳐진 것이다. 청구라는 명칭은 산해경山海經 남산경南山經과 해외동경海外東經에 처음 나온다. 푸를 청靑이 동방을 상징해 옛날부터 우리나라를 가리키는 말이었다. 남방 주조의 진수와 동방 창룡의 각수 사이를 지호地戶라 한다. 지호는 땅의 기운인 음기가 열리는 문이다. 추분점인 각진角軫을 지나면서 천지에 깊은 가을의 숙살지기肅殺之氣가 천하에 펼쳐진다.

176 사마천, 신동준 옮김, 『사기 서』, 위즈덤하우스, 2015, 127쪽과 131쪽
177 할(轄)은 수레바퀴가 굴대에서 빠지지 않도록 굴대 머리에 박아 넣은 큰 못이다.
178 중국 산동성(山東省) 남서부의 하택시(菏澤市) 일대로 추정한다. 하택시는 하남성
  (河南省) 북동 경계와 인접해 있다.

八장
3원^{三垣}과 은하수

태미원 太微垣

건국 建國의 하늘

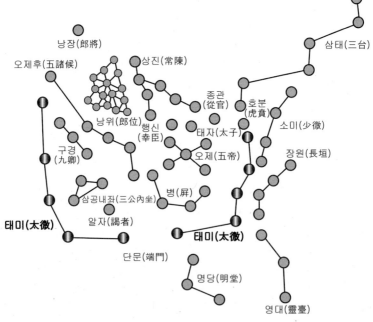

명칭	태미원(太微垣 · Supreme Palace Enclosure)
생김새	큰 밥그릇 모양. 네모반듯하게 생겨 방정지원(方正之垣)이라고도 부름[179]
위치	자미원 아래 북두칠성 남쪽. 남방 7수의 성(星) · 장(張) · 익(翼) · 진(軫) 북쪽
소속 별자리	19개 별자리 78개 별
서양 별자리	처녀자리, 사자자리, 머리털자리, 큰곰자리
주천도수	63도
의미	하늘의 조정. 시간의 기점(起點)인 상원(上元). 60년 또는 180년마다 중원(中元), 하원(下元). 다시 상원으로 순환. 건국(建國)의 하늘
지상 궁궐	종묘(宗廟)

태미원의 보천가

상원 태미궁	上元太微宮
밝디 밝게 줄지은 모습이 창공에 펼쳐졌네	昭昭列象布蒼空
단문은 문의 가운데일 뿐이고	端門只是門之中
좌우 집법이 문의 서쪽 동쪽이지	左右執法門西東

문 왼쪽 검은 별 하나는 알자라	門左一皀乃謁者
그 다음 까마귀별이 바로 삼공이고	以次卽是烏三公
검은 별 셋 구경은 삼공 뒤편이지	三黑九卿公背傍
검은 별 다섯 제후는 구경 뒤를 따르고	五黑諸侯卿後行
단문 서쪽 붉은 별 넷은 처마 담장 병일세	四赤門西主軒屏

오제내좌는 한가운데서 바르고	五帝內坐於中正
행신 태자와 종관은	幸臣太子幷從官
까마귀별처럼 펼쳐져 오제 뒤 상진 동쪽에 머물지	烏列帝後陳東定
낭장 호분은 오제의 왼쪽 오른쪽이고	郎將虎賁居左右

179 "古代星空的三垣, 其實是一個完整的中央政府", 『經理人分享』, 〈http://www.managershare.com/post/463114〉

상진 낭위는 그 뒤에 있지	常陳郎位居其後
상진 일곱 별은 서로 헷갈리지 않고	常陳七星不相誤
낭위는 상진 동쪽 붉은 별 열다섯이네	郎位陳東赤十五

궁궐 담장 양쪽에 홍색 별 열이 펼쳤는데	兩面宮垣十紅布
좌우 집법이 그 자리지	左右執法是其所
동쪽 담장에는 상상과 차상이 늘어섰고	東垣上相次相陳
차장과 상장이 서로 이어 환하네	次將上將相連明
서쪽 담장도 이 숫자를 좇았는데	西面垣墙依此數
다만 상장이 남쪽부터 거꾸로 가지	但將上將逆南去

궁궐 밖 명당은 정사를 펴는 궁이고	宮外明堂布政宮
검은 별 셋 영대는 구름과 비를 살피지	三黑靈臺候雲雨

소미의 네 붉은 별은 서남쪽 귀퉁이에 있고	少微四赤西南隅
장원은 쌍쌍이 소미 서쪽에 있지	長垣雙雙微西居
북문 서쪽 밖에 삼태가 이어졌는데	北門西外接三台
장원과 마주 보며 병란을 없애지	與垣相對無兵災

나라의 기틀을 다지다

태극太極, 태초太初, 태시太始라는 글자에서 보듯 태太는 크다, 높다, 처음, 시작, 근본 등의 뜻을 갖는다. 태미원太微垣의 태도 마찬가지다. 자미원紫微垣과 천시원天市垣보다 시점에서 앞서거나, 보다 근원적이라는 의미를 지닌다. 태미원에 검은색의 어두운 별이 많은 것도 시작하는 곳이기 때문이다. 검은색은 오행으로 만물의 시작인 수水를 상징한다. 또 새벽 미명未明을 가리킨다. 태미원은 역원曆元의 단계로는 상원上元에 해당한다. 시간은 상원인 태미원에서 시작해 중원中元인 자미원, 하원下元인 천시원으로 순환한다. 각 원은 60년 주기설과 180년 주기설이 있다. 60년 주기설은 태미원이 60년간 하늘을 다스리면 자미원이 60년을 이어받고 천시원이 다음 60년을 주재하는 것이다. 한 주기가 완성되면 다시 상원인 태미원으로 넘어간다. 태미원과 천시원은 자미원과 동등한 자격으로 하늘의 정사政事를 펴는 것이다. 실제 태미원은 하늘의 조정으로 활발하게 기능한다. 태미원의 정문인 단문端門으로 황도가 지나고, 해 · 달 · 오성 등 칠정이 황도를 따라 단문을 드나들며 하늘 임금의 명을 받아 28수 제후들에게 전한다고 생각하기 때문이다.

태미원은 자미원에 비해 영토가 다소 좁고 위치도 치우쳐 보이지만 하늘나라를 시작하는 건국建國의 단계로 볼 수 있다. 나라를 일으킬 때는 무력武力과 강력한 법法의 통치를 통해 기틀을 잡아나간다. 태미원에는 이를 상징하듯 무武와 법法을 상징하는 별이 많다.[180] 자미원이나 천시원과는 확연히 구분되는 특징이다.

태미원은 삼원三垣 중 가장 강력한 담장垣을 형성하고 있다. 담장의 동쪽은 재상, 서쪽은 장군, 남쪽은 형벌을 담당하는 별이 포진하고 있다. 남쪽은 태미원의 입구인 단문이다. 그 좌우에 집법들이 자리 잡았다. 동쪽의 좌집법은 정위廷尉로 형벌과 감옥을 주관한다. 우집법은 어사대부御史大夫로 감찰과 법 집행, 문서를 담당한다. 동쪽 담장은 좌집법의 위로 상상上相−차상次相−차장次將−상장上將이 위치한다. 재상−부재상−부장군−장군 격이다. 서쪽 담장은 우집법 위로 상장上將−차장次將

---

180 "太微垣",『百度百科』,〈https://baike.baidu.com/〉

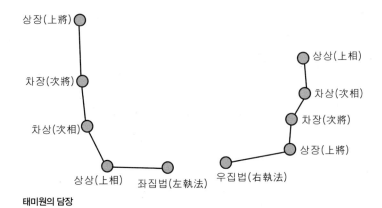

태미원의 담장

―차상次相―상상上相으로 구성된다. 문文과 무武가 고른 듯하지만 같은 숫자라면 무가 우월할 수밖에 없다. 특히 장수들은 태미원에 복종하지 않는 자는 가차 없이 처단할 수 있는 권한을 부여받았다. 태미원의 담장은 서양 별자리로 처녀자리와 사자자리의 별들로 이뤄져 있다.

태미원 내부로 들어가면 문보다는 무의 별이 훨씬 많다. 문과 관련된 별은 삼공三公과 구경九卿이다. 삼공과 구경은 영의정·좌의정·우의정 등 세 재상과 장관급인 아홉 판서라 할 수 있다. 반면 무력을 상징하는 별은 낭장郎將·낭위郎位·호분虎賁·상진常陳·장원長垣 등을 들 수 있다. 낭장은 병력과 군비軍備 검열, 낭위는 호위 군사 또는 문서 출납, 호분은 궁궐 수비대장, 상진은 경호부대인 금위군禁衛軍, 장원長垣은 국경 수비대 등이다. 오제후五諸侯는 무를 돕는 별이라 할 수 있다. 도성에 머물면서 제후국의 동태를 감시하는 관내후關內侯이기 때문이다. 이들 무성武星이 태미원의 임금인 오제五帝를 호위한다.

하늘의 다섯 임금

오제五帝는 하늘의 다섯 임금이다. 오제의 분류는 여러 설이 있다.[181] 천문류초와 오행대의五行大義는 동방 창제蒼帝 영위앙靈威仰, 남방 적제赤帝 적표노赤標怒, 서방 백제白帝 백초구白招矩, 북방 흑제黑帝 협광기叶光紀, 중앙 황제黃帝 함추뉴含樞紐를 오제라 했다.[182] 예기禮記는 태호太皥 복희씨伏羲氏가 봄春, 염제炎帝 신농씨神農氏는 여름夏, 황제黃帝 헌원씨軒轅氏는 늦여름季夏, 소호少昊 금천씨金天氏는 가을秋, 전욱顓頊 고양씨高陽氏는 겨울冬 등 오제가 각 계절을 나눠 다스린다고 했다. 춘추 전국 시대 이후의 대부분 사서史書는 황제黃帝, 전욱 고양씨, 제곡帝嚳 고신씨高辛氏, 요堯, 순舜을 오제로 꼽는다.

　　예기에 따르면 임금은 봄 · 여름 · 늦여름 · 가을 · 겨울 등 계절에 따라 거처하는 곳이 다르다. 이 때문에 오제좌를 임금이 계절에 따라 돌아가며 머무는 자리로 보기도 한다. 오제는 서양 별자리로는 사자자리 베타β별 데네볼라Denebola다. 푸른색의 2등성 데네볼라는 사자의 꼬리다.

오장원五丈原에 진 별

삼태성은 태미원 서쪽 담장 위에서 자미원의 문창성 아래까지 둘씩 세쌍이 동서 가로로 길게 펼쳐진 별자리다. 가장 북쪽인 문창성 바로 아래의 두 별을 상태上台, 그 아래 두 별을 중태中台, 가장 남쪽인 태미원 서쪽 담장 위 두 별을 하태下台라 한다. 서양 별자리로는 큰곰자리에 속한다. 상태는 큰곰의 왼쪽 앞발, 중태는 오른쪽 앞발, 하태는 뒤쪽 오른발

---

181 蕭吉 撰, 『五行大義』 下, 619~639쪽
182 韓國科學史學會 編, 『諸家曆象集 · 天文類抄』, 誠信女子大學校 出版部, 1984, 465쪽

이다. 천문류초에 따르면[183] 상태는 사명司命으로 수명을 담당하고, 중태는 사중司中으로 종실宗室의 일을 맡고, 하태는 사록司祿으로 군사軍事를 주관한다. 삼태성은 천계天階 또는 태계泰階라고도 한다. 계단과 계급의 두 뜻이 있다. 둘씩 짝지은 모양이 계단을 닮았다고 해서 천제天帝가 태미원을 오르내리는 용도로 본다. 품계品階로는 상태의 위 별은 천자, 아래 별은 황후를 나타낸다. 중태의 위 별은 제후와 삼공이고 아래 별은 경卿과 대부大夫다. 하태는 위 별이 선비고 아래 별은 서민이다. 땅에서는 삼태성을 세 정승인 삼공三公으로 풀이한다. 삼태성은 옛날부터 점성학적으로 무척 중시된 별이다. 별 색깔의 변화, 각 별의 미묘한 위치 변동, 화성·금성 등 오행성과 유성·혜성 등 객성客星의 움직임 등으로 나라의 명운, 임금과 신하의 관계, 농사의 풍흉, 병란과 질병 등 각종 길흉을 점쳤다. 조선왕조실록에는 삼태성을 세밀하게 관측한 기록만 32건이 나온다고 한다.

삼태성과 관련한 가장 유명한 일화는 삼국지의 제갈공명諸葛孔明·181~234과 관련된 것이다. 촉蜀의 승상 제갈공명이 5차 북벌北伐에 나서 섬서성陝西省 기산현岐山縣 오장원五丈原에서 위수渭水를 사이에 두고 사마의司馬懿가 이끄는 위魏나라 군사와 대치하고 있을 때였다. 유비劉備 사후 홀로 국사國事를 도맡아 왔던 공명은 오장원 전투를 앞두었을 때 건강이 극도로 악화된 상태였다. 위나라 군사와 대치를 이어가던 어느 날 공명은 다른 전선에서 위나라와 싸우던 오吳나라 군사가 대패했다는 비보悲報에 혼절했다가 깨어나 밤에 천문을 보다가 객성이 삼태성을 침범한 것을 보고 크게 놀랐다. 객성이 삼태성에 들어오면 자신에게 병이

---

183 韓國科學史學會 編, 『諸家曆象集·天文類抄』, 誠信女子大學校 出版部, 1984, 468쪽

별이름		개수	서양 별자리	의미
태미원(太微垣)		10	처녀자리, 사자자리	하늘의 조정. 좌원은 문(文), 우원은 무(武), 남쪽 단문의 좌우 집법은 법(法) 담당
태미원	좌원(左垣)	5	처녀자리	단문부터 좌집법–상상–차상–차장–상장. 좌집법은 정위로 형옥(刑獄) 담당. 상(相)은 재상, 장(將)은 장군
	우원(右垣)	5	처녀자리, 사자자리	단문부터 우집법–상장–차장–차상–상상. 우집법은 어사대부로 감찰, 법 집행, 문서 담당
알자(謁者)		1	처녀자리	사신 접대 및 외국에 사신으로 나감
삼공(三公)		3		삼정승. 고굉지신(股肱之臣). 태위(太尉·군사)·사도(司徒·토지)·사공(司空·법)
구경(九卿)		3		아홉 중신(重臣). 수족지신(手足之臣). 의정부 좌우찬성, 육조판서, 한성판윤
오제후(五諸侯)		5	머리털자리	도성에 머무는 제후인 관내후(關內侯) 또는 제사(帝師)·제우(帝友)·삼공(三公)·박사(博士)·태사(太史)
병(屛)		4	처녀자리	궁궐의 정전(正殿)을 가리는 중간문의 담장
오제좌(五帝座)		5	사자자리	동 창제 영위앙, 남 적제 적표노, 서 백제 백초구, 북 흑제 협광기, 중 황제 함추뉴
행신(幸臣)		1		임금의 총애를 받는 신하
태자(太子)		1		황태자
종관(從官)		1		임금의 시종
낭장(郎將)		1		군비(軍備) 검열
호분(虎賁)		1		궁궐 수비대장. 거기(車騎)장군
상진(常陳)		7		천자의 경호대장. 금위군(禁衛軍)
낭위(郎位)		15		호위 군사. 문서 담당 상서랑
명당(明堂)		3		임금이 정사를 펼치는 장소
영대(靈臺)		3		천문 기상대. 상서로움과 재변(災變) 관찰
소미(少微)		4		사대부. 일명 처사(處士). 아래부터 처사(벼슬 않고 공부만), 의사(議士·벼슬길 나갔다 들어왔다), 박사(博士·벼슬하는 사대부), 대부(大夫·벼슬하는 사대부)
장원(長垣)		4		변방 특히 북방의 성곽. 국경 수비
삼태(三台)		6	큰곰자리	삼공. 일명 삼능(三能). 상태는 사명(司命)으로 수명, 중태는 사중(司中)으로 종실, 하태는 사록(司祿)으로 군사 담당. 천계(天階) 또는 태계(泰階). 임금의 계단. 상태는 천자 황후, 중태는 제후 삼공과 경 대부, 하태는 선비와 서민

생겨 죽는 것으로 해석됐기 때문이다.[184]

　이미 병이 깊었던 공명은 자신이 살날이 얼마 남지 않았음을 알고 수명을 담당하는 북두칠성에게 제를 올리기로 했다. 검은 옷을 입은 49명7성×7의 병사에게 28수 별자리를 그린 검은 깃발을 들고 막사 주위를 둘러싸도록 한 뒤 북두칠성을 상징하는 7개의 등잔불을 밝히고 7일 기도에 들어갔다. 검은 옷을 입은 공명은 머리를 풀어 헤친 채 정화수 그릇에 북두칠성에게 바치는 검은 닭을 넣고 삼태성의 장성將星이 떨어지지 않도록 오른손의 검으로 닭을 누르고 있었다고 한다. 공명은 등잔불이 7일 동안 꺼지지 않으면 자신이 12년을 더 살 수 있다면서 특별한 일이 없으면 막사 안으로 사람을 들이지 말라고 주위에 신신당부했다. 그러나 마지막 날 밤 부하 장수인 위연魏延이 위나라 군사가 공격을 시작했다는 보고를 위해 막사 안으로 황급히 뛰어 들어오다가 등잔불을 발로 차서 꺼뜨리고 말았다. 이를 본 공명은 "하늘이 정한 운명을 어찌할 수 없구나"라며 절망 어린 탄식을 내뱉었다고 한다. 얼마 뒤 오장원의 하늘 위로 큰 별이 호弧를 그리며 떨어졌다. 공명이 군영에서 병사했다는 하늘의 신호였다.

---

184 "五丈原上, 諸葛亮在帳中祈禳北斗續命, 主燈是魏延撲滅的嗎", 『百度知道』, 〈https://zhidao.baidu.com/question/〉

자미원紫微垣

번영繁榮의 하늘

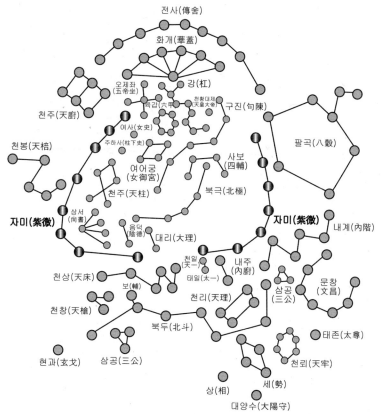

전사(傳舍)
화개(華蓋)
오제좌(五帝坐)
강(杠)
육갑(六甲)
천황대제(天皇大帝)
구진(句陳)
천주(天廚)
여사(女史)
주하사(柱下史)
천봉(天棓)
여어궁(女御宮)
천주(天柱)
사보(四輔)
팔곡(八穀)
북극(北極)
상서(尙書)
음덕(陰德)
자미(紫微)
대리(大理)
자미(紫微)
내계(內階)
천일(天一)
내주(內廚)
천상(天床)
태일(太一)
보(輔)
삼공(三公)
문창(文昌)
천창(天槍)
천리(天理)
북두(北斗)
현과(玄戈)
삼공(三公)
태존(太尊)
천뢰(天牢)
상(相)
세(勢)
대양수(大陽守)

명칭	자미원(紫微垣 · Purple Forbidden Enclosure)
생김새	오른쪽으로 살짝 기운 계란 모양
위치	북극을 중심으로 한 북쪽 하늘 중앙
소속 별자리	37개 별자리 163개 별[185]
서양 별자리	용자리, 작은곰자리, 케페우스자리, 헤르쿨레스자리, 큰곰자리
주천도수	주극원(週極圓)
의미	천제(天帝)의 궁궐. 중원(中元). 번영(繁榮)의 하늘. 하늘의 모든 신(神)의 움직임. 음양(陰陽)이 열리고 합침. 명운(命運)과 도수(度數) 관장
지상 궁궐	창덕궁과 창경궁, 중국 자금성(紫禁城)

자미원의 보천가

중원 북극 자미궁	中元北極紫微宮
북극 다섯 별이 그 가운데 있으니	北極五星在其中
대제 자리가 둘째 구슬이고	大帝之坐第二珠
셋째 별에 서자가 있으며	第三之星庶子居
첫째는 도리어 태자라 하지	第一却號爲太子
넷째는 후궁 다섯째는 천추고	四爲後宮五天樞
좌우 네 별이 사보일세	左右四星是四輔
천일 태일은 문 앞에 마주하고	天一太一當門路
좌추 우추는 남문을 끼면서	左樞右樞夾南門
양쪽 진영의 호위는 열다섯이지	兩面營衛一十五
왼쪽 아래부터 상재 소재 상보성	上宰少宰上輔星
소보 상위 소위 소승일세	少輔上衛少衛丞
맞담장 서쪽 위는 상승 자리고	相對垣西上丞位
소위는 상위와 나란히 마주하며 빛나네	少衛方當上衛明
다음에 이은 것이 소보고	次第相連於少輔

---

185 삼공을 두 별자리로 나누고, 문창성을 7개로 하면 38개 별자리 164개 별이 된다.

상보 소위는 우추 문과 접했네　　　　　　　　　上輔少尉接樞戶

음덕은 문안의 노란 별 둘이지　　　　　　　　陰德門裏兩黃是
상서는 그 다음 자리 다섯 별이지　　　　　　尙書以次其位五
여사 주사는 한 집씩이고　　　　　　　　　　女史柱史各一戶
어녀는 노란 별 넷 천주는 다섯이라　　　　御女四黃五天柱
대리 까마귀별 둘은 음덕 곁일세　　　　　　大理兩烏陰德邊
구진 꼬리는 북극 이마를 가리키고　　　　句陳尾指北極顚
구진 여섯 별이 육갑 앞인데　　　　　　　　句陳六星六甲前
천황 홀로 구진 속에 앉았지　　　　　　　　天皇獨坐句陳裡

오제내좌는 후문 쪽이고　　　　　　　　　　五帝內坐後門是
화개와 강은 열여섯 별인데　　　　　　　　華蓋幷杠十六星
강은 자루 형상이고 화개는 일산 모양이지　杠作柄象蓋傘形
화개 위로 검은 별 아홉이 줄이었으니　　蓋上連連九黑星
이름은 전사인데 고무래처럼 생겼지　　　名曰傳舍如連丁

담장 밖 좌우에 별 여섯씩 있으니　　　　　垣外左右各六星
오른쪽은 내계고 왼쪽은 천주라　　　　　　右是內階左天廚
내계 앞 별 여덟은 팔곡이라 하고　　　　　階前八星名八穀
천주 아래 붉은 별 다섯은 천봉별이지　廚下五赤天棓宿
천상 까마귀별 여섯은 좌추에 있고　　　天床六烏左樞在
내주 검은 별 둘은 우추와 마주하네　　　內廚兩黑右樞對

문창은 북두 위 반달 모양이니　　　　　　　文昌斗上半月形
드물고 성긴 여섯 별일세　　　　　　　　　　稀稀踈踈六箇星

문창 위는 삼사라 하는데	文昌之上曰三師
태존은 삼사를 향해 밝지	太尊只向三師明
천뢰 여섯 별은 태존 곁이고	天牢六星太尊邊
태양수는 별 넷인 세 앞이네	大陽之守四勢前
상 한 개 별은 태양수 옆이고	一位相星大陽側
삼공이 다시 상 서쪽 곁에 있네	更有三公相西邊
북두자루 위 현과는 홍색 별 하나로 둥글고	杓上玄戈一紅圓
천창 붉은 별 셋이 천과 위에 매달렸지	天槍三赤戈上懸
천리의 까마귀별 넷은 북두 바가지 안에서 어둡고	天理四烏斗裏暗
보성은 개양 가까이서 희미하네	輔星近着闓陽淡
북두는 일곱 별이 밝은데	北斗之宿七星明
첫째는 임금을 맡으며 추의 정기라네	第一主帝名樞精
둘째 셋째는 선과 기 별이고	第二第三璇璣星
넷째는 권 다섯째는 형이라 이름하지	第四名權第五衡
개양과 요광은 여섯째와 일곱째 별일세	闓陽搖光六七星

우주의 축軸

북쪽 하늘에서 일 년 내내 보이는 자미원은 별자리와 별 개수가 많아서 무척 복잡하게 느껴진다. 하지만 핵심은 우주의 축軸인 북극北極과 자미원 남쪽의 북두칠성이라 할 수 있다. 나머지는 궁궐의 기능을 수행하는 별들이다. 북극으로는 북극오성北極五星과 구진句陳의 두 별자리를 들 수 있다. 북극 별자리를 하나로 정하지 못하는 것은 세차 운동으로 극極이 계속 옮겨졌기 때문이다.

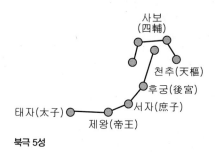

북극 5성

북극은 기원전 4700년경 자미좌원의 좌추左樞에서 기원전 2800년경에는 자미우원의 우추右樞로 옮겼고 이후 천일天一, 태일太一로 계속 이동했다. 은주殷周 시기인 기원전 1100년경에는 북극오성의 제성帝星, 당唐 시기인 800년경에는 북극오성의 천추天樞, 명明나라 때인 1500년 경에는 구진 별자리의 알파α별 구진대성句陳大星으로 각각 북극이 달라졌다.[186] 현재 북극은 구진 별자리에 있다. 하지만 자미원의 중심은 여전히 북극오성이다. 은주 시기부터 당나라까지 동양 천문의 기본 틀이 짜여진 시기에 북극성이 자리한 별자리이기 때문이다. 북극오성의 이름도 이를 뒷받침한다. 북극오성의 가장 아래 첫 번째 별은 태자太子로 달月을 주관한다. 두 번째 별은 은주 시기 북극성이었던 제帝로 해日를 움직인다. 세 번째 별은 서자庶子로 오행五行을 맡는다. 서자는 태자가 아닌 임금의 나머지 모든 왕자를 말한다. 네 번째 별은 후궁後宮이다. 다섯 번째 별이 한당漢唐 시대 북극성이었던 천추天樞다. 북극을 북신北辰이라고도 한다. 북신은 북극오성의 다섯 별 모두를 말하기도 하고, 다섯 번째 별인 천추만을 가리키기도 한다.

구진句陳은 남두육성과 비슷한 모양이다. 구진의 바가지 모양 안에 있

---

186 "北極 紫微垣", 『互動百科』, 〈http://wiki.baike.com/〉

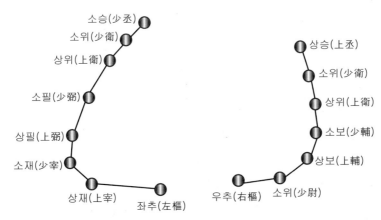

소승(少丞)
소위(少衛)
상위(上衛)
소필(少弼)
상필(上弼)
소재(少宰)
상재(上宰)
좌추(左樞)

상승(上丞)
소위(少衛)
상위(上衛)
소보(少輔)
상보(上輔)
우추(右樞)
소위(少尉)

자미원의 담장

는 한 개의 별은 천황대제天皇大帝다. 천문류초는 구진에 대해 천황대제
의 정비正妃며 그가 머무는 궁궐이라고 썼다. 여섯 별 중 가장 북쪽에 있
는 별은 원비元妃며, 나머지 별들은 서첩庶妾이다. 현재의 북극성인 구
진대성은 구진 별자리의 북쪽에서 세 번째 별이다. 천황대제는 삼황三
皇 중 천황씨天皇氏를 말한다. 수隋대 소길蕭吉의 오행대의五行大義에 따
르면 천황씨의 정령精靈이 하늘로 올라가 천황태제天皇太帝가 되어 자미
궁을 다스리며, 이름은 요백보曜魄寶라고 한다. 또 지황씨地皇氏는 자미
원 우측 담장 입구의 천일天一이 되었고, 인황씨人皇氏는 태일太一이 되
었다. 천황태제는 만물을 기르며 천일과 태일이 천황태제를 돕는다. 천
일은 천을天乙이라고도 하며 전쟁과 길흉을 주관하고 12신을 다스린다.
태일은 태을太乙이라고도 하며 바람과 비, 홍수와 가뭄, 병란, 질병 등을
주관하고 16신을 거느린다.

여사女史는 높임말이 아니다

자미원은 안정과 번영의 하늘이다. 이는 자미원의 담장에 포진한 별로

도 알 수 있다. 태미원의 담장에 무武와 관련된 별이 많았던 데 비해 자미원은 보필하는 문신文臣 위주로 돼 있다. 자미원 담장의 15개 별 중 좌원의 상위, 소위와 우원의 상위, 소위少衛, 소위少尉 등 호위 및 수비와 관련된 5개 별을 제외하면 10개 별이 임금의 정사를 돕는 별들이다. 상필·소필·상보·소보 등이 글자 그대로 보필의 뜻이 강하다면 상재·소재·상승·소승 등은 일선에서 직접 행정을 담당하는 의미가 짙다. 좌추와 우추를 잇는 자미원의 입구는 창합문閶闔門이라고 한다.

자미원 내의 오제좌는 태미원의 오제좌와 같다. 동서남북중의 오제가 자미원과 태미원을 번갈아 오고갈 때 앉는 자리다. 태미원과 자미원이 별도의 궁궐이 아니라 천제天帝가 필요에 따라 자리를 옮겨 다니는 것으로 짐작할 수 있다. 제좌帝座도 마찬가지다. 제는 태미원, 자미원, 천시원, 대각亢宿, 심성心宿 등 5곳이다. 천황대제인 요백보가 앉는 자리가 제좌다. 자미원의 북문北門을 나서면 서방 백호 7수 중 규수奎宿의 각도閣道 여섯 별이 나온다. 자미원에서 은하수를 건너는 고가 도로인 각도의 용도는 두 가지다. 북문 앞으로 곧장 가면 북방 현무 7수 중 실수室宿의 임금 별궁인 이궁離宮에 닿는다. 하지만 서북쪽으로 말머리를 틀면 규수의 군남문軍南門을 향하게 된다. 군남문으로 간다는 것은 북방 이민족이 쳐들어와 왕량王良이 모는 전차를 타고 임금이 직접 전쟁터로 나간다는 뜻이다.[187]

자미원의 오른쪽 담장 밖의 문창文昌과 팔곡八穀은 눈여겨볼 만하다. 문창은 북두칠성 위쪽의 여섯 개 별이다. 문성文星으로 알려졌으나 문무를 겸한 별이다. 천문류초에 따르면 문창은 하늘의 여섯 부서天之六府다.

맨 왼쪽 위는 상장上將 또는 대장大將으로 무력을 담당한다. 그 아래는 차장次將 또는 상서尙書며, 세 번째는 귀상貴相 또는 태상太常으로 문서를 주관한다. 네 번째는 사록司祿 · 사중司中 · 사예司隷로 인사人事, 다섯 번째는 사명司命 · 사괴司怪 · 태사太史로 기록, 여섯 번째는 사구司寇 · 대리大理로 법과 형벌을 맡는다. 문창 위의 팔곡은 농사의 풍흉을 주관한다. 팔곡은 첫 번째부터 반시계 방향으로 벼稻 · 기장黍 · 보리大麥 · 밀小麥 · 콩大豆 · 팥小豆 · 조粟 · 삼麻子이다. 해당되는 별이 보이지 않거나 어두우면 그 곡식이 흉작이 된다.[188]

자미원 안에 여사女史라는 별이 있다. 여사는 옛날 글을 깨우친 궁녀 중에서 후궁들을 뒷바라지하면서 기록과 문서를 맡아보던 여관女官을 말한다. 나중에는 임금과 동침할 비빈妃嬪들의 순서를 정하고, 그들의 생리 주기 등 건강 상태나 일상 행동을 살피는 일도 여사의 업무가 됐다. 특히 황제와의 잠자리 결정권을 움켜쥐면서 여사는 내명부의 은밀한 권력자로 떠올랐다. 천문류초는 여사에 대해 부인들 중 미천한 사람婦人之微者으로서 물시계의 시각을 알리고 궁중의 일을 기록한다고 썼다.[189] 현재 여사는 사회적으로 이름 있는 여자나 높은 사람의 부인을 높여 부르는 말로 바뀌었다. 하지만 천문 속의 어원語源을 안다면 여사라는 호칭이 결코 달갑지 않을 것이다.

188 韓國科學史學會 編, 『諸家曆象集 · 天文類抄』, 誠信女子大學校 出版部, 1984, 477~478쪽
189 韓國科學史學會 編, 『諸家曆象集 · 天文類抄』, 誠信女子大學校 出版部, 1984, 475쪽

별이름		개수	서양 별자리	의미
자미원(紫微垣)		15	용자리	천자의 궁궐. 명운(命運)과 도수(度數)를 관장
자미원	좌원 (左垣)	8	용자리	아래부터 좌추-상재-소재-상필-소필-상위-소위 -소승
	우원 (右垣)	7	용자리	아래부터 우추-소위-상보-소보-상위-소위-상 승. 재(宰)·승(丞)·보(輔)·필(弼)은 문신(文臣)
북극(北極) 또는 북극오성(北極五星)		5	작은곰자리	일명 북신(北辰). 하늘의 지도리(天之樞). 해·달·오 행을 주관. 아래부터 태자-제-서자-후궁-천추. 제와 천추는 과거 북극성
사보(四輔)		4		북극성 보좌
천일(天一)		1		천제신(天帝神). 지황씨(地皇氏). 전쟁의 길흉 예측
태일(太一)		1		천제신(天帝神). 인황씨(人皇氏). 바람과 비, 홍수와 가뭄, 병란과 혁명, 기근과 질병 등 예측
음덕(陰德)		2		몰래 덕을 베풂
상서(尙書)		5		임금의 자문
주하사(柱下史)		1		임금의 언행 기록
여사(女史)		1	용자리	미천한 부인. 시각을 전하고 궁중 일을 기록
여어(女御)		4	용자리	임금을 모시는 81명의 후궁
천주(天柱)		5		임금의 정령을 반포하는 곳. 오행 법칙을 주관하고 정치와 교육을 세움
대리(大理)		2		형벌과 감옥 담당
구진(句陳)		6	작은곰자리	천황대제의 정비(正妃). 만물의 어머니(萬物之母)
육갑(六甲)		6		음양과 24절기 기록. 농사의 때를 알림. 육십갑자에 서 갑으로 된 갑자(甲子)·갑술(甲戌)·갑신(甲申)· 갑오(甲午)·갑진(甲辰)·갑인(甲寅)
천황(天皇)		1		영혼과 신을 다스림. 천황씨(天皇氏). 요백보(曜魄寶) 가 이름
오제내좌(五帝內座)		5		태미원의 오제와 같음
화개(華蓋)		7	케페우스자리	천황을 가리는 일산(日傘)
전사(傳舍)		9	케페우스자리	사신의 숙소
내계(內階)		6		자미궁과 문창궁을 연결하는 하늘 계단
천주(天廚)		6		천자와 관료의 주방
팔곡(八穀)		8		풍년과 흉년 주관. 벼·기장·보리·밀·콩·팥· 조·삼을 상징하며 별이 어둡거나 안 보이면 해당 곡식의 흉년
천봉(天棓)		5	용자리, 헤르 쿨레스자리	임금의 선봉장. 비상시 대비. 또는 탈곡(脫穀)하는 농기구

별이름	개수	서양 별자리	의미
천상(天床)	6		임금의 침상
내주(內廚)	2		후궁의 주방
문창(文昌)	6[190]		하늘의 여섯 부서. 문과 무 등 모든 정사 기획
태존(太尊)	1		황제의 인척, 시조(始祖)
천뢰(天牢)	6		귀족 감옥
태양수(太陽守)[191]	1	큰곰자리	대장 또는 대신, 군사 대비 주관
세(勢)	4		거세 당한 내시
상(相)	1	큰곰자리	재상
삼공(三公)	6[192]		재상. 태위(太尉)·사도(司徒)·사공(司空)
현과(玄戈)	1		일명 천과(天戈) 또는 천봉(天鋒). 북방을 담당하는 무력의 별
천리(天理)	4		황족 감옥. 또는 법의 집행관
천창(天槍)	3		일명 천월(天鉞). 자미원을 지키는 무력의 별
북두(北斗)	7	큰곰자리	칠정(七政)의 축. 음양의 본원. 사시(四時)를 세우고 오행을 고르게 함
보(輔)	1		북두칠성을 돕는 승상
강(杠)	9		화개의 자루

제2부 하늘을 거닐며 노래하다

북두칠성 北斗七星 — 천제 天帝의 대리인

　밤하늘의 뭇 별 가운데 북두칠성만큼 친숙한 별은 없다. 한번
만 봐도 기억할 수 있는 별자리 생김새도 그렇지만 매일 밤 북쪽 하늘에
서 얼굴을 마주하기 때문이다. 동양에서는 북두칠성이 사람의 수명을
관장한다고 여겨 무척 숭배해 온 별이다. 불교에서도 칠성여래 또는 칠

---

190 천문류초에서 7개의 별로 그려졌으나 본문 설명은 6개다. 천상열차분야지도는 7개,
　　중국 소주천문도는 6개로 새겨져 있다.
191 천상열차분야지도와 보천가는 대양수(大陽守), 천문류초와 중국 소주천문도는 태양
　　수(太陽守)로 돼 있다.
192 천문류초에서는 6개 별 모두 삼공으로 설명하고 있으나, 중국 소주천문도와 신법보
　　천가에서는 삼공 3개와 삼사(三師) 3개의 두 별자리로 나누고 있다.

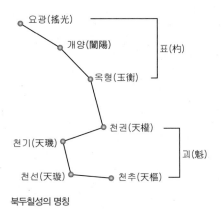

요광(搖光)

개양(開陽)

옥형(玉衡)

표(杓)

천권(天權)

천기(天璣)

괴(魁)

천선(天璇)

천추(天樞)

북두칠성의 명칭

성보살로 부르며 별도 전각에 모실 만큼 존중한다. 북두칠성은 주극성週
極星이다. 지평선 아래로 지지 않는 별이다. 다만 봄·여름에 하늘 높이
떠 있는 것과 달리 가을·겨울에는 지평선 근처에 머물러 눈여겨 살펴
야 한다. 국자의 바가지 모양부터 북두칠성의 이름은 1번은 천추天樞,
2번은 천선天璇, 3번은 천기天璣, 4번은 천권天權이라 한다. 국자 자루의
시작 별인 5번은 옥형玉衡, 6번은 개양開陽, 마지막 7번은 요광搖光이
다. 1번부터 4번까지를 괴魁라 한다. 괴는 으뜸, 우두머리, 크다는 뜻
이다. 5번부터 7번까지는 표杓 또는 병柄이라고 한다. 표와 병은 자루라
는 뜻이다. 괴를 선기璇璣, 표를 옥형玉衡이라고 부른다. 선기는 별을 관
측하는 틀이고, 옥형은 옥을 저울질한다는 뜻이다. 선기옥형은 밤하늘
에 옥과 같이 반짝이는 별들을 관측하고 저울질한다는 의미다.

개양성 옆에 잘 보이지 않는 2개의 별이 붙어 있다. 개양성에 가까운
별을 보성輔星, 개양과 요광 사이의 별을 필성弼星이라고 한다. 도교에서
는 두 별을 합쳐 북두구성北斗九星이라고 한다. 북두구성을 칠현이은七

現二隱이라고 부른다.[193] 칠현이은은 일곱 별은 보이고 두 별은 숨어 있다는 뜻이다. 칠현이은은 사람의 몸에도 적용된다. 아홉 구멍 중 일곱은 보이지만 나머지 둘은 보이지 않는다. 보이지 않아야 할 것은 가려져 있어야 하늘의 이치에 맞다는 것이다. 보성은 인도의 베다 문헌에서는 북두칠성의 부인으로 묘사된다고 한다. 불의 신 아그니Agni가 북두칠성의 일곱 부인에게 차례로 접근했는데 여섯 명이 유혹에 넘어갔다. 불륜을 저지른 여섯 부인은 묘성昴星 · 플레이아데스 성단으로 쫓겨났다. 반면 아룬다티Arundhati라는 부인은 정절을 지켜 개양성 곁에 보성으로 남을 수 있게 됐다. 인도에서는 정절을 상징하는 아룬다티를 여자 이름에 많이 쓴다고 한다.[194]

북두칠성은 서양 별자리로는 큰곰자리의 꼬리 부분이다. 1번부터 7번까지 명칭은 두브헤Dubhe, 메라크Merak, 페크다Phecda, 메그레즈Megrez, 알리오트Alioth, 미자르Mizar, 알카이드Alkaid다. 일곱 별 중 가장 밝은 것은 알리오트옥형로 2등성이며, 메그레즈천권는 3등성으로 가장 어둡다. 나머지는 2등성과 3등성 사이다. 북두칠성의 베타β별 메라크와 알파α별 두브헤를 이어 5배 연장하면 북극성이 나온다. 북극성을 찾을 수 있다고 해서 메라크와 두브헤를 지극성指極星이라고 한다. 보성의 서양 이름은 알코르Alcor다. 알코르는 4등성으로 시력이 1.5 이상 되지 않으면 보이지 않는다. 이 때문에 아랍, 이집트, 로마 등에서는 병사를 선발할 때 알코르로 시력을 측정했다고 한다.

193 도교를 집대성한 송(宋)대의 유명한 도교 경전 운급칠첨(雲笈七籤)에 나온다. "北斗七星", 『百度百科』, 〈https://baike.baidu.com/〉
194 심재관, "칠성(七星)", 『법보신문』, 2016.11.15, 〈http://www.beopbo.com/news/articlePrint.html?idxno=95251〉

두병소지斗柄所指로 하늘 시계를 돌린다

'북두는 천제의 수레로 하늘 한가운데를 운행하며 사방을 다스린다. 밤낮을 나누고 사계절을 정하며 오행을 조절하고 24절기를 바꾸는 등 모든 법도를 정하는 것은 오로지 북두에 달렸다'[195]

사기 천관서의 북두에 대한 정의다. 천제天帝는 우주 정치를 펼치는 하늘의 절대자다. 천제의 대리인은 북두칠성이며, 정치 도구는 해·달·오성 등 칠정七政이다. 해와 달로 음양을 나누고 사시四時를 구분한다. 오성으로 목·화·토·금·수의 오행을 다스린다. 칠정의 움직임으로 사방의 28수를 통제한다. 북극 천제 → 북두칠성 → 일월오성 → 28수의 연결 구조는 동양 천문의 관상수시觀象授時를 구현하는 핵심 시스템이다. 북두에 대해서는 세 가지 설명이 있다. 첫째는 천관서의 설명처럼 천제가 타는 수레다. 사시사철 천제가 북두 수레를 타고 하늘을 돌며 정치를 펴는 것이다. 둘째는 천제가 자미원에서 정령政令을 반포하면 북두칠성이 사방을 돌며 집행한다. 셋째는 북두칠성은 칠정의 정기가 모인 것이다. 북두칠성이 의지를 나타내면 몸에 해당하는 칠정이 현장을 직접 다니는 것이다.[196]

북두가 밤낮을 나누고 사계절과 24절기를 정하는 등 우주 정치를 펼치는 비법秘法은 두병소지斗柄所指다. 국자 자루로 방향을 특정해서 천제의 명령을 전한다는 뜻이다. 두병이 가리키는 방향에 저수의 부속별 초요성招搖星이 있다. 초요성은 북두칠성의 전령傳令이다. 북두칠성이

---

195 "斗爲帝車 運于中央 臨制四鄕. 分陰陽 建四時 均五行 移節度 定諸紀 皆系于斗", 사마천, 신동준 옮김, 『사기 서』, 위즈덤하우스, 2015, 124쪽과 130쪽
196 "北斗七星(宇宙星座)", 『互動百科』, 〈http://wiki.baike.com/〉

두병으로 초요를 불러 천제의 명령을 하달하면 전령인 초요가 제후국인 28수에게 전달하는 체제다. 북두칠성의 끝별인 요광성을 초요로 보기도 한다.[197] 옛날에는 초요성을 깃발에 그려 장군이 병사를 지휘하는 군기로 사용했다.

두병소지의 비결은 지구의 자전과 공전에 의한 천체의 일주 운동과 연주 운동이다. 지구가 반시계 방향서→동으로 자전하면 천체는 시계 방향동→서으로 도는 일주 운동을 한다. 자전 또는 일주 운동의 속도는 한 시간에 15도360도÷24시간다. 초저녁 북두칠성이 동쪽 지평선에 떠올라 서쪽으로 질 때까지의 각도를 보면 밤의 시간을 알 수 있는 것이다. 또 지구가 반시계 방향서→동으로 공전하면 별은 시계 방향동→서으로 연주 운동을 한다. 별은 지구에 비해 하루에 1도씩 빨리 뜨는 겉보기 운동을

시간(1시간에 15도 이동)　　　　　　　　계절

북두의 자루로 시간과 계절을 나타내는 두병소지

197 앞의 "北斗七星(宇宙星座)", 『互動百科』 참조

한다. 한 달에 30도씩 석 달이면 90도를 이동해 계절이 바뀌게 된다.

북두칠성은 이처럼 두병소지로 계절 변화를 명령한다. 두병이 하늘 임금의 지휘봉인 셈이다. 초저녁 정북正北인 자子 · 6시 방향에 북두의 꼬리가 땅에 박힌 듯이 서 있으면 동지冬至 · 음력 11월다. 정동正東인 묘卯 · 3시 방향을 북두의 꼬리가 가리키면 춘분春分 · 음력 2월이다. 북두의 꼬리가 하늘을 찌를 듯이 오午 · 12시 방향을 가리키면 하지夏至 · 음력 5월가 된다. 정서正西인 유酉 · 9시 방향을 가리키면 추분秋分 · 음력 8월이다. 전국 시대 도가 서적인 할관자鶡冠子에 나오는 '두병동지斗柄東指 천하개춘天下皆春, 두병남지斗柄南指 천하개하天下皆夏, 두병서지斗柄西指 천하개추天下皆秋, 두병북지斗柄北指 천하개동天下皆冬'이라는 유명한 구절은 두병소지에 따른 계절 변화를 나타낸 것이다.[198]

천제의 우주 정치는 봄부터 이뤄진다. 주역周易 설괘전說卦傳의 제출호진帝出乎震은 천제가 진방에서 나와 28수를 시찰한다는 뜻이다. 진방震方은 묘방卯方이자 동쪽이며 봄을 의미한다. 동방 창룡 7수가 춘분이 되면 동쪽의 각수角宿부터 떠오르는 것도 제출호진의 뜻이다. 1년간 하늘을 한 바퀴 도는 두병소지를 30도 간격으로 세분하면 땅의 12지지地支와 같은 12진辰이 된다. 12진은 인寅 · 묘卯 · 진辰 · 사巳 · 오午 · 미未 · 신申 · 유酉 · 술戌 · 해亥 · 자子 · 축丑이다. 북두칠성의 꼬리가 인을 가리키면 음력 정월인 인월寅月이 되고 묘를 가리키면 묘월卯月인 음력 2월이 되는 것이다. 하늘을 두병소지가 가리키는 방향으로 15도씩 구획하면 24절기가 된다.

두병소지를 두건법斗建法이라고 한다. 북두로 사시를 세우기建四時 때문이다. 북두칠성은 이처럼 시계와 달력의 기능을 겸하는 거대한 하늘

---

198 "北斗星",『互動百科』,〈http://wiki.baike.com/〉

시계라 할 수 있다. 두병소지로 방위도 알 수 있다. 12진은 12지지와 같다. 점성학적으로 12지지에 해당하는 나라를 북두칠성이 꼬리로 가리키면 그 나라의 길흉을 파악할 수 있는 것으로 인식했다. 따라서 북두칠성은 시공時空과 천지天地를 조율調律하며 우주 질서를 운행하는 천제의 대리인이다.

북두칠성과 사람의 운명

병에 걸린 제갈량諸葛亮이 오장원五丈原에서 북두칠성에게 자신의 수명을 늘려줄 것을 기도할 때 북두주北斗呪를 외웠다고 한다. 북두주는 북두칠성 각 별의 도가道家식 이름을 부르며 수명 연장을 비는 주문이다. 북두칠성은 민간 무속과 불교에서도 중시됐지만 특히 도가에서는 각종 상징을 부여하며 존숭尊崇해 온 별이다. 황로경黃老經, 운급칠첨雲笈七籤 등 도가 서적에 따르면 천추 탐랑성군貪狼星君, 천선 거문성군巨門星君, 천기 녹존성군祿存星君, 천권 문곡성군文曲星君, 옥형 염정성군廉貞星君, 개양 무곡성군武曲星君, 요광 파군성군破軍星君 등으로 북두칠성의 이름이 붙어 있다. 일곱 성군을 칠원해액성군七元解厄星君이라고 한다. 액을 풀어주는 일곱 명의 별 임금이라는 뜻이다.[199]

천추는 수레의 축을 말한다. 천추는 북두칠성이 하늘을 한 바퀴 돌 수 있도록 축이 되는 역할을 한다. 탐랑성은 도화성桃花星이라고 한다. 북두칠성 중 탐랑의 기운을 타고 나면 다재다예多才多藝하고 사람들에게 인기가 많지만 충동적 성격이 강하다고 한다. 탐랑성은 정성正星이라고도 하며 하늘天, 양陽, 천자天子를 상징한다. 천선은 수레의 회전을 뜻한다. 선璇 속의

---

199 앞의 "北斗七星", 『百度百科』 참조

선旋은 돈다는 뜻이다. 천선은 법성法星이라고 하며 땅地, 음陰, 황후를 나타낸다. 법성인 만큼 형벌을 주관한다. 암성暗星이라고도 한다. 천선성의 기운을 타고 나면 성격이 강직해 직언을 서슴지 않으며 매사에 치밀하다고 한다. 천기는 수레가 정상적으로 운행하게 하는 수리 도구다. 천기성은 영성令星이라고 하며 오행의 화火, 사람人, 재난을 상징한다. 천기성이 고장 나면 천제의 수레에 문제가 생긴다. 그럴 경우 우주 운행이 정상적으로 이뤄지지 않는 만큼 지상에도 큰 재난이 닥친다. 녹존성은 부富를 약속하는 별이다.

천권은 수레의 균형을 말한다. 벌성伐星이라고 하며 수水와 시時를 맡는다. 하늘의 별이 때時에 맞게 운행토록 하며, 이에 어긋날 경우 벌伐하는 별이다. 문곡성의 기운을 타고 나면 학문과 예술 등 다방면에 뛰어난 재주를 보이며, 권력욕도 강하다고 한다. 옥형은 수레의 균형을 유지해주는 기능을 한다. 천권이 저울의 추라면 옥형은 저울대이기 때문이다. 옥형은 죄 있는 자를 죽이는 별이라고 해서 살성殺星이라고 한다. 토土와 음音을 상징한다. 곧고 바르다는 뜻의 염정성인 만큼 이 별의 기운을 타고 나면 고결한 성품에 책임감이 강하지만 때로 독단적인 모습을 보인다고 한다. 개양은 양의 기운을 연다는 뜻이다. 위성危星이라고도 하며, 오곡을 저장하는 하늘의 창고다. 율律과 목木을 나타낸다. 양기가 하늘의 운율대로 잘 운행되면 만물이 잘 자라 곡식이 풍성해진다는 뜻이다. 무곡성은 임금의 기운인 제왕지기帝王之氣가 서려 있고 무武를 맡고 있어 북두칠성 중 가장 힘이 센 별이다. 장수를 기원할 때도 무곡성에게 빌어야 효과가 있다고 한다. 눈빛과 목소리에 힘이 있고 동작이 민첩하며 의지와 자립심이 강한 것이 무곡성의 기운을 타고난 사람의 특징이다. 요광은 옥같이 별이 빛난다는 뜻이다. 응성應星이라고도 하며, 별星과 금金을 맡는다. 요광은 절대자인 천제의 명령을 28수에 하달하는 임

태어난 띠와 북두칠성

무를 맡은 만큼 파군破軍의 강력한 위력을 지니고 있다. 파군성의 기운을 타고 나면 체력과 인내심이 강하고 진실하고 용감한 성품을 갖는다.[200]

북두칠성은 태어난 사람의 지지地支에 따라 운명을 담당하는 별이 다르다. 북두칠성에게 12지지를 배속하면 1번 별인 천추는 자子, 천선은 축丑, 천기는 인寅, 천권은 묘卯, 옥형은 진辰, 개양은 사巳, 요광은 오午가 된다. 다시 6번 별부터 역순으로 개양은 미未, 옥형은 신申, 천권은 유酉, 천기는 술戌, 천선은 해亥가 된다. 천추와 요광은 해당 지지가 하나씩이고, 나머지는 둘씩이다. 자와 오가 하나씩인 것은 하늘의 날줄이기 때문이다. 쥐띠자는 천추, 소축와 돼지띠해는 천선, 범인과 개띠술는 천기, 토끼묘와 닭띠유는 천권, 용진과 잔나비띠신는 옥형, 뱀사과 양띠미는 개양, 말띠오는 요광이 담당한다. 따라서 같은 북두칠성이라도 자신의 띠에 해당하는 별에 기도를 하면 더욱 영험이[201] 있다고 한다.

북두칠성으로 변한 일곱 송이 연꽃

상청경上淸經 등 도가 전적은 북두칠성의 탄생 설화를 담고 있다. 아주 먼 옛날 용한국龍漢國의 주어周御라는 국왕에게 자광부인紫光夫人이라는

---

200 "北斗七星詳解", 『个人圖書館』, 2012.12.30, 〈http://www.360doc.com/content/〉
201 앞의 "北斗七星(宇宙星座)", 『互動百科』 참조

왕비가 있었다. 자광부인은 아이를 가질 것을 소원했으나 뜻을 이루지 못하고 있었다. 어느 날 궁궐 연못에서 목욕을 하고 있는데 연蓮이 그녀의 몸을 감싸더니 아홉 송이의 연꽃을 피웠다.

처음 피어난 연꽃은 천황대제天皇大帝가 되었고, 두 번째 핀 연꽃은 자미대제紫微大帝가 되었다. 세 번째부터 아홉 번째까지는 북두칠성으로 변했다. 세 번째 핀 연꽃은 탐랑성으로 수명을 담당하는 사명司命이 되었고, 네 번째는 거문성으로 벼슬을 주관하는 사록司祿이 되었다. 다섯 번째 녹존성은 부귀를 주관하는 녹존祿存, 여섯 번째 문곡성은 장수를 맡는 연수延壽가 되었다. 일곱 번째 염정성은 재물을 상징하는 익산益算, 여덟 번째 무곡성은 액을 면하게 하는 도액度厄, 아홉 번째 파군성은 자모慈母가 되었다고 한다.[202]

북두칠성	제1성	제2성	제3성	제4성	제5성	제6성	제7성
명칭	고(魁)				표(杓), 병(柄)		
	선기(璇璣)				옥형(玉衡)		
	천추(天樞)	천선(天璇)	천기(天機)	천권(天權)	옥형(玉衡)	개양(開陽)	요광(搖光)
	탐랑성(貪狼星)	거문성(巨門星)	녹존성(祿存星)	문곡성(文曲星)	염정성(廉貞星)	무곡성(武曲星)	파군성(破軍星)
	정성(正星)	법성(法星)	영성(令星)	벌성(伐星)	살성(殺星)	위성(危星)	응성(應星)
	두브헤	메라크	페크다	메그레즈	알리오트	미자르	알카이드
12지지(띠)	자(子)	축(丑), 해(亥)	인(寅), 술(戌)	묘(卯), 유(酉)	진(辰), 신(申)	사(巳), 미(未)	오(午)
28수	실, 벽, 규, 루	위, 묘, 필, 자	삼, 정, 귀, 류	성, 장, 익, 진	각, 항, 저, 방	심, 미, 기, 두	우, 녀, 허, 위
음양오행	양(陽)	음(陰)	화(火)	수(水)	토(土)	목(木)	금(金)
상징	천자	황후	사람(人)	때(時)	소리(音)	율(律)	성(星)
나라	진(秦)	초(楚)	양(梁)	오(吳)	연(燕)	조(趙)	제(齊)

---

202 자광부인은 도교의 두모(斗姆) 신이다. 북두의 별들(斗)을 모두 낳은 어머니(姆)라는 뜻이다. 북두구진성덕천후(北斗九眞聖德天后)라고도 한다. 마서전, 윤천근 옮김, 『중국의 삼백신』, 민속원, 2013, 304쪽; 앞의 "北斗星", 『互動百科』 참조

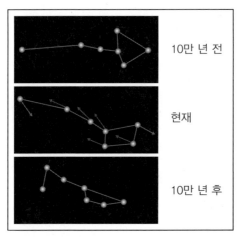

10만 년 전

현재

10만 년 후

북두칠성의 과거, 현재, 미래 변화

십만 년 뒤 북두칠성은 사라진다

항성恒星은 워낙 멀리 있어 그 자리에 고정된 것처럼 보이지만 미세하게 움직이는 고유 운동을 한다. 북두칠성도 고유 운동을 계속해 10만 년 뒤에는 지금과 같은 형태를 유지할 수 없게 된다.[203] 북두칠성의 2번 별인 천선부터 6번 별인 개양까지는 동쪽으로 움직이고 있다. 반면 1번 별인 천추와 7번 별인 요광은 반대편인 서남쪽으로 이동하고 있다. 이 때문에 10만 년 뒤에는 북두칠성이 국자나 수레가 아니라 앞부분이 쭉 펴져 농가에서 거름 등을 실어 나르는 운반 도구 같은 모양으로 변하게 된다. 10만 년 전의 북두칠성도 지금과 같은 모양이 아니었다. 뾰족한 삽에 긴 자루가 달린 모습이었다.

203 앞의 "北斗七星(宇宙星座)", 『互動百科』 참조

천시원天市垣

민본民本의 하늘

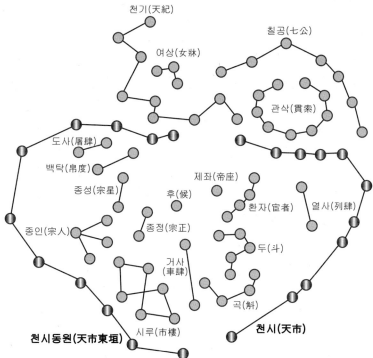

명칭	천시원(天市垣 · Heavenly Market Enclosure)
생김새	심장(心臟) 모양[204]
위치	자미원 아래 동남쪽. 동방 7수의 방(房) · 심(心) · 미(尾) · 기(箕), 북방 7수의 두(斗) 북쪽
소속 별자리	18개 별자리 87개 별(종대부 불포함)[205]
서양 별자리	헤르쿨레스자리, 뱀자리, 뱀주인(땅꾼)자리, 독수리자리
주천도수	57도
의미	하늘의 시장 또는 도읍. 하원(下元)으로 상원과 교대 준비. 민본(民本)의 하늘
지상 궁궐	경복궁. 중국 남경고성(南京古城)

천시원의 보천가

하원의 한 궁을 천시원이라 이름하니　　　　　　下元一宮名天市

좌우 담장별이 스물둘이지　　　　　　　　　　左右垣墙二十二

위 조 구하와 중산이고　　　　　　　　　　　　魏趙九河及中山

제와 오월 서의 별일세　　　　　　　　　　　　齊幷吳越徐星是

동해를 따라가면 유주의 연에 이르고　　　　　　却從東海至幽燕

남해로 조금 돌아오니 송이 문 앞이라　　　　　漸歸南海宋門前

서문 맞은편은 한과 초며　　　　　　　　　　　西門相對韓而楚

양과 파 촉을 거치면 진을 밟지　　　　　　　　梁幷巴蜀至秦躔

동주 정 진이 서로 이어 끊이지 않고　　　　　　東周鄭晉連相繼

하간에서 곧장 하중에 이르러 그치네　　　　　河間直至河中止

문 앞 검은 뿔 여섯은 시루고　　　　　　　　　當門六角黑市樓

204 앞의 "古代星空的三垣, 其實是一個完整的中央政府", 『經理人分享』 참조

205 천상열차분야지도에 새겨진 우리 고유의 별 종대부(宗大夫 · 별 4개)를 포함하지 않
　　은 숫자다.

문 왼쪽 노란 별 둘은 거사며	門左兩黃是車肆
붉은 별 넷은 종인 둘은 종정이고	四赤宗人兩宗正
종성 한 쌍이 또한 여기 기대지	宗星一雙亦依此
백탁의 노란 별 둘은 도사 앞이고	帛度兩黃屠肆前

후는 여전히 제좌 곁인데	侯星還在帝坐邊
제좌별 하나는 늘 밝게 빛나지	帝坐一星常光明
붉은 별 넷이 희미하니 환자별이고	四赤微茫宦者星
그 다음 별 둘은 열사일세	以次兩星名列肆
곡과 두는 제좌 앞에 차례로 기대고	斛斗帝前依其次
두는 별 다섯 곡은 넷이지	斗是五星斛是四

담장 북쪽의 붉은 별 아홉은 관삭이고	垣北九赤貫索星
관삭 입 쪽에 비낀 것은 칠공이며	索口橫者七公星
천기는 흡사 칠공 모양이나	天紀恰似七公形
더 또렷하고 별도 둘 더 많지	數著分明多兩星
천기 북쪽 홍색 별 셋은 여상인데	紀北三紅名女床
이 자리는 또 직녀 곁에 기댔지	此坐還依織女旁

삼원 모양은 서로 침범하지 않고	三元之象無相侵
이십팔수는 그 그늘을 따르며	二十八宿隨其陰
칠정은 끊이지 않고 오가니 세밀히 살펴 찾으시게	七政絡繹詳推尋

하늘의 시장

천시원의 특징은 제후국이 담장을 만들고 백성들이 그 속에서 평안하고 바쁜 일상을 보내는 모습을 그린 데 있다. 담장에는 왼쪽과 오른쪽 각11

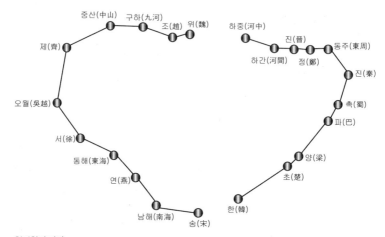

천시원의 담장

개씩 22개의 별이 포진해 있다. 별들의 명칭은 전국 시대 제후국의 이름이다. 따라서 천시원은 아무리 거슬러 올라가더라도 전국 이전까지 연대를 올릴 수 없다. 천시원의 울타리를 전국 시대 제후국으로 구성한 것은 임금이 제후들을 데리고 도읍의 시장을 시찰하는 모습으로 해석한다. 또 제후국의 특산품이 시장에서 활발하게 거래되고 임금은 백성들의 경제생활에 큰 관심을 기울이고 있음을 강조한 것으로도 풀이한다.[206]

천시원에는 임금의 종친과 관련된 별이 넷이 있다. 종인宗人은 건국 시조始祖의 맏아들 계통 황족이다. 종정宗正은 장자가 아닌 아들 계통의 황족을 가리킨다. 종성宗星은 임금을 보필하며 직접 정사政事에 참여하고 있는 황족이다. 천시원에 임금의 종친과 관련된 별이 많은 것은 한 시대를 정리한다는 의미가 있다. 하원인 천시원이 끝나면 다시 상원 태미원으로 하늘 정치를 펴는 임무를 교대해야 하기 때문이다. 천문류초에

---

206 "天市垣",『百度百科』,〈https://baike.baidu.com/〉

는 없으나 천상열차분야지도에만 있는 종대부宗大夫라는 별이 있다. 다이아몬드 모양의 네 별로 이뤄진 종대부는 종실의 질서와 종친들의 활동을 감독한다. 북방 현무 7수의 벽수壁宿에 있는 토공土公도 천상열차분야지도에만 나온다. 따라서 종대부와 토공은 우리 고유의 별로 친다.

천시원의 부속별인 곡斛과 두斗는 모두 물건의 양을 재는 도구이지만, 측량 대상이 다르다. 곡은 곡식과 같은 고체의 양을 재고, 두는 술과 같은 액체의 양을 잰다. 천시원 북쪽 입구 바깥에 관삭貫索이라는 이름의 9개 별이 있다. 관삭은 엽전을 둥그렇게 꿴 모양의 별자리다. 관삭은 평민을 가두는 감옥이다. 관삭은 서양 별자리로는 왕관자리Corona Borealis다. 왕관자리는 봄철 별자리인 목동자리Bootes의 동쪽 옆에 있다.

별이름	개수	서양 별자리	의미
천시원(天市垣)	22	헤르쿨레스, 뱀, 뱀주인(땅꾼), 독수리자리	하늘의 시장 또는 도읍. 좌우 담장은 전국 시대 제후국 이름. 도량형과 사람 모으는 일 주관
천시원 좌원(左垣)	11	독수리, 뱀, 뱀주인자리	북쪽부터 아래로 위-조-구하-중산-제-오월-서(노·魯)-동해-연-남해-송
천시원 우원(右垣)	11	헤르쿨레스, 뱀, 뱀주인(땅꾼)자리	남쪽 문 입구부터 위로 한-초-양-파-촉-진-동주-정-진-하간-하중
시루(市樓)	6		시장 행정 부서. 시장을 여닫고 도량형을 정하는 일 주관
거사(車肆)	2		수레와 가마 주관. 백화(百貨) 시장
종정(宗正)	2	뱀주인(땅꾼)자리	장자(長子)가 아닌 아들 계통의 황족
종인(宗人)	4		건국 시조의 장자 계통의 황족. 종친의 제사 주관
종성(宗星)	2		임금을 도와 정사에 참여하는 황족
백탁(帛度)	2		공평한 매매 주관. 포목 시장
도사(屠肆)	2		가축의 도살. 정육 시장
후(侯)	1	뱀주인(땅꾼)자리	천문과 음양 관찰
제좌(帝坐)	1	헤르쿨레스자리	자미원의 천황대제가 천시원에 올 때 앉는 자리
환자(宦者)	4		임금의 내시
열사(列肆)	2		금은 보옥 등 재물 주관. 보석 시장

별이름	개수	서양 별자리	의미
두(斗)	5		술과 같은 액체의 양을 공평하게 잼
곡(斛)	4		곡식과 같은 고체의 양을 공평하게 잼
관삭(貫索)	9		백성들의 감옥
칠공(七公)	7		하늘의 재상. 칠정을 다스림
천기(天紀)	9		구경(九卿). 모든 일의 기강을 맡아 원통한 송사가 없도록 함
여상(女床)	3		후궁을 모시는 궁중 여관(女官)
종대부(宗大夫)	4[207]		종실 질서와 종친 활동 감독

제二부 하늘을 거닐며 노래하다

207 천문류초에는 없고, 천상열차분야지도에 새겨진 우리 고유의 별자리다.

천하기몰 天河起沒

은하수의 시작과 마침

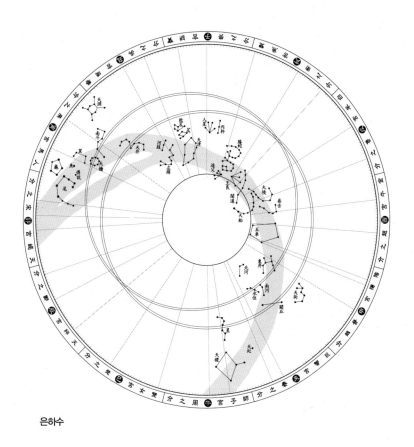

은하수

은하수의 보천가

하늘 강의 시작과 마침	天河起沒
천하를 천한이라고도 하네	天河亦以名天漢
동쪽의 기수 미수 사이에서 일어나	起自東方箕尾間

곧장 남쪽 길과 북쪽 길로 나뉘지	遂乃分爲南北道
남쪽은 부열을 지나 어와 천연에 닿고	南經傅說到魚淵
천약으로 열어 천변을 이고 하고를 울리네	開鑰戴弁鳴河鼓
북쪽은 귀를 지나 기수 곁을 꿰뚫고	北經龜宿貫箕邊
남두의 머리를 잇고 좌기를 덮어	次絡斗魁冒左旗
오른편 남쪽 길의 천진 물가에서 합치지	右合南道天津湄
두 길이 모여 서남으로 가는데	二道相合西南行
패과와 과를 나눠 끼고 인성으로 이어지고	分夾匏瓜絡人星
내저 곁에는 조보와 등사의 정기일세	杵畔造父騰蛇精
왕량은 부로와 각도가 평평하니	王良附路閣道平
대릉을 오르고 천선을 띄워	登此大陵泛天舡
바로 권설에 이르면 다시 남쪽 나그네길 나서지	直到卷舌又南征
오거를 부려 북하 남쪽으로 향하니	五車駕向北河南
동정의 수위에 말 목을 축이네	東井水位入吾驂
수위를 지나 동남으로 노닐며	水位過了東南游
남하를 거쳐 궐구로 향하면	經次南河向闕丘
천구 천기와 천직이고	天狗天紀與天稷
성수의 남쪽 둔덕에서 하늘 강은 마치지	七星南畔天河沒

하늘을 나누는 경계

은하수에는 많은 이름이 있다. 천하天河 · 천한天漢 · 성하星河 · 성한星漢 · 운한雲漢 · 은한銀漢 등이 은하수의 별칭이다. 띠 모양의 은하수는 가장 넓은 곳이 30도고, 가장 좁은 곳이 4~5도다. 평균 폭은 20도다.[208] 별자리 지도를 보면 은하수는 둥근 반원을 그리며 하늘을 절반으로 쪼갠 모습이다. 천문류초도 은하수에 대한 설명에서 동남과 서북으로 하늘을 나눈다고 썼다. 또 땅이 황하黃河와 한수漢水를 경계로 동남과 서북으로 나뉜 것도 하늘의 은하수를 본딴 때문이라고 했다. 한수는 중국 서북의 섬서성陝西省에서 발원하는 장강長江의 가장 긴 지류支流다.[209]

천문도에서 은하수는 동쪽의 인寅·묘卯 방위에서 두 줄기로 발원해 반원半圓 모양의 띠를 그리며 남쪽으로 내려가기 시작한다. 이어 북방 우수牛宿의 하고河鼓·독수리자리에서 적도를 건너 하늘 가운데로 깊숙이 들어간다. 서방 규수奎宿에서 하늘 한가운데인 주극원週極圓을 살짝 넘어 들어간 다음 묘수昴宿에서 바깥쪽으로 방향을 틀어 다시 적도赤道 쪽으로 향한다. 이어 남방 정수井宿에서 적도 밖으로 빠져나오고 성수星宿 구역인 오午 방위로 사라진다.[210]

은하수는 28수 가운데 동방의 미尾·기箕, 북방의 두斗·우牛·녀女·위危·실室, 서방의 규奎·위胃·묘昴·필畢, 남방의 정井·귀鬼·성星의 구역을 휘감아 지난다. 보천가의 천하기물에 언급된 별 이름은 각 수宿에서 은하수 속에 위치한 것들이다.

은하수의 별칭에 한漢이라는 글자가 많이 들어간 것은 한수漢水라는 지명 때문이다. 은하수에는 견우직녀 전설뿐만 아니라 한漢 고조高祖 유방劉邦에 얽힌 고사가 전해진다.[211] 유방이 항우項羽의 기세에 눌려 섬서

208 "銀河", 『互動百科』, 〈http://wiki.baike.com/〉
209 이순지 편찬, 김수길·윤상철 공역, 『天文類抄』(전정판), 대유학당, 2013, 334쪽
210 "銀河", 『百度百科』, 〈https://baike.baidu.com/〉
211 "天漢", 『百度百科』, 〈https://baike.baidu.com/〉

성 진령秦嶺산맥과 대파大巴산맥 사이의 궁벽한 분지인 한중漢中으로 쫓겨나 명목상 왕에 봉해졌을 때 부하들이 유방의 분노를 극구 진정시켰다고 한다. 부하들은 항우에 비해 세력이 미약할 때 수비하기 쉬운 한중을 얻은 것이 오히려 기회며, 한중은 천한天漢·은하수의 기운을 받은 제왕의 땅이라고 설득했다. 당시 한중 분지는 한수가 만들어내는 비옥한 충적토로 인해 농업 생산성이 높은 지역이었다.

　유방이 항우를 물리치고 패권을 장악했을 때 한漢을 정식 국호로 삼은 것도 그런 배경 때문이었다. 한 무제武帝는 황제가 즉위할 때 연호年號를 쓰는 제도를 처음 도입한 인물이다. 그도 전국에 가뭄이 들었을 때 은하수에 비를 내려달라고 비는 뜻에서 천한天漢·기원전 100~기원전 97이라는 연호를 사용할 만큼 한이라는 글자에 애착을 가졌다. 삼국지의 유비劉備가 제갈공명諸葛孔明의 천하 삼분지계三分之計에 따라 파촉巴蜀으로 들어갔을 때 한 고조를 잇는다는 뜻에서 한중 왕을 자칭하기도 했다. 한 나라는 중국 문물 제도의 체계를 처음 완비한 왕조라 할 수 있다.

제2부 하늘을 거닐며 노래하다

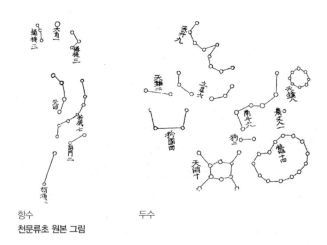

항수　　　　　두수
천문류초 원본 그림

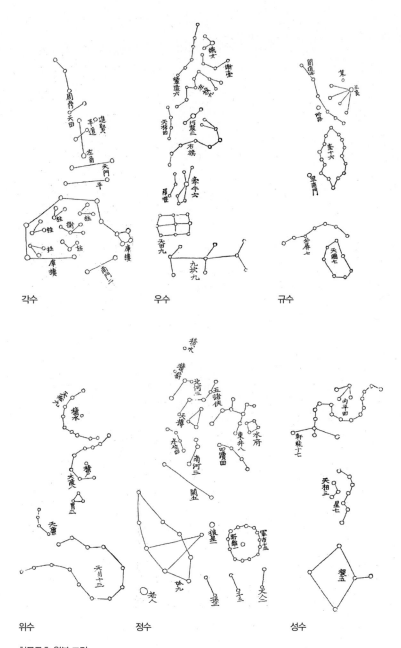

각수 우수 규수

위수 정수 성수

천문류초 원본 그림

觀象

授時

제三부

수시

授 時

一장
하늘의 문법 文法

시간時間은 사람의 인식일 뿐 형체가 있는 것은 아니다. 눈에 보이지 않는 자연의 흐름을 사람들이 편의에 따라 중간과 중간에 매듭지어 서로 공유할 수 있는 부호나 숫자로 바꾼 것일 뿐이다. 자연의 질서를 알려고 할 때 사람들은 가장 먼저 하늘을 쳐다봤다. 땅에서 일어나는 모든 일이 하늘의 뜻에 의한 것이라고 생각했기 때문이다. 사람들은 하늘을 지켜보면서 해와 달, 별이 일정한 규칙에 따라 주기적으로 움직인다는 것을 알게 됐다. 해와 달, 별이 보여주는 규칙성은 우주 운행의 질서였다. 같은 현상이 주기적으로 되풀이되는 것은 순환이었다. 규칙과 순환으로 이뤄지는 우주 운행 질서는 하늘의 문법文法이었다. 하늘의 문법을 풀기 위해서는 해와 달, 별의 움직임을 보다 면밀히 관찰해야 했다. 특히 이들 천체가 서로 어떤 관계를 갖고 움직이는지 파악하는 것은 더욱 중요했다. 오랜 관측의 결과는 수치로 쌓였다. 누적된 수치는 하늘의 문법을 여는 열쇠가 됐다.

해와 달, 별의 움직임을 인간의 숫자로 나타낸 것이 역曆이다. 눈에 보이지 않는 자연의 흐름을 우주 운행에서 찾아내고, 이를 숫자로 매듭지어 표기한 것이 역인 것이다. 그래서 역은 우주의 공간적 질서를 시간적 질서로 바꿔낸 것이라고 할 수 있다. 시간은 공간 질서의 흐름이고 공간은 시간 질서의 축적된 내용이다. 하늘의 문법은 역을 통해 인간의 문법으로 치환됐다. 또 우주 공간의 문법이 시간의 문법으로 전환된 것이라 할 수 있다.

음양합력陰陽合曆과 천문상수

역曆에는 태음력, 태양력, 태음태양력이 있다. 이슬람권에서 주로 쓰는 태음력은 달의 운행을 기준으로 만든 것이다. 태음력은 달의 삭망朔望 주기를 충실하게 반영하지만 해의 운행으로 나타나는 계절의 변화를 담지 못한다. 고대 이집트와 서양에서 사용해온 태양력은 황도를 운행하는 해의 움직임을 바탕으로 만든 것이다. 태양력은 계절의 변화와는 맞아떨어지지만 달의 삭망에 따른 조석潮汐 변화나 동·식물에 미치는 영향 등과는 무관하다. 태음태양력은 달의 삭망을 나타내는 태음력과 계절의 변화를 알려주는 태양력의 장점을 취한 것이다. 해와 달의 순환 주기를 일치시켜 음陰·달과 양태양·해의 조화를 꾀하는 동양의 관념이 담긴 것이 태음태양력이다. 이를 음양합력陰陽合曆이라고 한다. 태음력과 태양력은 각기 달과 해의 운행만 따질 뿐 다른 천체의 움직임을 전혀 고려할 필요가 없다. 그런 만큼 제작이 대단히 단순하다. 반면 태음태양력은 해와 달의 운행을 일치시키기 위해 과학적, 수학적 뒷받침이 필요한 복잡한 책력이라 할 수 있다.

정밀한 태음태양력을 제작하기 위해서는 책력 계산에 필요한 숫자를 하늘에서 찾아내야 한다. 이 숫자를 천문상수天文常數라고 한다. 대표적으로 하늘의 둘레, 해의 공전 주기, 달의 삭망 주기 등을 들 수 있다. 각각 다른 운행 주기를 갖고 있는 해와 달, 별의 천문상수를 일치시키는 최소 공배수를 찾아내는 것이 동양 책력 제작의 핵심이다.

일행일도 日行一度

'하늘은 형체가 없으며, 다만 28수가 전체다. 해와 달은 각수에서 운행을 시작하고, 하늘도 각수에서 시작한다. 해는 하루에 한 바퀴를 돌아 처음대로 각수에 도착하고, 하늘은 한 바퀴를 돌고 각수를 약간 지난다. 날마다 쌓여서 1년이 지나면 해와 만난다'[1]

'하늘의 운행은 강건하여 하루 밤낮 사이에 한 바퀴를 도는데 하늘은 반드시 1도를 초과한다. 해는 약간 느려서 1도 뒤처진다. (중략) 전체는 지극히 둥글고 둘레는 365도와 4분의 1도다. 땅을 에워싸고 왼쪽으로 돈다'[2]

실체가 없는 하늘의 둘레를 재는 방법을 설명한 글들이다. 먼저 역曆에 필요한 천문상수를 찾기 위해 무형의 하늘을 형체가 있는 28수로 상

1 "天無體 只二十八宿便是天體. 日月皆從角起 天亦從角起. 日則一日運一周 依舊只到那角上, 天則一周了 又過角些子 日日累上去 則一年便與日會", 韓國科學史學會 編, 『諸家曆象集 · 天文類抄』, 誠信女子大學校 出版部, 1984, 尚書通考, 39쪽; 이순지 편찬, 남종진 역주, 『국역 제가역상집』 상권, 세종대왕기념사업회, 2013, 상서통고, 80쪽

2 "天行健 一日一夜一周 天過一度 日稍遲一度 (中略) 天體至圓 周圍三百六十五度四分度之 繞地左旋", 韓國科學史學會 編, 『諸家曆象集 · 天文類抄』, 誠信女子大學校 出版部, 1984, 尚書通考, 性理大全, 86쪽과 91쪽; 이순지 편찬, 남종진 역주, 『국역 제가역상집 상권』, 세종대왕기념사업회, 2013, 성리대전, 123쪽과 129쪽

정한다. 해와 달은 하늘의 출발점인 각수에서 운행을 시작한다. 28수를 한 바퀴 돌아 다시 각수에 도착한 것이 하늘의 둘레다. 집 마당에 막대規表를 세워 각수와 해가 동시에 출발한다고 가정하자. 하루 낮과 밤이 지난 뒤 다시 막대 끝에 각수가 걸렸을 때 해는 아직 막대에 이르지 못했음을 발견하게 된다. 막대 끝에 먼저 닿은 각수와 아직 미치지 못한 해와의 거리를 1도로 정한다. 또 해가 막대 끝에 도착했을 때 이미 막대를 지나친 각수와의 거리를 1도로 정해도 된다. 해가 각수와 1도 차이가 나도록 한 바퀴 운행한 시간을 하루로 정한다. 이를 일행일도日行一度라 한다.[3] 일행일도는 하루라는 시간과 1도라는 공간을 맞교환한 개념이다.

각수가 날마다 해보다 1도씩 앞서는 것은 지구 공전에 따른 천체의 겉보기 운동이다. 항성인 각수는 그 자리에 있지만 지구가 공전 궤도를 따라 반시계 방향서→동으로 하루에 1도씩 움직이는 것이다. 하지만 하늘은 시계 방향동→서으로 도는 것처럼 보인다. 이를 천좌선天左旋이라 한다. 해는 하루 1도씩 늦게 움직이지만 하늘을 한 바퀴 돌면 각수와 다시 막대 끝에서 만나게 된다. 하늘을 한 바퀴 도는 데 365와 4분의 1도를 움직여야 한다는 관측 결과가 나온다. 이를 하늘 둘레인 주천도수周天度數라고 한다. 또 하늘의 둘레를 해가 한 바퀴 도는 것을 한 해一歲로 정했다.

해시계로 4분의 1일까지 찾아내다

옛날 사람들이 365도까지 주천도수를 헤아린 것도 놀랍지만 4분의 1도는 어떻게 계산해낸 것일까? 비밀은 원시적이고 단순해 보이는 막대 해시계인 규표다.

---

3 권근(權近), 이광호 외 역주, 『國譯 三經淺見錄(詩·書·周易)』, 靑溪文化財團, 1999, 「서천견록(書淺見錄)」, 44~45쪽

'그림자가 길어지면 해는 멀어지는데 주천도수의 기산점이 된다. 해가 기산점을 출발해 한 바퀴를 돌면 한 해가 된다. 하지만 그림자는 원래 모양대로 회복되지 않는다. 네 바퀴를 돌아 1,461일이 지나야 그림자가 처음처럼 되돌아온다. 이것이 해의 운행 주기다. 운행 주기로 일수를 나누면 365와 4분의 1도가 나온다. 바로 한 해의 일수다'[4]

규표로 해그림자를 재면 동지 때 가장 길다. 어느 해의 동지 때 그림자의 길이를 재면 다음 해 동지 때 그림자의 길이와 똑같지 않고, 4년이 지난 1,461일째의 동지 그림자가 처음과 같이 된다는 뜻이다. 한 해의 일수는 1,461일을 4년으로 나누면 365와 4분의 1일이 된다. 규표를 이용해 한 해의 날짜를 구하는 계산법은 중국에서 가장 오랜 천문 수학서인 주비산경周髀算經에 나온다.[5] 주비산경의 내용을 감안할 때 365와 4분의 1이라는 천문상수는 적어도 춘추 전국 시대 이전에는 일반화한 것으로 보인다.

월행지수 月行之數, 13과 19분의 7도

'달은 하늘에 매달려 있지만 (해보다) 더욱 느려서 하루에 하늘보다 늘

---

4 "景長則日遠 天度之端也. 日發其端 周而爲歲 然其景不復. 四周千四百六十一日 而景復初 是則日行之終. 以周除日 得三百六十五四分度之一 爲歲之日數", 韓國科學史學會編, 『諸家曆象集・天文類抄』, 誠信女子大學校 出版部, 1984, 後漢書 律曆志, 144쪽; 이순지 편찬, 남종진 역주, 『국역 제가역상집 하권』, 세종대왕기념사업회, 2013, 후한서 율력지, 13~14쪽

5 "周髀算經" 卷下之三, 『中文百科在線』, 〈http://www.zwbk.org/MyLemmaShow.aspx?lid=185773〉

13도와 19분의 7도 미치지 못한다'[6]

해가 하루에 하늘보다 늦게 운행하는 거리를 1도로 정했다. 이를 일행일도日行一度라 하고 천문상수의 기본 단위로 삼았다. 달은 하늘보다 하루 13과 19분의 7도 늦게 운행한다. 이 수치가 달의 천문상수인 월행지수月行之數다. 월행지수를 구하는 방법도 주비산경에 소개돼 있다.

'해가 하늘을 76바퀴 돌고, 달이 1,016바퀴 돌면 건성에서 만난다'[7]

달의 공전 회수인 1,016회를 해의 공전 회수인 76년으로 나누면 13과 19분의 7도가 나온다는 뜻이다.

일법日法과 월법月法

해는 하늘에 비해 하루 1도, 달은 13과 19분의 7도 늦다. 해와 달의 관계에서는 달이 해보다 12와 19분의 7도 늦다. 태음태양력은 해와 달의 운행 조합을 찾는 것이므로 12와 19분의 7도는 또 하나의 중요한 천문상수다. 해의 운행으로 잰 하늘의 둘레는 365와 4분의 1도 였다.

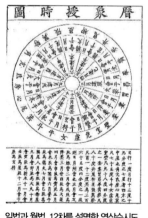

일법과 월법, 12차를 설명한 역상수시도

---

6 "月麗天而尤遲 一日常不及天十三度十九分度之七", 韓國科學史學會 編, 『諸家曆象集·天文類抄』, 誠信女子大學校 出版部, 1984, 性理大全, 92쪽; 이순지 편찬, 남종진 역주, 『국역 제가역상집 상권』, 세종대왕기념사업회, 2013, 성리대전, 128쪽

7 "日行天七十六周 月行天千一十六周 及合于建星", "周髀算經" 卷下之三, 『中文百科在線』 참고

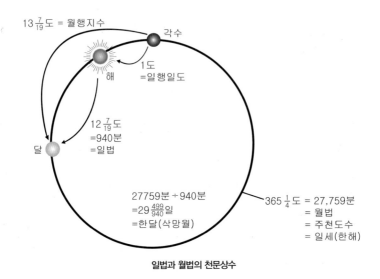

달은 하늘보다 하루 13과 19분 7도 늦다. 달이 하늘을 한 바퀴 돈 숫자
를 얻으려면 365와 4분의 1도를 13과 19의 7도로 나누어야 한다. 이를
계산하기 위해서는 각각 4분의 1도와 19분의 7도로 된 분모를 통분해야
한다. 4와 19의 최소 공배수는 76이다. 76을 분모로 하는 것은 1도를 76
분으로 삼는 것이다. 해와 달의 과불급 숫자는 12와 19분의 7도다. 이를
1도 = 76분으로 고치면 940분이 된다. 해보다 달이 하루 940분씩 늦는
것이다. 해와 달의 관계를 나타낸 이 숫자를 일법日法이라 한다.[8]

- 일법 = (12×76) + (7/19×76) = 940분

하늘의 둘레인 365와 4분의 1도를 1도 = 76분으로 고치면 2만 7,759

8 韓國科學史學會 編, 『諸家曆象集 · 天文類抄』, 誠信女子大學校 出版部, 1984, 性理大全,
92쪽; 이순지 편찬, 남종진 역주, 『국역 제가역상집 상권』, 세종대왕기념사업회, 2013,
성리대전, 128쪽; 이은성, 『曆法의 原理分析』, 정음사, 1985, 21~22쪽; 권근(權近), 이
광호 외 역주, 『國譯 三經淺見錄(詩 · 書 · 周易)』, 靑溟文化財團, 1999, 50~51쪽

분이 된다. 이 숫자를 월법月法이라 한다. 한 달은 2만 7,759분의 원둘레를 해보다 하루 940분 늦는 달이 해와 다시 만날 때까지 운행하는 날짜를 구하는 문제다. 일법과 월법의 결합에 의해 해와 달의 관계식을 구하는 것이다.[9]

- 월법 = (365 ×76) + (1/4 ×76) = 27,759분

2만 7,759분을 940분으로 나누면 29와 940분의 499라는 숫자가 나온다. 이것이 한 달이다. 정확히 말하면 1삭망월朔望月 · Synodic Month이다. 삭에서 삭까지 측정한 것으로 29.5308일이다. 시간으로 환산하면 약 29일 12시간 44분이다. 달은 하늘에 비해 13과 19분의 7도 늦다. 여기서 하늘은 항성恒星이다. 하늘 둘레 365와 4분의 1도를 13과 19분의 7도로 나누면 역시 한 달이 된다. 이는 1항성월恒星月 · Sidereal Month이 된다. 항성에서 항성까지의 시간을 측정한 것으로 27.3217일이다. 시간으로 바꾸면 약 27일 7시간 43분이다.

해와 달이 29와 940분의 499일 만에 만나는 것을 신辰이라고 한다. 일월성신日月星辰에서 신의 뜻이다. 또 12차라고도 한다. 차는 해와 달이 만나서 함께 묵는 여관이라는 뜻이다. 각 차의 명칭은 성기星紀 · 현효玄枵 · 추자娵訾 · 강루降婁 · 대량大梁 · 실침實沈 · 순수鶉首 · 순화鶉火 · 순미鶉尾 · 수성壽星 · 대화大火 · 석목析木의 차례다. 해는 하늘과 365와 4분의 1일 만에 만난다. 한 해 또는 일세一歲의 의미다. 해와 달은 한 해에 12번 만난다. 달이 해와 12번 만나려면 354와 940분의 348일을 운행해야 한다. 이는 달을 기준으로 삼은 한 해가 된다. 이를 일세월행지수一歲月行之數라고 한다. 바로 태음력의 1년이다.

9 최정준, 『주역개설』, 비움과 소통, 2014, 176~178쪽

- 일세월행지수=$(29 \times 12) + (499/940 \times 12) = 348 + (5,988/940)$
  $=354 + 348/940$일

관계	수치
하늘과 해(일행일도 · 日行一度)	해가 하루에 1도 늦음
하늘의 둘레(일세 · 一歲)	365와 1/4도(365와 235/940도)
하늘과 달(월행지수 · 月行之數)	달이 하루에 13과 7/19도 늦음
해와 달	해보다 달이 하루에 12과 7/19도 늦음
일법(日法 · 하루를 구하는 해와 달의 공통 분모)	940분=(12와 7/19)×(4×19)=(12와 7/19)×76
월법(月法 · 한 달을 구하는 분자, 하늘의 둘레)	27,759분=(365와 1/4도)×76
한 달(해와 달의 만남, 삭망월)	29와 499/940일=27,759 ÷ 940
일세월행지수(一歲月行之數)	354와 348/940일=(29와 499/940일)×12

윤율 閏率

'1년에는 12개월이 있고 1개월에는 30일이 있으니 360일은 1년의 정해진 수치常數다. 따라서 해가 하늘과 만나고 남은 5와 940분의 235일이 기영氣盈이고, 달이 해와 만나고 모자란 5와 940분의 592일은 삭허 朔虛가 된다. 기영과 삭허를 합해 윤달이 생기므로, 1년의 윤율閏率은 10과 940분의 827일이 된다'[10]

1년을 360일로 정한 것은 태음태양력을 만들기 위한 숫자다. 1태양년은 365와 940분의 235도고, 1태음년은 354와 940분의 348일이다. 태

---

10 "歲有十二月 月有三十日 三百六十日者 一歲之常數也. 故日與天會 而多五日九百四十分日之二百三十五者 爲氣盈 月與日會 而少五日九百四十分日之五百九十二者 爲朔虛. 合氣盈朔虛而閏生焉 故一歲閏率則十日九百四十分日之八百二十七", 韓國科學史學會 編, 『諸家曆象集 · 天文類抄』, 誠信女子大學校 出版部, 1984, 性理大全, 92~93쪽; 이순지 편찬, 남종진 역주, 『국역 제가역상집 상권』, 세종대왕기념사업회, 2013, 성리대전, 128~129쪽

양년의 숫자를 기초로 역曆을 제작하면 달의 위상을 알 수 없고, 태음년의 숫자만으로 역을 만들면 계절과 동떨어지게 된다. 360일은 해의 계절 주기와 달의 삭망朔望 주기를 맞추기 위한 중간값이다. 해와 달의 실제 순환 주기는 아니지만 음양 합력을 만들기 위해 공통으로 취할 수 있는 정수값인 것이다. 360일은 12년을 공전 주기로 하는 세성歲星·목성의 정수배이자 60간지干支의 순환 숫자와도 맞아떨어진다.

윤년 閏年

'3년에 1번 윤달을 두면 (윤율은) 32와 940분의 601일이 되고, 5년에 2번 윤달을 두면 54와 940분의 375일이 되며, 19년에 7번 윤달을 두면 기영과 삭허가 나눠떨어지니氣朔分齊 이것이 1장章이다'[11]

1태양년에 비해 1태음년은 10과 940분의 827일10.8798일이 짧다. 이 숫자가 윤달을 만드는 윤율이다. 윤율이 세 번 쌓이면 한 달가량 차이가 생긴다. 3년에 한 달 정도씩을 태음년에 보충해 주지 않으면 태양년과 태음년의 괴리가 심해져서 결과적으로 계절과 어긋나게 된다. 19년에 일곱 번 윤달을 두면 기영의 날수와 삭허의 날수가 나눠떨어져 여분이 남지 않는다. 기삭분제氣朔分齊의 의미다. 기삭분제가 되는 19세 7윤의 주기를 장章이라 한다. 장은 평平과 같다. 과불급過不及이 없이 균등하게 되었다는 뜻이다.

---

11 "三歲一閏 則三十二日九百四十分日之六百單一, 五歲再閏 則五十四日九百四十分日之三百七十五, 十有九歲七閏 則氣朔分齊 是爲一章也", 韓國科學史學會 編,『諸家曆象集·天文類抄』, 誠信女子大學校 出版部, 1984, 性理大全, 93쪽; 이순지 편찬, 남종진 역주,『국역 제가역상집 상권』, 세종대왕기념사업회, 2013, 성리대전, 129쪽

- 19태양년 = 365와 1/4일 × 19 = 365와 235/940일 × 19 = 6,935와 4,465/940일 = 6,939와 705/940일 = 6,939와 3/4일
- 19태음년 = 354와 348/940일 × 19 = 6,726과 6,612/940일 = 6,733과 32/940일
- 19태양년 − 19태음년 = 6,939와 705/940일 − 6,733과 32/940일 = 206과 673/940일
- 206과 673/940일 ÷ 29와 499/940일(1삭망월) = 7삭망월
- 19세 7윤 = (19×12) + 7 = 228 + 7 = 235개월 = 1장章

19태양년과 달의 235개 회합 주기를 일치시키는 것을 장법章法이라고 한다. 장법은 춘추 시대기원전 770~기원전 403인 기원전 600년경에 발견됐다. 서양에서는 기원전 433년 그리스의 천문학자 메톤Meton이 발견해 메톤 주기라고 부른다. 하지만 19태양년은 6,939와 940분의 705일6,939와 4분의 3일로 정수가 되지 않는다. 이에 4배를 하고 삭망월을 계산하면 정수값이 나온다.

- 6,939와 705/940일 × 4 = 27,756과 2,820/940일 = 27,756 + 3일 = 27,759일
- 27,759일 ÷ 29와 499/940일(1삭망월) = 26,093,460/940일 ÷ 27,759/940일 = 940삭망월
- 76태양년 = 940삭망월 = 27,759일

76년을 1부蔀라고 하고, 76년 주기를 부법蔀法이라고 한다. 1부를 20배 한 주기를 1기紀라 한다. 1기는 20부고 80장이며 1,520년이다. 또

1기를 3배 한 주기를 1원元이라고 한다. 1원은 3기고 4,560년이다.[12]
장章·부蔀·기紀·원元 등의 주기는 시간의 출발점인 역원曆元의 연월일
시를 찾아 올라가는 데 쓰인다.

명칭	주기	비고
일법(日法)	940분	하루를 구하는 분모
월법(月法)	27,759분	한 달을 구하는 분자
한달(一月)	29와 499/940일	삭망월(朔望月)
일세(一歲)	365와 1/4일	태양년(太陽年)
장법(章法)	19태양년 = 235삭망월 = 6,939와 705/940일 = 6,939와 3/4일	19세 7윤
부법(蔀法)	4장 = 76태양년 = 940삭망월 = 27,759일	삭단동지(朔旦冬至)가 같은 날 오는 주기
기법(紀法)	20부 = 80장 = 1,520년 = 18,800삭망월	삭단동지가 같은 날 야반(夜半·子時)에 오는 주기
원법(元法)	3기 = 60부 = 240장 = 4,560년 = 56,400삭망월	삭단동지가 갑자(甲子)일 야반에 오는 주기

동양의 기본 달력 사분력 四分曆

1년의 길이를 365와 4분의 1일로 하고, 한 달의 길이를 29와
940분의 499일로 하며, 19세 7윤의 장법章法을 천문상수로 쓰는 책력
을 사분력四分曆이라고 한다.[13] 사분력은 동양 태음태양력의 기본 개념
이라 할 수 있다. 사분력이라는 명칭은 365와 4분의 1일이라는 한 해의
길이에서 분모가 4인 것에서 비롯됐다.

---

12 韓國科學史學會 編, 『諸家曆象集·天文類抄』, 誠信女子大學校 出版部, 1984, 後漢
書 律曆志, 145~146쪽; 이순지 편찬, 남종진 역주, 『국역 제가역상집 하권』, 세종대
왕기념사업회, 2013, 후한서 율력지, 15쪽; 이은성, 『曆法의 原理分析』, 정음사, 1985,
21~22쪽

13 이은성, 『曆法의 原理分析』, 정음사, 1985, 22쪽; "四分曆", 『百度百科』, 〈https://
baike.baidu.com/〉

중국 전국 시대 이전에 만들어진 고대 역曆은 황제력黃帝曆·전욱력顓頊曆·하력夏曆·은력殷曆·주력周曆·노력魯曆이 있다. 이를 고육력古六曆이라 한다. 고육력은 역 계산의 기산점인 역원曆元과 한 해의 시작인 세수歲首가 서로 다르지만 역을 제작하는 기본 개념은 사분력과 같다. 고육력 가운데 전욱력은 기원전 222년 중국 최초의 통일 왕조인 진秦나라의 공식 역법으로 지정돼 기원전 104년 한漢 무제武帝에 의해 태초력太初曆이 제정될 때까지 쓰였다. 태초력의 오차가 커지면서 후한後漢 장제章帝 때인 기원후 85년 역원과 동지점 등을 수정한 새로운 사분력이 시행돼 한나라가 멸망할 때까지 쓰였으며, 삼국 시대 촉蜀과 위魏나라에서도 계속 사용됐다.

중국의 역법은 선진先秦 시대부터 청淸나라 말까지 모두 115종이 만들어진 것으로 전해진다. 이 중에는 실제로 사용되지 않은 역법도 포함된다.[14] 115종의 역법 가운데 3대 명력名曆으로 한漢의 삼통력三統曆, 당唐의 대연력大衍曆, 원元의 수시력授時曆이 꼽힌다. 삼통력의 본질이 사분력인 것을 감안하면 사분력은 전국 시대 초기인 기원전 427년부터 삼국 시대 말까지 무려 700년간 쓰인 역법으로 평가받는다.

동양 최초의 공식 달력 태초력太初曆

태초력太初曆[15]은 동양 최초의 제정制定 달력이자 공식 역법의

---

14 남상길, 남문현·남종진 역, 『국역 육일재총서(六一齋叢書)』 4, 「시헌기요(時憲紀要)」 상편, 세종대왕기념사업회, 2014, 19쪽 참고
15 "太初曆", 『百度百科』, 〈https://baike.baidu.com/〉

시초다. 한 무제 때인 기원전 104년 반포된 태음태양력이다. 서양 달력의 원형原型으로 로마의 율리우스 카이사르가 기원전 46년 공포한 율리우스력보다 약 60년 앞선 것이다. 태초력은 반포 당시 전 세계에서 가장 과학적이고 선진화한 달력이었다. 진시황秦始皇은 천하를 통일하면서 세수歲首와 역원曆元이 제각각인 역曆의 통일을 추구했으나 진이 단명하는 바람에 뜻을 이루지 못했다. 진나라는 고육력古六曆의 일종으로 사분력四分曆인 전욱력顓頊曆을 사용했다. 한漢나라도 태초력이 반포되기 전까지 전욱력을 답습했다. 하지만 사분력의 오차가 커지면서 개력의 필요성이 대두됐다.

태초력은 관측 기술의 발달과 누적된 관측 자료를 바탕으로 새로운 역법 이론을 도입했다. 태초력의 핵심은 한 달의 길이를 29와 81분의 43일, 한 해의 길이를 365와 1,539분의 385일로 계산한 것이다. 태초력은 삭망월 주기의 분모를 81로 했기 때문에 팔십일분력八十一分曆이라고도 한다. 하지만 태초력의 천문상수를 현대 값으로 계산하면 이전 역법인 사분력보다 오히려 오차가 크다. 전체적으로 태초력은 1회귀년을 1년으로 하고, 1삭망월을 1개월로 삼았다. 처음으로 24절기를 역법에 추가했고, 24절기 중 중기中期가 없는 달을 윤달로 정했다. 또 수성·금성·화성·목성·토성 등 오성의 운행 주기도 처음으로 역법에 반영했다.

태초력의 특징 중 하나는 개력 작업을 도가道家 계통의 방사方士들이 맡은 점이다. 사마천司馬遷의 사기史記 역서曆書에 따르면 한 무제는 즉위 직후 방사인 당도唐都를 불러 28수宿의 거도距度를 측정토록 했다. 또 파군巴郡 낙하落下 출신의 방사 굉閎에게는 역법에서 가장 중요한 천체 운행을 계산토록 했다. 총괄 업무는 역법전문 관리인 등평鄧平이 맡았다. 도가의 천문학자들이 역법 제정을 맡으면서 태초력은 본래의 역법 기능은 물론 왕권의 정당성을 강조하는 수명개제론受命改制論과 오덕종시설五德終始說 등 음양오행과 관련한 신비주의적 색채를 짙게 띠었다. 우선 태초력이라는 명칭부터 도가적 색채가 두드러진다. 기원전 400년경 지어진 도가 계통의 서적 열자列子는 우주론을 태역太易 → 태초太初 → 태시太始 → 태소太素의 단계로 설명한다.[16] 태역은 기氣가 나뉘지 않은 혼돈의 단계, 태초는 기가 움직여 시간이 시작되는 단계, 태시는 모습인 형形이 드러나는 단계, 태소는 질質까지 갖춰지는 단계다. 열자의 우주론에 따르면 태초력은 시간의 첫 흐름을 담은 달력이라는 뜻이다.

태초력의 또 다른 특징은 한 해의 시작인 세수歲首를 음력 정월인월 · 寅月로 정한 점이다. 이에 따라 계절도 봄 · 여름 · 가을 · 겨울의 순서로 정해졌다. 진나라에서 사용했던 전욱력사분력은 음력 10월해월 · 亥月을 세수로 삼았었다. 따라서 계절도 겨울부터 시작했다. 세수의 변경은 오행의 상생상극론相生相剋論에 근거한 것이었다. 전국 시대 제齊나라 음양가陰陽家인 추연鄒衍 · 기원전 305~기원전 240은 오행상극에 의한 왕조 교체론인 오덕종시설五德終始說을 주장했다. 역사는 오행이 순환하는 것으로 각 시대는 오행의 지배를 받는다. 한 왕조에는 그 왕조에 부여된 오행의 덕이 있으며, 그 덕이 끝나면 오행 상극의 원리에 따라 필연적으로 왕조가 교체된다는 일종의 순환 사관史觀이다. 오덕종시설에 따르면 황제黃帝는 토덕土德 · 노란색, 하夏는 목덕木德 · 푸른색을 받은 나라다. 또 은殷은 금덕金德 · 흰색, 주周는 화덕火德 · 붉은색, 진秦은 수덕水德 · 검은색의 나라다. 각 왕조는 오행 상극의 원리에 따라 교체됐다. 목극토木克土에 의해 황제에서 하로, 금극목金克木에 의해 하에서 은으로, 화극금火克金에 의

---

16 열자, 김학주 옮김, 『열자』, 을유문화사, 2000, 24~25쪽

해 은에서 주로, 수극화水克火에 의해 주에서 진으로 각각 바뀌었다는 것이다.[17] 이에 대해 한漢의 대유大儒인 동중서董仲舒가 강한 반론을 펼쳤다. 하늘天은 양陽이므로 인仁을 좋아하고, 음陰인 형刑을 좋아하지 않으므로 왕조의 교체는 상극이 아닌 상생으로 이뤄진다고 주장했다. 한나라는 상극론에 의해 수덕의 나라인 진나라를 토덕으로 이긴 토극수土克水의 나라가 아니라는 것이었다. 한나라는 오히려 상생론에 따라 진나라의 수덕의 도움으로 목덕을 이어받은 수생목水生木의 나라라는 이론을 폈다.[18]

태초력은 동중서의 오행상생론에 따라 목덕인 하나라의 달력夏曆을 본따 세수를 인월음력 정월로 정했다. 고육력古六曆 중 하夏나라는 인월, 은殷나라는 축월丑月·음력 12월, 주周나라는 자월子月·음력 11월, 진秦나라는 해월음력 10월이 한 해의 첫 달이었다. 황제력黃帝曆과 노력魯曆은 자월을 세수로 삼았다고 한다. 오행대의五行大義에 나오는 춘추감정부春秋感精符라는 책에 따르면 음력 11월인 자월은 하늘이 뜻을 펼치기 시작하므로 천통天統이라고 하며, 주나라가 정월로 삼았다고 해서 주정周正이라고 한다. 음력 12월인 축월은 땅이 변화를 시작하므로 지통地統이라고 하며, 은나라의 정월이라고 해서 은정殷正이라고 부른다. 음력 1월인 인월은 사람이 일을 벌이기 시작하므로 인통人統이라고 하며, 하나라의 정월이라고 해서 하정夏正이라고 이른다.[19]

전한前漢 말인 기원전 7년 경학가이자 천문학자인 유흠劉歆이 태초력

---

17 양계초, 풍우란 외, 김홍경 편역, 『음양오행설의 연구』, 신지서원, 1993, 211~213쪽과 294~300쪽
18 양계초, 풍우란 외, 김홍경 편역, 『음양오행설의 연구』, 신지서원, 1993, 559~566쪽
19 蕭吉 撰, 蕭吉 撰, 김수길·윤상철 공역, 『五行大義』 下, 대유학당, 2016, 465~467쪽

출처: 바이두

태초력을 만들 때 천체 계산을 맡은 낙하굉

을 수정 보완해 삼통력三統曆을 만들었다. 천통·지통·인통의 삼통을 모두 담은 책력이라는 뜻이다. 삼통력은 동중서의 역사 순환론과 음악 이론인 율려律呂, 주역의 복잡한 상수象數 이론 등을 동원해 권위와 신비를 더하려 한 역법이다. 삼통력은 후한後漢 장제章帝 때인 기원후 85년 새로운 사분력으로 개력할 때까지 188년 동안 쓰였다.[20] 태초력에서 정립된 맹춘孟春·초봄, 건인 정월建寅 正月·인월을 정월로 세움, 하정夏正·하나라 정월의 세수 전통과 역법 질서는 오늘날까지 전해 내려온다.

사분력과 태초력 비교[21]			
길이/구분	사분력	태초력	현대의 천문 계산
한 달(삭망월)	29와 499/940일 = 29.5308851일	29와 43/81일 = 29.530864일	29.530588일
한 해(회귀년)	365와 1/4일 = 365.25000일	365와 385/1539일 = 365.25016일	365.24220일

20 "三統曆", 『百度百科』, 〈https://baike.baidu.com/〉

21 이문규, 『고대 중국인이 바라본 하늘의 세계』, 문학과 지성사, 2000, 216쪽

태초력太初曆과 율려律呂

'태초력은 음률에 근본을 두고 81분을 분모로 삼았다. 그 수는 황종의 피리에서 시작하고 끝났다'[22]

남송南宋의 학자 장여우章如愚가 편찬한 백과사전 산당고색[23]에 나오는 글이다. 태초력의 한 달 길이에 쓰인 81이라는 분모가 음률의 명칭인 황종에서 나왔다는 것은 태초력의 큰 특징이다. 율律과 역曆이 어떤 관계가 있길래 음률의 숫자가 태초력의 천문 상수로 쓰였을까? 천인합일天人合一의 관념이 강했던 옛 사람들은 하늘의 뜻을 알기 위해 무척 애썼다. 하늘의 섭리가 지상의 만물을 좌우한다고 생각했기 때문이었다. 그들은 하늘의 뜻을 아는 방법으로 바람을 주목했다. 하늘은 기氣를 지배하고, 기는 바람의 모습形으로 지상에 나타나, 소리聲를 만든다고 생각했다. 바람이 기器에 담기면 음률이 되고, 공간으로 나누면 구궁팔풍九宮八風이 되며, 때를 살피면 절기節氣에 따라 바뀌는 계절풍이 된다고 보았다. 바람으로 구분하는 음률, 공간, 시간 등은 하늘의 뜻인 천도天道를 서로 다르게 표현하는 방식일 뿐이라는 것이다.

특히 옛 사람들은 율律을 신성시했다. 사기史記 율서律書는 '임금이 일을 만들고 법을 세우며 사물의 규율과 법칙을 잴 때 6률에 바탕했으니

---

22 "太初之曆 本於鍾律, 以八十一分爲通母. 其數起於黃鍾之籥而終", 韓國科學史學會 編, 『諸家曆象集 · 天文類抄』, 誠信女子大學校 出版部, 1984, 山堂考索, 163~164쪽; 이순지 편찬, 남종진 역주, 『국역 제가역상집』 하권, 세종대왕기념사업회, 2013, 산당고색, 35~36쪽

23 산당고색은 정도전(鄭道傳)이 조선 건국의 기틀을 잘 때 가장 많이 참고한 서적이라고 한다.

6률은 모든 일의 근본'[24]이라고 했다. 고대 사회에서 우주의 소리인 율은 정치와 경제는 물론 군사와 문화 등 다방면의 기본 준칙이었다. 사기 악서樂書는 '소리는 사람의 마음에서 나오는 것'이므로 '예의와 음악, 형벌과 정치의 궁극은 같다'[25]고 했다. 세상을 다스리는 치세治世의 도리와 사람 간의 예의 등 모든 것이 음악에서 나온다는 것이다. 공자孔子가 예악禮樂을 중시하면 세상이 밝아진다고 한 것도 이 때문이다.

율은 군대의 기율을 뜻하는 군율軍律에도 적용됐다. 율서는 '(6률은) 전쟁에서 매우 중요한 의미를 지닌다'며 '적진의 구름을 보면 길흉을 알고 율려를 들으면 승패를 안다'[26]고 했다. 사마천은 율서의 결론에서 '선기옥형으로 천문을 관측해 칠정을 가지런히 하니 곧 28수다. 십간, 십이지, 십이율의 배합은 오랜 옛날부터 시작됐으니 음률을 세우고 역법을 계산하고 해의 운행도수를 헤아리는 근거'[27]라고 율의 중요성을 강조했다. 율은 천문이고 역법이며, 음률이고, 십간 십이지 배합의 바탕이라는 것이다. 사마천은 사기에서 율서律書와 역서曆書를 나눠 기술했지만 반고班固의 한서漢書부터 역대 사서史書가 율력지律曆志를 펴냈던 것은 율과 역을 동일시한 사상 때문이다. 율의 조화는 역의 운행과 같은 맥락으로 둘 다 천지의 질서와 조화를 나타낸다고 생각했던 것이다. 오음五音은 고대 율학律學의 중요한 개념이다. 궁宮·상商·각角·치徵·우羽의 오

---

24 "王者制事立法 物度軌則 壹稟於六律 六律爲萬事根本焉", 사마천, 신동준 옮김, 『사기 서』, 위즈덤하우스, 2015, 율서, 85쪽과 88쪽

25 "凡音之起 由人心生也" "禮樂刑政 其極一也", 사마천, 신동준 옮김, 『사기 서』, 위즈덤하우스, 2015, 악서, 39~40쪽과 48쪽

26 "兵械尤所重" "望敵知吉凶 聞聲效勝負", 사마천, 신동준 옮김, 『사기 서』, 위즈덤하우스, 2015, 율서, 85쪽과 88쪽

27 "璇璣玉衡以齊七政 則天地二十八宿. 十母十二子鍾律調自上古 建律運曆造日度 可據而度也", 사마천, 신동준 옮김, 『사기 서』, 위즈덤하우스, 2015, 율서, 100쪽

음은 오행五行과 연결된다. 궁은 토土, 상은 금金, 각은 목木, 치는 화火, 우는 수水다. 옛 사람들은 궁·상·각·치·우의 오음이 하늘의 별자리 기운이라고 생각했다. 오음은 12율과 일대일 대응 관계를 갖지는 않는다.

'황제가 영륜에게 대하 서쪽 곤륜산 북쪽의 해곡에서 나는 대나무로 구멍이 두껍고 고른 것을 잘라 두 마디 사이를 불어 황종의 궁음으로 삼도록 했다. 12통을 만들어 불자 봉황의 울음소리가 들리니 수컷 울음이 여섯이고 암컷 울음이 여섯이었다. 황종의 궁음과 비교해 열두 울음소리를 모두 생겨나게 할 수 있었으니 12율의 근본과 치세의 지극한 이치가 되었다. 천지의 기운이 합해 바람이 생기고 천지의 바람 기운이 바르게 되니 12율이 정해진다'[28]

12율과 관련해 한서漢書 율력지律曆志에 전해지는 신화다. 이에 따르면 12율은 봉황의 울음소리를 본 딴 것으로, 천지의 기氣가 바람으로 변해 음률로 정해진 것이라고 한다. 봉황의 수컷인 봉鳳의 울음소리는 6양률陽律이 되었고, 봉황의 암컷인 황凰의 울음소리는 6음려陰呂가 되었다. 양률과 음려를 합쳐 율려律呂라 한다. 6률은 황종黃鐘·태주太簇·고선姑洗·유빈蕤賓·이칙夷則·무역無射이다. 6려는 임종林鐘·남려南呂·응종應鐘·대려大呂·협종夾鐘·중려仲呂다. 조선 성종 때인 1493년 예조판서 성현成俔이 편찬한 악학궤범樂學軌範에 따르면 해와 달은 하늘에서 1년

28 "黃帝使伶綸 自大夏之西崑崙之陰 取竹之解谷 生其竅厚均者 斷兩節間而吹之 以爲黃鐘之宮. 制十二篇以聽鳳之鳴 其雄鳴爲六雌鳴亦六. 比黃鐘之宮而皆可以生之 是爲律本至治之世. 天地之氣合以生風 天地之風氣正十二律定", 班固, "漢書·志·律曆志上"『好網角』, 〈http://www.wang1314.com/doc/topic-1560895-1.html〉

에 12번 만난다. 오른쪽으로 도는 것우전·日月右轉을 본받아서 성인이 6
려를 만들었고, 북두칠성의 자루가 12진辰·地支으로 운행하며 왼쪽으로
도는 것天左旋을 본받아서 6률을 만들었다. 양률은 왼쪽으로 돌아 음과
합하고, 음려는 오른쪽으로 돌아 양과 합하여 천지 사방에 음양의 소리
가 갖춰진다고 했다.[29]

황종을 기준으로 12율을 구하는 방법은 삼분손익법三分損益法, 격팔
상생법隔八相生法, 삼천양지三天兩地, 취처생자법娶妻生子法 등 주역의 음
양 사상에 바탕한 여러 이론이 있으나 결과적으로는 같은 계산법이다.
삼분손익법은 양률의 경우 주역의 산택손山澤損·☷☱괘에 의해 전체에
서 3분의 1을 빼 아래쪽으로 음려를 만들고下生, 음려의 경우 풍뢰익風雷
益·☳☴괘에 따라 전체에서 3분의 1을 더해 위쪽으로 양률을 만든다上生.
한 번은 손하고 한 번은 익하는데, 다만 삼분손일의 차례인 유빈에서 다
시 삼분익일을 하고 이어 손과 익을 교대로 적용한다.[30] 삼분손익은 본래
율려에서 3분의 1을 빼거나 더한 것이며, 격팔은 본래 위치를 포함해 여
덟 자리를 건너뛴 율려다. 취처생자법은 남편인 양률이 아내인 음려를
취한 뒤 삼분손일하여 자식을 낳고, 아내인 음려가 남편인 양률과 혼인
해 삼분익일하여 자식을 낳는다는 뜻이다.

황종黃鐘의 수數는 관管의 길이가 9치, 지름은 3푼, 둘레는 9푼, 율의
길이는 9치로 9×9 = 81이 된다. 황종을 삼분손일하면 9치에서 3치를
빼 6치가 되고, 숫자로는 〈81 − (81÷3) = 81−27 = 54〉가 된다. 삼분손
일의 결과 임종林鐘을 낳는다. 임종은 황종으로부터 8자리를 건너뛴 음

29 成俔 撰, 이혜구 역주, 『신역 악학궤범』, 국립국악원, 2000, 45~47쪽
30 정해임, 『율려와 주역』, 소강, 2011, 48~54쪽; 成俔 撰, 이혜구 역주, 『신역 악학궤범』,
   국립국악원, 2000, 47~60쪽

려다. 삼분손익법과 격팔상생법 등에 의한 12율려의 차서次序는 황종黃鐘·대려大呂·태주太簇·협종夾鐘·고선姑洗·중려仲呂·유빈蕤賓·임종林鐘·이칙夷則·남려南呂·무역無射·응종應鐘이다. 삼분손일에 의한 율려는 황종→임종, 태주→남려, 고선→응종, 대려→이칙, 협종→무역이다. 삼분익일에 의한 율려는 임종→태주, 남려→고선, 응종→유빈, 유빈→대려, 이칙→협종, 무역→중려다.

기氣의 흐름이 변하면 바람과 계절이 바뀐다. 율은 천체 운행에 따른 기의 변화를 느끼고 재는 수단이다. 역은 천체 운행에 따른 절기 변화를 계산하는 수단이다. 결국 율과 역은 표리 관계로 치환할 수 있다는 것이 율과 역에 대한 동양의 사상이다. 회남자淮南子 천문훈天文訓은 12율려, 12월, 12차次, 북두자루가 가리키는 12진또는 지지 등을 이런 관념을 바탕으로 배합한다. 11월에는 북두의 자루가 자子를 가리키며, 해와 달은 성기星紀에 있고, 율은 황종黃鐘에 해당한다는 식이다.

12율려의 명칭과 의미		
명칭	월과 진	의미
황종(黃鐘)	11(자·子)	양기가 황천(黃泉)에 모이는 것
대려(大呂)	12(축·丑)	음기가 점차 사라지는 것
태주(太簇)	1(인·寅)	무리를 이루지만 아직 밖으로 드러나지 않은 모습
협종(夾鐘)	2(묘·卯)	씨가 처음으로 싹이 트는 것
고선(姑洗)	3(진·辰)	옛것을 씻어내고 새로운 것이 오는 것
중려(仲呂)	4(사·巳)	중(中)이 충실하여 대(大·대려)가 되는 것
유빈(蕤賓)	5(오·午)	뜻을 평안히 하여(蕤) 복종하는 것(賓)
임종(林鐘)	6(미·未)	잡아당겨서 멎게 하는 것
이칙(夷則)	7(신·申)	법칙을 바꿔 양기(陽氣)가 사라지는 것
남려(南呂)	8(유·酉)	만물이 맡겨져서(南) 포용력이 커지는 모습
무역(無射)	9(술·戌)	만물이 지하로 들어가 억눌리는 일(射)이 없는 상태
응종(應鐘)	10(해·亥)	양기의 움직임(鐘)에 만물이 응하는 것

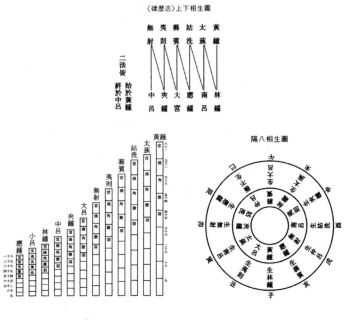

〈律歷志〉上下相生圖

隔八相生圖

삼분손익법과 격팔상생법[31]

　율려는 주역과도 연계된다. 벽괘辟卦·임금괘라는 이름의 12괘에 12율려와 12월, 12진을 배분하는 것이다. 예를 들어 황종인 11월은 지뢰복地雷復괘, 12월은 지택림地澤臨괘에 해당한다. 또 길이와 부피, 무게를 재는 도량형度量衡도 율려에 의해 정해졌다. 황종의 관 길이, 황종에 담기는 기장黍의 양과 무게 등이 도량형의 단위로 확장 응용됐다. 황종에 의해 정해진 도량의 길이는 푼分·치寸·자尺·길丈 등이며, 부피로는 약龠·홉合·되升·말斗·섬斛이 있다. 무게로는 약龠·수銖·양兩·근斤·균鈞·석石 등을 들 수 있다.

---

31 丁若鏞, 『與猶堂全書』 23 「樂書孤存」, 다산학술문화재단, 2012, 83쪽, 97쪽과 168쪽

율려(律呂)	음력 월(月)	진(辰)	차(次)	벽괘(辟卦)	괘
황종(黃鐘)	11	자(子)	성기(星紀)	지뢰복(地雷復)	
대려(大呂)	12	축(丑)	현효(玄枵)	지택림(地澤臨)	
태주(太簇)	1	인(寅)	추자(娵訾)	지천태(地天泰)	
협종(夾鐘)	2	묘(卯)	강루(降婁)	뇌천대장 (雷天大壯)	
고선(姑洗)	3	진(辰)	대량(大梁)	택천쾌(澤天夬)	
중려(仲呂)	4	사(巳)	실침(實沈)	중천건(重天乾)	
유빈(蕤賓)	5	오(午)	순수(鶉首)	천풍구(天風姤)	
임종(林鐘)	6	미(未)	순화(鶉火)	천산둔(天山遯)	
이칙(夷則)	7	신(申)	순미(鶉尾)	천지비(天地否)	
남려(南呂)	8	유(酉)	수성(壽星)	풍지관(風地觀)	
무역(無射)	9	술(戌)	대화(大火)	산지박(山地剝)	
응종(應鐘)	10	해(亥)	석목(析木)	중지곤(重地坤)	

율려와 지지, 주역 괘의 배합

하늘의 문법 文法

시간의 계산

역曆은 천체의 공간 운행 법칙을 시간의 원리로 바꾸고, 시간을 약속된 숫자나 부호로 구분해 계산하는 법칙이다. 역은 시간에 대한 관념의 차이는 물론 사용된 부호나 숫자에 결부된 다양한 상징들로 인해 인종, 지역 등과 관련한 독특한 문화의 형태로 분류되기도 한다. 역 계산은 인간의 본능에 가장 근접한 숫자와 부호의 진행 법칙으로 이뤄져야 친숙함과 함께 오랜 생명력을 갖게 된다. 인체의 손가락 숫자를 본 딴 10진법이나 소인수素因數가 많아 배수倍數나 분수分數 등 활용도가 높은 12진법과 간지干支의 조합을 응용한 60진법 등이 역에 동원된 까닭이다.

역은 단순한 날짜 계산의 차원을 넘어 연年·월月·일日·시時의 네 가지 시간 톱니가 천체 운행과 정밀하게 맞물려 돌아가고, 인간 생활의 편리에도 부합되어야 완벽하다는 평가를 받는다. 특히 네 톱니 중 연年을 계산하는 방식이 확정되어야 역으로서 기능할 수 있다. 연이 월, 일, 시를 동심원처럼 차례로 내포內包하는 가장 큰 단위이기 때문이다. 연보다 큰 단위는 계산을 위한 것일 뿐 사람들의 실생활과 연결되지는 않는다.

연을 기준으로 햇수를 계산하는 것을 기년법紀年法이라고 한다. 동양, 특히 한자문자권에서는 크게 세 가지 기년법이 전해진다. 우선 연호기년법이 있다. 임금이 즉위한 해에 연호年號를 붙이고, 햇수에 따라 연호명 + 연수年數로 표기하는 방식이다. 한漢 무제武帝가 기원전 140년 건원建元이라는 연호를 쓴 것이 연호기년법의 시초다. 건원은 기원紀元을 세운다는 뜻이다. 또 목성의 운행 주기로 햇수를 계산한 세성기년법歲星紀年法 또는 태세기년법太歲紀年法이 있다. 마지막으로 10천간天干 12지지地支로 60간지를 조합해 햇수를 세는 간지기년법干支紀年法이 있다.

세성기년법歲星紀年法과 태세기년법太歲紀年法

세성기년법歲星紀年法 또는 태세기년법太歲紀年法은 목성세성·歲星의 운행을 기준으로 한 햇수 계산법이다. 옛 사람들은 목성의 공전 주기를 12년으로 파악했다. 사기史記 천관서天官書는 '세성은 매년 30과 16분의 7도, 하루 12분의 1도를 운행해 12년 만에 하늘을 일주한다'[32]고 썼다. 세성의 공전 주기인 12년은 춘추 시대 이전에 이미 관측된 것으로 알려진다. 세성의 위치로 연도를 표시하는 세성기년법은 12진辰, 12지지地支, 12차次와 결합되면서 전국 시대 중기인 기원전 4세기경부터 사용된 것으로 추정된다. 세성기년법은 천구의 적도를 12등분한 12차에 세성이 지날 때를 햇수의 명칭으로 사용한 것이다. 12차의 명칭은 성기星紀를 시작으로 현효玄枵·추자娵訾·강루降婁·대량大梁·실침實沈·순수鶉首·

---

32 "歲行三十度十六分度之七, 率日行十二分度之一, 十二歲而周天", 사마천, 신동준 옮김, 『사기 서』, 위즈덤하우스, 2015, 천관서, 136쪽

순화鶉火·순미鶉尾·수성壽星·대화大火를 거쳐 석목析木까지 일주한다. 12
차는 천구상의 공간 구획이면서 역법상의 시간 주기이기도 하다.

세성기년법은 해·달·오성의 운행 궤도를 따라 시계 반대 방향서→
동으로 순환한다. 이는 천체의 겉보기 운동, 북두칠성의 자루가 가리키
는 12진辰, 지상의 방위 순환인 12지지地支 등과는 반대 방향이다. 동양
천문의 핵심 개념인 천좌선天左旋과 일월우행日月右行의 원리다. 해는 시
계 반대 방향서→동으로 움직이지만, 지상에서는 시계 방향동→서으로
운행하는 것처럼 보인다. 세성도 마찬가지다. 천구에서의 실제 움직임
은 시계 반대 방향인데, 지상에서는 시계 방향으로 운행하는 것처럼 보
인다. 세성기년법을 사용하면서 실제 운행과 지상에서의 인식의 괴리로
인한 불편이 뒤따랐다.

이 때문에 사람들은 세성의 운행과 반대로 운행하면서 똑같은 공전
주기를 갖는 가상의 천체를 설정했다. 12진 및 12지지와 똑같은 방향과
순서를 갖는 세성의 그림자歲陰를 만들어 지상의 시간 흐름과 감각적으
로 일치시키는 방법을 강구한 것이다.[33] 세성과 거울 대칭 관계인 세성의
그림자를 세음歲陰, 태세太歲, 태음太陰 등으로 부른다. 태세에 따라 지
상의 시간을 계산하는 방법을 태세기년법이라고 한다. 오늘날 제문祭文
의 첫머리에 관용적으로 쓰는 유세차維歲次는 태세기년법의 흔적이다.
유세차는 '태세의 순서로 정한 해로 말하면'이라는 뜻이다. 세성기년법
에서 사용하는 12차와 마찬가지로 태세기년법에서도 세음의 위치에 따
라 고유한 명칭이 부여됐다. 음력 정월은 섭제격攝提格, 2월은 선연單閼[34],

---

33 "太歲紀年法", 『百度百科』, 〈https://baike.baidu.com/〉
34 선연은 흉노 왕 선우(單于)의 선(單)과 흉노 왕비 연(閼)의 음독이다.

3월은 집서執徐로 부르는 방식이다. 7월은 톤탄涒灘[35]이다. 사기史記 역서曆書는 말미에 역술갑자편曆術甲子篇이라는 별도 내용을 싣고 한 무제 태초 원년기원전 104년 이후 76년간 태세기년법에 의한 햇수 계산법을 소개했다. 역술갑자편에 따르면 태세기년법은 12진의 세음 명칭에 10천간天干의 세양歲陽과 조합해 햇수를 기록했다.[36] 태초 원년의 세명歲名은 언봉焉逢섭제격攝提格, 태초 2년은 단몽端蒙선연單閼 등으로 기록됐다. 언봉과 단몽 등은 세양으로 10천간의 갑甲과 을乙 등과 같다. 섭제격과 선연 등은 태세로 12지지의 인寅과 묘卯 등과 같다. 간지로 바꿔 표현하면 언봉섭제격은 갑인甲寅년이 되고, 단몽선연은 을묘乙卯년이 된다.

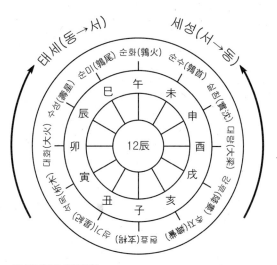

세성과 태세의 운행 방향

---

35 톤탄의 톤(涒)은 물이 급하게 회전하면서 물살이 공중으로 토해내듯 세차게 뿜어 오르는 모양이고, 탄(灘)은 돌이 많고 물이 빠르게 흐르는 여울이다.

36 사마천, 신동준 옮김, 『사기 서』, 위즈덤하우스, 2015, 역서(曆書), 110~119쪽

태세기년법에 따른 세명과 12진	
12진(辰) 또는 12지지(地支)	세명(歲名)
인(寅)	섭제격(攝提格)
묘(卯)	선연(單閼)
진(辰)	집서(執徐)
사(巳)	대황락(大荒落)
오(午)	돈장(敦牂)
미(未)	협흡(協洽)
신(申)	톤탄(涒灘)
유(酉)	작악(作噩)
술(戌)	엄무(閹茂)
해(亥)	대연헌(大淵獻)
자(子)	곤돈(困敦)
축(丑)	적분약(赤奮若)

출처: 사기, 회남자, 이아 등

세명의 의미		
세명(歲名)	의미	12지지
섭제격(攝提格)	만물이 양기(陽氣)를 이어받아 일어남. 섭제(攝提)는 동방 7수의 항수(亢宿)에 있는 사계절과 절기를 세우는 별. 격(格)은 일어날 기(起)의 뜻	인(寅)
선연(單閼)	양기가 만물을 밀어 올리고 음기(陰氣)가 다함. 선(單)은 성할 성(盛), 연(閼)은 그칠 지(止)의 뜻	묘(卯)
집서(執徐)	겨울잠을 자던 만물이 흩어지고 펴져서 나옴. 집(執)은 숨을 칩(蟄), 서(徐)는 펼 서(舒)의 뜻	진(辰)
대황락(大荒落)	만물이 왕성하고 크게 나와 떨어져서 넓게 펴지고 흩어짐. 황(荒)은 클 대(大)의 뜻	사(巳)
돈장(敦牂)	만물이 모두 무성하고 장대해짐. 돈(敦)은 성할 성(盛), 장(牂)은 씩씩할 장(壯)의 뜻	오(午)
협흡(協洽)	음기가 만물을 변화시키려 하며, 뜨거운 기운(炎氣)이 점차 화합함. 협(協)은 화할 화(和), 흡(洽)은 합할 합(合)의 뜻	미(未)
톤탄(涒灘)	만물이 모두 정기를 닦고 기름(修長). 톤(涒)은 클 대(大), 탄(灘)은 닦을 수(修)의 뜻	신(申)
작악(作噩)	만물이 장차 무성하게 떨어지려 함. 작악(作噩)은 초목의 잎이 말라서 떨어지는 영락(零落)의 뜻	유(酉)
엄무(閹茂)	만물이 모두 덮어 가려짐. 엄(閹)은 덮을 폐(蔽), 무(茂)는 덮어 가릴 모(冒)의 뜻	술(戌)
대연헌(大淵獻)	만물은 모두 해(亥)에서 끝나며, 크고 작은 것 모두 깊게 감추고 깊숙이 엎드려 양기를 맞음. 연(淵)은 감출 장(藏), 헌(獻)은 맞이할 영(迎)의 뜻	해(亥)
곤돈(困敦)	양기가 한데 엉켜 만물이 싹이나 움이 트지 않음. 곤(困)은 덩어리질 혼(混), 돈(敦)은 기운덩어리 돈(沌)의 뜻	자(子)
적분약(赤奮若)	양기가 떨치고 일어나 만물이 그 본성을 따르지 않음이 없음. 적(赤)은 양기의 색깔(陽色), 분(奮)은 일어날 기(起), 약(若)은 좇을 순(順)의 뜻	축(丑)

제三부 수시 授時

태세기년법에 의한 세양 명칭과 10천간		
10천간 (天干)	세양 (歲陽)	
	이아(爾雅)·회남자(淮南子)	사기(史記)
갑(甲)	연봉(閼逢)	언봉(焉逢)
을(乙)	전몽(旃蒙)	단몽(端蒙)
병(丙)	유조(柔兆)	유조(游兆)
정(丁)	강어(强圉)	강오(疆梧)
무(戊)	저옹(著雍)	도유(屠維)
기(己)	도유(屠維)	축리(祝犁)
경(庚)	상장(上章)	상횡(商橫)
신(辛)	중광(重光)	소양(昭陽)
임(壬)	현익(玄黓)	횡애(橫艾)
계(癸)	소양(昭陽)	상장(尙章)

세양의 의미		
세양(歲陽)	의미	천간
연봉(閼逢)	만물이 뾰족한 싹을 내려하지만 꽉 막혀 통하지 않음. 연(閼)은 막을 알(遏), 봉(逢)은 뾰족한 끝 봉(鋒)의 뜻	갑(甲)
전몽(旃蒙)	만물이 싹이 터 껍질을 덮어쓰고 나옴. 전(旃)은 힘 력(力), 몽(蒙)은 덮어쓸 모(冒)의 뜻	을(乙)
유조(柔兆)	만물이 가지가 나고 잎이 덮음. 유(柔)는 부드러울 연(軟), 조(兆)는 거북처럼 갈라지는 조짐(兆)의 뜻	병(丙)
강어(强圉)	만물이 단단하고 무성함. 강어(强圉)는 강성(剛盛)의 뜻	정(丁)
저옹(著雍)	가운데 자리하여 만물을 기르고 화합하게 하는 것. 옹(雍)은 화목하다는 뜻	무(戊)
도유(屠維)	만물이 각자의 본성을 이룸. 도(屠)는 헤어질 별(別), 유(維)는 떨어질 리(離)의 뜻	기(己)
상장(上章)	만물이 생(生)을 마치고, 가을에 이르러 구분되어 명백해짐. 장(章)은 밝을 명(明)의 뜻	경(庚)
중광(重光)	만물이 장차 성숙하기 위해 거듭 새로워짐. 중(重)은 거듭 재(再), 광(光)은 새 신(新)의 뜻	신(辛)
현익(玄黓)	한 해가 끝나고 만물이 감싸져서 깊이 저장됨. 검을 익(黓)은 겨울의 색깔인 수(水)의 흑색(黑色)과 같음	임(壬)
소양(昭陽)	양기가 시작되어 움트고, 만물이 장차 드러나려 함. 소(昭)는 드러날 현(顯)의 뜻	계(癸)

시간의 계산

출처: 百度漢語 字詞 등

간지기년법干支紀年法, 시간에 운명이 들어오다

　　천문 관측 기술의 발전으로 세성歲星 또는 태세太歲로 해를 정하는 방식이 잘못됐음이 드러났다. 세성기년법이나 태세기년법은 목성세성·歲星의 공전 주기가 정확히 12년이라는 것을 전제해 하늘을 12등분한 차次를 지나는 목성의 위치로 해를 정하는 방식이다. 하지만 전한前漢·기원전 206~기원후 8 말에 이르러 목성의 실제 공전 주기는 11.86년으로 12년에 훨씬 못 미친다는 사실이 밝혀졌다. 세성이 매년 약 52일씩 빨리 이동하므로 목성이 7번을 공전한 84년이 되면 약 1년에 해당하는 1차次의 큰 오차가 발생하는 것이다.

　　당연히 세성기년법의 보정補正 문제가 대두됐다. 태초력의 수정본인 삼통력을 만들었던 유흠劉歆·기원전 50?~기원후 23은 세성의 실제 위치를 반영해 진辰과 차次를 건너뛰는 초진법超辰法을 주장했다. 초진법은 왕망王莽의 난에 가담했던 유흠이 자살한 뒤 30여 년이 지난 기원후 54년 도입됐다.[37] 초진법의 도입으로 당초 태초력 원년은 갑인년甲寅年 갑자월甲子月 갑자일甲子日 갑자시甲子時였으나, 병자년丙子年 경자월庚子月 갑자일甲子日 갑자시甲子時로 바뀌는 등 역대 기년이 수정 표기됐다. 하지만 초진법에 의한 실제 추산과 세명歲名 간의 불일치, 역사 연대와 사건 발생 기록 간의 괴리 등으로 인해 큰 혼란이 빚어졌다. 이에 따라 기원후 85년 삼통력을 폐지하고 사분력으로 다시 바꾸면서 세성 또는 태세 기년법 대신 간지기년법이 본격 채택됐다.

　　10천간天干 12지지地支의 조합에 의한 60간지는 목성과 토성의 회합

---

37 "從觀象授時到四分曆法", 2017.6.12, 『搜狐網』, 〈http://www.sohu.com/a/148055916_162758〉

주기會合週期와도 맞아 떨어진다고 생각해 간지기년법 도입의 또 다른 이론적 근거로 작용했다. 목성의 공전 주기는 12년실제 11.86년이고, 토성은 30년실제 29.46년이어서 한 갑자甲子 60년이 되면 황도상의 같은 지점에서 만난다고 봤던 것이다. 하지만 목성의 공전 주기가 정확히 12년이 아니라는 사실을 알게 된 만큼 새로 만든 사분력에서는 세성의 위치와 관계없이 60간지를 순서에 따라 기계적으로 적용하는 방식의 기년법을 정착시켰다. 새 사분력부터 본격 도입된 간지기년법은 후한後漢 시기인 85년부터 약 2,000년간 동양의 역법으로 사용됐다. 간지의 기원과 관련해 갑甲·을乙·병丙·정丁·무戊·기己·경庚·신辛·임壬·계癸의 10천간은 은殷나라의 갑골문에 나타난다. 10간은 왕의 이름에 쓰였으며, 초순·중순·하순처럼 10일 단위의 날짜를 세는 데 사용된 것으로 보인다. 자子·축丑·인寅·묘卯·진辰·사巳·오午·미未·신申·유酉·술戌·해亥의 12지지는 달이 12번 지구를 공전하는 데서 유래한 것으로 추정된다.

 10천간에서 양간陽干은 갑·병·무·경·임의 5간, 음간陰干은 을·정·기·신·계의 5간이다. 12지지에서 양지陽支는 자·인·진·오·신·술의 6지, 음지陰支는 축·묘·사·미·유·해의 6지다. 이 중 양간은 양지와만 결합하며, 음간은 음지와만 조합한다. 60간지는 5개 양간과 6개 양지의 결합으로 30개 양간지, 5개 음간과 6개 음지의 조합으로 30개 음간지가 만들어진 것이다. 간지로 해를 나타내면 간지기년법, 월을 표기하면 간지기월법, 일을 나타내면 간지기일법, 시는 간지기시법이라고 한다. 이 중 간지로 날짜를 표시하는 간지기일법이 먼저 쓰이고, 간지기년법은 태초력부터 본격 사용된 것으로 분석된다. 이 때문에 연과 월을 한 주기로 하는 간지기년법과 일과 시를 같은 주기로 하는 간지기일법은 당초 별도 개념이었으나 역 제정의 필요에 의해 상호 결합한 것으로 본다.

시간의 인문화人文化

많은 사람들이 간지干支의 세계에서 살아간다. 신문에 실린 그날의 운세일진·日辰를 보며 하루를 시작하고, 새해가 되면 토정비결이나 신수를 본다. 결혼을 앞두고 궁합을 따지거나 택일擇日을 위해, 또는 합격, 취업, 승진 등이 궁금해 철학관을 찾는다. 아기의 이름을 지을 때도 들른다. 풍수 역시 간지를 기반으로 한다. 계약 관계에서도 관행적으로 갑甲과 을乙을 쓴다. 간지는 음양오행 사상을 담은 동양 특유의 부호符號다. 음양오행은 수천 년 동안 동양학의 주된 흐름을 만들어왔고, 일상생활에도 자연스럽게 녹아들 정도로 보편화한 만큼 이를 담은 간지도 비교적 친숙한 느낌을 준다.

동양에서 간지가 보편화한 데는 시간과의 결합이 결정적 요인이라 할 수 있다. 후한 사분력이 간지기년법을 채택한 이후 동양 역은 2,000년 동안 간지력의 전통을 이어왔다. 간지력은 시간에 대한 사람의 인식과 사고를 바꾸는 결과를 낳았다. 천문 질서를 바탕으로 정밀하게 계산된 과학적, 객관적 시간을 간지의 방식으로 표현함으로써 시간이 인간화, 주관화한 것이다. 간지는 기본적으로 점복占卜의 성격을 띤다. 간지 부호가 은殷나라 때 복사卜師가 거북 껍질이나 동물 뼈를 구워 갈라진 모습으로 점을 친 갑골문에서 비롯됐기 때문이다. 점복적 성격을 띤 간지가 시간과 결합하면서 동양 역은 술수術數의 세계와 손을 잡게 됐다고 할 수 있다. 사람의 운명을 점치는 점복과 시간이 결합하면서 양자는 상승相乘 작용의 관계에 놓였다.

날마다 반복되는 일상의 시간이 운명의 해석과 직결되면서 간지의 시간은 인간의 행위를 규율하고 지배하는 장치가 됐다. 간지는 개인은 물론 사회와 국가의 행위에도 반영됐고, 심지어 군사 행동에도 영향을 미쳤다. 시간의 인문화가 오랜 기간 지속되면서 간지의 시간은 간지의 문화로 승격됐다. 일반적으로 역서에는 각종 의례일이나 금기일 등이 함께 기록됐다. 역서에 명기된 간지를 기준으로 오행의 상생상극相生相剋에 의해 길일과 흉일, 길방과 흉방이 정해졌다. 역서에 함께 기록된 택일擇日과 택방擇方은 공동체 사회 전체에 영향을 미쳤다. 간지의 길흉 요소가 달력에 기입됨으로써 인간이 시간과 공간을 선택하게 된 것이다. 이 때문에 간지는 시간의 질적質的 변화를 낳는 요소로 작용했다고 할 수 있다. 간지력은 서양 문물이 동양을 지배하면서 근대화라는 이름으로 폐기됐다. 물론 간지가 주관화하면서 술수와 미신이 난무하는 폐해가 적지 않았던 점도 작용했다. 태양력의 단순한 달력인 서양력에는 일상적으로 반복되는 시간에 인간의 주관적 요소가 개입할 여지가 없다. 서양력은 숫자의 누적일 뿐이기 때문이다. 자연의 시간에 인문의 사상이 깃들어 있는 동양의 간지력과 달리 숫자만 나열되는 서양 태양력은 무미건조하다고 평가할 수밖에 없다.

60갑자 표									
1 갑자 (甲子)	2 을축 (乙丑)	3 병인 (丙寅)	4 정묘 (丁卯)	5 무진 (戊辰)	6 기사 (己巳)	7 경오 (庚午)	8 신미 (辛未)	9 임신 (壬申)	10 계유 (癸酉)
11 갑술 (甲戌)	12 을해 (乙亥)	13 병자 (丙子)	14 정축 (丁丑)	15 무인 (戊寅)	16 기묘 (己卯)	17 경진 (庚辰)	18 신사 (辛巳)	19 임오 (壬午)	20 계미 (癸未)
21 갑신 (甲申)	22 을유 (乙酉)	23 병술 (丙戌)	24 정해 (丁亥)	25 무자 (戊子)	26 기축 (己丑)	27 경인 (庚寅)	28 신묘 (辛卯)	29 임진 (壬辰)	30 계사 (癸巳)
31 갑오 (甲午)	32 을미 (乙未)	33 병신 (丙申)	34 정유 (丁酉)	35 무술 (戊戌)	36 기해 (己亥)	37 경자 (庚子)	38 신축 (辛丑)	39 임인 (壬寅)	40 계묘 (癸卯)
41 갑진 (甲辰)	42 을사 (乙巳)	43 병오 (丙午)	44 정미 (丁未)	45 무신 (戊申)	46 기유 (己酉)	47 경술 (庚戌)	48 신해 (辛亥)	49 임자 (壬子)	50 계축 (癸丑)
51 갑인 (甲寅)	52 을묘 (乙卯)	53 병진 (丙辰)	54 정사 (丁巳)	55 무오 (戊午)	56 기미 (己未)	57 경신 (庚申)	58 신유 (辛酉)	59 임술 (壬戌)	60 계해 (癸亥)

역원曆元 - 시간의 기원

│ 역원曆元은 시간의 근원 또는 역 계산의 기준점을 의미한다. 기준점이 있어야 햇수를 계산하는 기년紀年이 가능하기 때문이다. 역원에는 적년법積年法과 절산법截算法이 있다. 적년법은 최초의 역원으로부터 중단 없이 햇수를 쌓아올리듯 계산하는 방법이다. 절산법은 적절한 시점을 새로운 역원으로 삼고 그 이전의 햇수는 끊어내 버리는 방법이다. 적년법은 중국의 한족漢族들이 써온 역원 방식이고, 절산법은 이민족인 원元나라와 청淸나라가 사용한 방식이다.

'역을 만들려면 반드시 계산의 시작이 있어야 하는데 이를 역원이라 한다. 역원을 삼는 방법은 두 가지다. 하나는 멀리 소급해 아주 옛날 첫 동지에 칠요가 역원과 일치한 날칠요제원을 역원으로 삼는 것이다. 한의 태초력 이래 여러 역에 적용한 적년이 그것이다. 하나는 절산하여 역원으로 삼는 것이다. 원의 수시력에서 지원 신사년1281, 역상고성 상편에서 강희 갑자년1684, 역상고성 후편에서 옹정 계묘년1723을 역원으로 삼은 것이 그것이다'[38]

조선 철종 때 관상감 제조를 지낸 남상길南相吉·일명 남병길·1820~1869의 시헌기요時憲紀要에 나오는 글이다. 적년법의 역원으로 가장 유명한 것

---

38 "治曆者必有起算之端 是爲曆元. 其法有二, 一則遠溯古初冬至 七曜齊元之日爲元. 自漢太初以來 諸曆所用之積年是也. 一則截算爲元. 若元授時曆以至元辛巳爲元, 考成上篇以康熙甲子爲元, 後篇以雍正癸卯爲元是也", 남상길, 남문현·남종진 역, 『국역 육일재총서(六一齋叢書)』 4, 「시헌기요(時憲紀要)」 상편, 세종대왕기념사업회, 2014, 62~63쪽

은 갑자년甲子年 갑자월甲子月 갑자일甲子日 갑자시甲子時로 4갑자가 겹쳤다는 기원전 2697년이다. 이 해는 중국 전설상의 임금인 황제黃帝가 즉위한 때라고 한다. 명明나라 말 형운로刑雲路 · 1549?~1625?가 지은 천문 역법서 고금율력고古今律歷考는 갑자년 야반夜半 · 자시 삭단朔旦 · 초하루 동지冬至 때 하늘에서 보기 힘든 천문 현상이 나타났다고 기록하고 있다.

'먼 옛날 천정 갑자월 초하루 야반 동지 때 해와 달은 둥근 옥이 하나로 합쳐진 것 같고 일월합벽, 수성 · 금성 · 화성 · 목성 · 토성의 오성은 꿴 구슬과 같이 오성연주 모두 자방에 모여 이를 역원으로 삼으니 곧 갑자년 갑자월 갑자일 갑자시 정각으로 여분이 없었다'[39]

일월합벽日月合璧과 오성연주五星連珠, 칠요제원七曜齊元의 천체 현상은 태초력기원전 104년의 역원을 설명한 한서 율력지에 먼저 등장한다. 율력지는 '태초력은 달의 그믐 초하루 반달 보름이 정확하게 맞고, 일월은 합벽과 같고 오성은 연주와 같다'[40]고 밝히고 있다. 따라서 고금율력고에 쓰인 황제 즉위년의 일월합벽과 오성연주, 칠요제원 현상은 한서 율력지를 모방했을 가능성이 크다. 갑자야반삭단동지, 일월합벽, 오성연주는 적년법 역원의 정통성과 권위, 신비를 더하기 위한 상징적 요소로 보인다.

갑자야반삭단동지에는 네 가지 천문 및 시간 요소가 결합돼 있다. 야

---

39 "上古天正甲子朔夜半冬至 日月合璧五星如連珠 皆會於子爲歷元 乃甲子年甲子月甲子日甲子時 正初刻無餘分也", "古今律歷考(四庫全書本)/卷08", 『維基文庫』, 〈https://zh.m.wikisource.org/wiki/〉

40 "太初曆 晦朔弦望 皆最密 日月如合璧 五星如連珠", 앞의 班固, "漢書 · 志 · 律曆志上", 『好網角』 참고

반夜半은 자시子時로 1일日의 시작이다. 자시에서 자시까지는 하루의 완성이다. 삭단朔旦은 초하루로 1월月의 시작이다. 삭단에서 삭단까지는 1개월의 완성으로 삭망월朔望月이 된다. 동지冬至는 1년年의 시작이다. 동지에서 동지까지는 1개년의 완성으로 회귀년回歸年이 된다. 이 중 동지와 삭단, 즉 연年과 월月의 2요소가 동시에 오는 주기가 사분력의 19세 7윤의 장법章法이다. 동지와 삭단의 연과 월에 야반인 일日까지 3요소가 겹치는 주기는 76년 주기인 부법蔀法이다. 동지 삭단에 갑자일의 야반까지 4요소가 겹치면 1,520년 주기의 기법紀法이 된다. 1기는 20부다. 3기를 1원元이라 하며, 4,560년 주기다. 동지 삭단 야반 갑자일에 60간지와 똑같은 해年까지 반복되면 원법元法이라 한다. 유흠의 삼통력이 역원으로 삼은 것이 원법의 주기다. 다만 삼통력에서 원법은 4,617년 주기다.[41]

갑자·야반·삭단·동지의 4요소에 일월합벽, 오성연주가 동시에 발생한 천정 갑자년은 상원上元의 기산점이 된다. 결국 황제黃帝 즉위년은 상원의 역원이 되며, 적년법의 최초 기산점이 된다. 혼돈의 태역太易에서 기가 움직여 시간의 흐름이 시작되는 태초太初가 바로 상원 역원인 것이다. 상원 역원은 시간의 원점原點이자 모든 역산曆算의 근원이다. 한 무제의 태초력이 갑자야반삭단동지, 일월합벽, 오성연주, 칠요제원의 모든 역법 요소를 동원한 것은 최초의 반포력에 신화적 외피外皮를 더해 역에 대한 절대 권위를 도모하려는 의도로 보인다.

---

41 사분력이 하루의 분모(日法)를 4로 한 것과 달리 태초력을 답습한 삼통력은 하루를 81분으로 나눴다. 1삭망월의 분모(月法)는 둘 다 19로 같다. 이에 따라 사분력은 76년 만에 야반삭단동지(蔀法)에 이르는 반면 삼통력은 1,539년(81×19)이 지나야 한다. 이를 1통(統)이라고 한다. 1원은 3통으로 4,617년이다. 1원인 갑자야반삭단동지가 되려면 3통인 4,617년이 필요하다.

황제黃帝 즉위년에 이뤄진 연월일시의 동시 사갑자四甲子는 간지 구조상 불가능하다. 간지의 연두법年頭法[42]과 시두법時頭法의 조합 원리가 다르기 때문에 사갑자 역원은 인위적으로 만든 것으로 본다. 연두법은 월간月干 오행이 연간합年干合 오행을 생生하는 천간으로 이뤄진다. 반면 시두법은 시간時干 오행이 일간합日干合 오행의 천간을 극克하는 천간으로 정해진다. 현대 천문 계산 결과 황제黃帝 즉위년과 태초력 반포년에 일월합벽과 오성연주의 천체 현상은 이뤄지지 않은 것으로 밝혀졌다.

상원 역원에 대한 상징성과 절대성은 후대에 역법을 개정하거나 왕조가 바뀔 때마다 적년을 보다 옛날로 소급하는 폐해를 낳았다. 새 역법이나 새 왕조의 권위를 높이기 위해 역원을 계속 먼 과거로 끌어올리려 했기 때문이다. 한나라 말 건상력乾象曆은 7,378년의 적년을 역법에 기록했고, 위魏나라 경초력景初曆은 4,046년의 적년을 계산했다. 도가나 술수류 계통의 상원 역원에 대한 소급 관념은 보다 심했다. 북송北宋의 도학자 소강절邵康節·1011~1077은 황극경세皇極經世에서 기원전 6만 7,018년 동지를 역원으로 잡았다. 천문을 이용한 술수류 서적인 태을통종보감太乙統宗寶鑑은 무려 기원전 1,015만 3,918년을 역원으로 정했다고 한다.[43] 이처럼 적년법에 대한 현실성과 역에 대한 정확도가 떨어지자 원元나라는 절산법에 의한 수시력을 도입하면서 상원 역원을 폐지했다. 조선의 남상길은 적년법의 폐해를 신랄히 비판하고 있다.

'적년법은 사실 절산법만큼 간편하고 쉽지 않다. 무릇 칠요가 역원과 일

---

42 월두법(月頭法)으로 부르기도 한다.

43 "問甲子年甲子月甲子日甲子時爲公元哪年?", 『百度知道』, ⟨https://zhidao.baidu.com/question/2075812282752647668.html⟩

치한다고 한 것은 상고 시대 동지로 소급해 연 · 월 · 일 · 시가 모두 갑자에서 만나서 일월합벽한 것 같고 오성연주한 것 같다는 것을 역원으로 삼은 것이다. 과연 이런 것이 있다면 만세토록 좇아써도 될 것이다. (중략) 역을 다루는 것은 하늘과 맞아야 하고, 맞추기 위해 하늘을 입증하는 것은 당치 않다. 적년법은 맞추기 위해 하늘을 입증한 것이니, 어찌 최선의 방법이 되겠는가.'[44]

---

44 "積年實不如截算之簡易也. 夫所謂七曜齊元者 乃溯上古冬至之時 歲月日時皆會甲子 日月如合璧 五星如聯珠 是以爲造曆之元. 使果有此 雖萬世遵用可矣 (中略) 治曆者當 順天以求合, 不當爲合以驗天. 積年之法 是爲合以驗天也 安得爲盡善之法乎", 남상길, 남문현 · 남종진 역, 『국역 육일재총서(六一齋叢書)』4, 「시헌기요(時憲紀要)」상편, 세종대왕기념사업회, 2014, 62~63쪽

三章
동양의 양력과 윤법 閏法

동양의 태양력 24절기節氣

수시授時의 근본은 농사에 필요한 정확한 시간을 백성에게 알리는 것이다. 고대 사회에서 농사는 백성 경제생활의 사실상 전부라 할 수 있었기 때문이다. 농사에 직접적인 영향을 주는 것은 계절의 변화다. 이는 해의 움직임과 관련된다. 12삭망월로 된 순태음력은 한 해의 길이가 1태양년회귀년보다 10.875일 짧다. (365.2422일 − 29.5306일×12 = 365.2422일 − 354.3672일 = 10.875일) 10.875일이 3태양년 동안 쌓이면 한 달의 편차가 생긴다. 이를 윤달로 보충해 계절의 변화와 맞추는 것이 음양합력陰陽合曆인 태음태양력이다. 하지만 계절을 맞추기 위해 윤달을 두면 한 해가 383일 이상 되어 또 다른 차이가 생긴다. 이 때문에 동양에서는 정확한 계절을 알기 위해 태양의 위치만으로 계산한 순태양력을 만들었다. 이를 24절기節氣라고 한다.[45] 24절기는 동지점을

---

45 24절기는 기원전 140년 전후의 『회남자』 「천문훈」(劉安 編著, 安吉煥 編譯, 『淮南子』 上, 明文堂, 2013, 133~136쪽)에 완비된 명칭이 나타나는 것으로 미뤄 진한(秦漢) 시기에는 널리 활용된 것으로 보인다. 이미 춘추 전국 시대에는 사회적으로 통용된 것으로 추정된다. 김혜정, 『풍수지리학의 천문사상』, 한국학술정보, 2008, 103~105쪽

기준으로 황도를 따라 동쪽으로 가면서 15도 간격으로 한 기氣씩 배정한 것이다. 해가 각 기를 한 해의 정해진 날짜에 통과하므로 24절기는 태양력의 기능을 한다.

24절기는 12절기節氣와 12중기中氣로 이뤄진다. 1절기와 1중기를 묶어 1절월節月이라 한다. 그래서 24절기를 절월력節月曆이라고 부른다. 1절월의 길이는 1삭망월과 다르다. 1회귀년 365.2422일을 12절월로 등분하면 1절월의 길이는 30.43685일이 된다. 1삭망월 29.5306일약 29일 12시간 44분보다 거의 하루에 가까운 0.90625일 길다. 절기는 양력 월의 상순인 4~8일 사이에, 중기는 하순인 19~23일에 규칙적으로 들어온다. 한 절월은 절기가 들어오는 입기일入氣日이 한 달의 시작이 된다. 절월력에서 새해의 시작은 음력 정월인월 · 寅月의 절기 입기일인 입춘立春이 된다. 입춘에 대문이나 기둥에 써 붙이는 입춘대길立春大吉이라는 입춘첩立春帖은 절기력으로 따졌을 때 새해가 되었다는 뜻이다.

24절기를 절기와 중기로 구분하면 음력 정월은 입춘立春 절기와 우수雨水 중기, 2월은 경칩驚蟄 절기와 춘분春分 중기, 3월은 청명淸明 절기와 곡우穀雨 중기, 4월은 입하立夏 절기와 소만小滿 중기, 5월은 망종芒種 절기와 하지夏至 중기, 6월은 소서小暑 절기와 대서大暑 중기다. 또 7월은 입추立秋 절기와 처서處暑 중기, 8월은 백로白露 절기와 추분秋分 중기, 9월은 한로寒露 절기와 상강霜降 중기, 10월은 입동立冬 절기와 소설小雪 중기, 11월은 대설大雪 절기와 동지冬至 중기, 12월은 소한小寒 절기와 대한大寒 중기다.

24절기							
계절	음력 월	명칭	구분	양력 월일	황경 (黃經)	월건 (月建)	의미
봄 (春)	1 (맹춘 · 孟春)	입춘(立春)	절기	2월 4일경	315도	인(寅)	봄의 시작
		우수(雨水)	중기	2월 19일경	330도		비 내리고 싹 틈
	2 (중춘 · 仲春)	경칩(驚蟄)	절기	3월 6일경	345도	묘(卯)	개구리 겨울잠 깸
		춘분(春分)	중기	3월 21일경	0도		낮이 길어짐
	3 (계춘 · 季春)	청명(淸明)	절기	4월 5일경	15도	진(辰)	봄 농사 준비
		곡우(穀雨)	중기	4월 20일경	30도		농사비 내림
여름 (夏)	4 (맹하 · 孟夏)	입하(立夏)	절기	5월 6일경	45도	사(巳)	여름의 시작
		소만(小滿)	중기	5월 21일경	60도		농사 시작
	5 (중하 · 仲夏)	망종(芒種)	절기	6월 6일경	75도	오(午)	곡식 씨앗 뿌림
		하지(夏至)	중기	6월 22일경	90도		낮이 가장 김
	6 (계하 · 季夏)	소서(小暑)	절기	7월 7일경	105도	미(未)	여름 더위 심함
		대서(大暑)	중기	7월 23일경	120도		더위 가장 심함
가을 (秋)	7 (맹추 · 孟秋)	입추(立秋)	절기	8월 8일경	135도	신(申)	가을의 시작
		처서(處暑)	중기	8월 23일경	150도		일교차 커짐
	8 (중추 · 仲秋)	백로(白露)	절기	9월 8일경	165도	유(酉)	이슬 내림
		추분(秋分)	중기	9월 23일경	180도		밤이 길어짐
	9 (계추 · 季秋)	한로(寒露)	절기	10월 9일경	195도	술(戌)	찬이슬 맺힘
		상강(霜降)	중기	10월 24일경	210도		서리 내림
겨울 (冬)	10 (맹동 · 孟冬)	입동(立冬)	절기	11월 8일경	225도	해(亥)	겨울의 시작
		소설(小雪)	중기	11월 22일경	240도		얼음 얼고 눈 옴
	11 (중동 · 仲冬)	대설(大雪)	절기	12월 7일경	255도	자(子)	눈이 많이 옴
		동지(冬至)	중기	12월 22일경	270도		밤이 가장 김
	12 (계동 · 季冬)	소한(小寒)	절기	1월 6일경	285도	축(丑)	겨울 추위 심함
		대한(大寒)	중기	1월 21일경	300도		추위 가장 심함

무중치윤법無中置閏法

태음태양력에서 윤달을 두는 원칙은 두 가지다. 상商나라 초기에는 윤달을 한 해의 마지막에 두는 방법을 사용했다. 이를 귀여치윤법歸餘置閏法이라 한다.[46] 귀여치윤법은 전욱력을 썼던 진秦나라 때까지 사용됐다. 진나라는 10월을 한 해의 시작인 세수歲首로 삼았으므로 윤달은 9월에 들었다. 이 때문에 진나라 때까지의 윤달은 항상 윤 9월이었다. 하지만 동지 하지 춘분 추분의 2분2지二分二至의 고정 시점과 19세 7윤의 장주기章週期를 알게 되면서 중기中氣가 없는 달을 윤달로 삼는 무중치윤법無中置閏法으로 바뀌었다. 무중치윤법은 한 무제가 반포한 태초력부터 도입됐다.

태음태양력의 대원칙은 절월節月의 중기가 있는 달로 그 달의 이름을 짓는다는 것이다. 만약 태음태양력의 어느 달에 중기가 들어오지 않는다면 이 달은 이름을 가질 자격을 잃게 된다. 그래서 중기가 들어오도록 윤달을 두고, 달의 이름을 반복하는 방식을 도입한 것이 무중치윤법이다. 중기 가운데 춘분 · 하지 · 추분 · 동지는 각각 음력 2월, 5월, 8월, 11월로 고정돼 있다. 무중월無中月이 생기는 것은 1절월 30.43685일과 1삭망월 29.530588일 간의 길이 차이에서 비롯된다. 절월이 삭망월보다 크므로 32삭망월 또는 33삭망월이 지나면 중기가 없는 달이 생기게 된다.

• 무중월 계산

$$29.530588 \div (30.43685 - 29.530588) = 29.530588 \div 0.906262$$
$$= 32.58504$$

절기에서 중기까지는 15.2184일이고, 삭망월의 절반은 14.7653일이다. 삭망월이 누적되면 절기와 중기는 삭망월과 다음 삭망월을 구분 짓

---

46 "中國農曆置閏法則", 『個人圖書館』, 2010.12.15, ⟨http://www.360doc.com/content/10/1215/01/803452_78231275.shtml⟩

는 월말 쪽으로 계속 이동해 결국 중기가 다음 달로 넘어가게 된다.[47]

무중월이 가장 많이 드는 달은 윤5월이다. 윤5월은 양력으로 6월 하지 때다. 하지는 지구의 연간 공전 속도가 가장 느린 시기다. 24절기는 등속도等速度로 구분하므로 절기와 중기를 등분하면 지구 공전 속도가 느린 하지 때 중기가 들지 않는 경우의 수가 커진다. 반면 동지를 전후한 겨울에는 지구 공전 속도가 빨라지므로 윤달이 거의 들지 않는다.[48]

정기법定氣法과 평기법平氣法

태양계의 행성은 모두 타원 궤도 운동을 한다. 지구도 타원 궤도 운동을 하므로 해와의 거리가 통과 지점에 따라 달라진다. 지구와 해와의 거리가 가장 먼 지점을 원일점遠日點·1억 5,200만 km이라고 하고, 가장 가까운 지점을 근일점近日點·1억 4,700만 km이라고 한다. 지구가 원일점을 통과하는 7월 4일경에는 속도가 느려지고, 근일점을 지나는 1월 3일경에는 속도가 빨라진다. 케플러Johannes Kepler·1571~1630의 제1법칙인 타원 궤도 법칙이다.

지구 타원 궤도 운동의 느리고 빠름을 고려하지 않고 절기를 일률적으로 24등분한 것을 평기법平氣法이라고 한다. 하지만 지구는 케플러의 타원 궤도 법칙에 의해 각 지점에서의 통과 속도가 다르기 때문에 평기

동양의 양력과 윤법閏法

---

47 무중월은 절기의 음력 날짜가 14, 15일일 때 나타난다.
48 이은성, 『曆法의 原理分析』, 정음사, 1985, 164~165쪽

법의 경우 절월의 실제 길이와 차이가 생긴다. 원일점인 하지~대서의 길이는 31일 11시간가량인 반면 근일점인 동지~대한은 29일 10시간 정도로 2일 이상 차이가 난다. 원일점을 통과하는 춘분~하지~추분의 반년은 대략 186일 10시간인 반면 근지점을 통과하는 추분~동지~춘분의 반년은 178일 20시간으로 1주일 이상 차이가 벌어진다.[49]

따라서 지구의 타원 궤도 운동을 고려해 공전 속도가 느릴 때는 절기 간격을 좁게 하고, 빠를 때는 넓게 배정하자는 이론이 정기법定氣法이다. 정기법은 수隋나라의 천문학자로 황극력皇極曆을 만든 유작劉焯 · 544~610이 처음 도입을 주장했다. 하지만 역 계산이 복잡해 평기법을 유지하다가 1644년 청淸 순치제順治帝 때 서양 역법에 의한 시헌력時憲曆이 반포되면서 1,000여 년 만에 비로소 시행됐다.[50]

제三부 수시 授時

49 이지호, 『충남대학교 천문우주과학과 고천문학 강의』, YouTube, 2016.8.29, 〈https://cnumooc.kr〉
50 앞의 "中國農曆置閏法則", 『個人圖書館』 참고

참고 문헌

古典

干寶, 全秉九 解譯,『搜神記』, 재판, 자유문고, 2003

굴원 · 송옥 외, 권용호 옮김,『초사』, 글항아리, 2015

권근(權近), 이광호 외 역주,『三經淺見錄(詩 · 書 · 周易)』, 靑溪文化財團, 1999

權五惇 譯解,『禮記』, 중판, 弘新文化社, 1987

南東園 저,『주역해의』, 개정판, 나남출판, 2005

남상길, 남문현 · 남종진 국역,『국역 시헌기요』, 세종대왕기념사업회, 2014

大衆文化社 編輯部 譯解,『書經』, 大衆文化社, 1976

段玉裁,『說文解字注』, 臺北, 黎明文化事業股 有限公司, 中華民國73년 · 1984

董仲舒 著, 南基顯 解譯,『春秋繁露』, 자유문고, 2005

사마천, 김원중 옮김,『史記』, 민음사, 2011

사마천, 신동준 옮김,『史記』, 위즈덤하우스, 2015

서정기 역주,『書經』, 살림터, 2003

서정기 역주,『詩經』, 살림터, 2001

蕭吉 撰, 김수길 · 윤상철 공역,『五行大義』, 대유학당, 2015

여불위, 김근 옮김,『여씨춘추』, 글항아리, 2012

열자, 김학주 옮김,『열자』, 을유문화사, 2000

劉安 編著, 安吉煥 編譯,『淮南子』, 明文堂, 2013

應劭撰, 이민숙 · 김명신 · 정민경 · 이연희 옮김,『風俗通義』, 소명출판, 2015

李純之 編纂, 韓國科學史學會 編, 『諸家曆象集・天文類抄』, 誠信女子大學校 出版部, 1984

이순지 편찬, 남종진 역주, 『국역 제가역상집』, 세종대왕기념사업회, 2013

이순지 편찬, 김수길・윤상철 공역, 『天文類抄』, 전정판, 대유학당, 2013

이혜구 역주, 『신역 악학궤범』, 국립국악원, 2000

장주, 김학주 옮김, 『장자』, 을유문화사, 2000

丁若鏞, 『與猶堂全書』23 「樂書孤存」, 茶山學術文化財團, 2012

鄭在書 譯註, 『山海經』, 民音社, 1985

左丘明, 신동준 옮김, 『春秋左傳』, 올재클래식스, 2015

池載熙 李俊寧 解譯, 『周禮』, 자유문고, 2002

韓非, 박건영・이원규 역해, 『韓非子』, 청아출판사, 1993

電子版

『古今律曆考』卷八 (欽定四庫全書), https://zh.m.wikisource.org/wiki (維基文庫)

『古本竹書紀年』, http://www.360doc.com (個人圖書館)

『唐開元占經』卷六十一 (欽定四庫全書), http://www.eee-learning.com (易學網)

『三五歷紀全文』, http://www.yiper.cn.baidudata (易配網)

『晉書』「天文志」, 李淳風 撰, http://www.360doc.com (個人圖書館)

『周髀算經』, http://www.zwbk.org (中文百科在線)

『漢書』「志・律曆志」, http://www.wang1314.com (好網角)

『漢書』「天文志」, http://ctext.org (中國哲學書電子化計劃)

『漢書 天文志』, http://hanchi.ihp.sinica.edu.tw (中央研究院漢籍電子文獻資料庫)

『後漢書』「志・律曆」, http://www.360doc.com (個人圖書館)

현대문헌

간보, 임대근 · 서윤정 · 안정은 옮김, 『수신기』, 동아일보사, 2016,

공주대학교 정신과학연구소 편저, 『정신과학 – 천문편』, 열매출판사, 2005

김상구, 『어린 왕자의 별자리 여행』, 한승, 2012

김선자, 『이야기 중국 신화』(개정증보판), 웅진지식하우스, 2011

김일권, 『동양 천문사상, 하늘의 역사』, 예문서원, 2012

김재성, 『천상열차분야지도』, 파란정원, 2015

김진희, 『주역의 근원적 이해 – 천문역법을 중심으로』, 보고사, 2010

김혜정, 『풍수지리학의 천문사상』, 한국학술정보, 2008

김희정, 『몸 · 국가 · 우주 하나를 꿈꾸다』, 궁리, 2008

나일성, 『한국천문학사』, 서울대학교출판부, 2006

나일성, 『한국의 우주관』, 연세대학교 대학출판문화원, 2016

데이바 소벨 · 윌리엄 앤드루스, 김진준 옮김, 『경도』, 생각의 나무, 2001

리즈 에버스, 오숙은 옮김, 『시간 인문학』, 옐로스톤, 2017

마서전, 윤천근 옮김, 『중국의 삼백신』, 민속원, 2013

박석재, 『해와 달과 별이 뜨고 지는 원리』, 성우, 2003

박성래, 『다시 보는 민족과학 이야기』, 두산동아, 2002

박창범, 『하늘에 새긴 우리 역사』, 김영사, 2002

사라 알란, 오만종 옮김, 『선양과 세습』, 예문서원, 2009

서유원 엮음, 『중국 민족의 창세신 이야기』, 아세아문화사, 2002

아서 제이 클링호퍼, 이용주 옮김, 『지도와 권력』, 알마, 2007

야노 미치오, 전용훈 옮김, 『密教占星術과 宿曜經』, 동국대학교출판부, 2010

양계초 · 풍우란 외, 김홍경 편역, 『음양오행설의 연구』, 신지서원, 1993

양보경 · 양윤정 · 이명희, 『고지도와 천문도』, 성신여자대학교 출판부, 2016

양홍진, 『디지털 천상열차분야지도』, 경북대학교 출판부, 2014

袁珂, 전인초 · 김선자 옮김, 『중국 신화전설 Ⅰ』, 民音社, 1992

兪曉群, 林采佑 옮김, 『주역과 술수역학』, 동과서, 2014

육사헌 · 이적, 양홍진 · 신월선 · 복기대 옮김, 『천문고고통론』, 주류성, 2017

이문규, 『고대 중국인이 바라본 하늘의 세계』, 문학과 지성사, 2000

이은성, 『曆法의 原理分析』, 정음사, 1985

이태형, 『이태형의 별자리 여행』, 도서출판 나녹, 2012

잔스촹, 안동준 · 런샤오리 뒤침, 『도교문화 15강』, 알마, 2012

전상운, 『세종 시대의 과학』, 세종대왕기념사업회, 1986

전인초 · 정재서 · 김선자 · 이인택, 『중국 신화의 이해』, 아카넷, 2002

정해임, 『율려와 주역』, 소강, 2011

J. 노먼 로키어 지음, 김문숙 · 전관수 옮김, 『천문학의 새벽』, 아카넷, 2014

조셉 니덤, 콜린 로넌 축약, 이면우 옮김, 『중국의 과학과 문명』, 까치, 2000

조지프 니덤 등, 이성규 옮김, 『조선의 서운관』, 살림, 2010

지오프리 코넬리우스 · 폴 데버루, 유기천 옮김, 『별들의 비밀』, 문학동네, 1999

최승언, 『천문학의 이해』 (개정판), 서울대학교출판문화원, 2014

최정준, 『주역 개설』, 비움과 소통, 2014

토마스 데 파도바, 박규호 옮김, 『라이프니츠, 뉴턴 그리고 시간의 발명』, 은행
나무, 2016

클라크 블레즈, 이선주 옮김, 『모던 타임』, 민음사, 2010

프리초프 카프라, 김용정 · 이성범 옮김, 『현대물리학과 동양사상』, 범양사,
2006

한국정신문화연구원 편, 『한국민족문화대백과사전』, 웅진출판, 1988~1995

韓東錫, 『宇宙 變化의 原理』(개정판), 대원출판, 2011

찾아보기

사람에게서
하늘 향기가 난다

東洋 天文에의 초대

1판 1쇄 인쇄 2018년 11월 20일
1판 1쇄 발행 2018년 11월 30일

지 은 이 황유성

펴 낸 이 류원식
책 임 편 집 김보마
본 문 편 집 OPS design
표지디자인 유선영

펴 낸 곳 린쓰
주 소 (10881)경기도 파주시 문발로 116
등 록 제406-2016-000123호
전 화 031-955-0962
팩 스 031-955-0955
이 메 일 newonseek@gmail.com

* 이 책은 관훈클럽신영연구기금의 도움을 받아 저술 출판되었습니다.

I S B N 979-11-960549-4-6(03150)

이 도서의 국립중앙도서관 출판예정도서목록(CIP)은
서지정보유통지원시스템 홈페이지(http://seoji.nl.go.kr)와
국가자료 공동목록시스템(http://www.nl.go.kr/kolisnet)에서 이용하실 수 있습니다.

긴쓰 '이웃隣린의 글쓰기' 린쓰입니다.
머릿결을 부드럽게 해주는 린스처럼 삶의 윤기를 더할 이웃의 목소리를 담겠습니다.